I0796200

AGUA

LEVADURA

HARINA AGUA SAL LEVADURA

Los fundamentos del pan y la pizza artesanos

KEN FORKISH
FOTOGRAFÍAS DE ALAN WEINER

NEO-COOK
Neo Person

ÍNDICE

SI DESEAS ACCEDER AL GLOSARIO QUE COMPLEMENTA ESTE LIBRO, PUEDES HACERLO A TRAVÉS DEL SIGUIENTE CÓDIGO QR:

INTRODUCCIÓN

Hace quinientos años nació Ken's Artisan Bakery en Portland, Oregón. Eso hablando en términos panaderos, claro. En realidad, la panadería abrió sus puertas en 2001, después de poner fin a casi veinte años de trabajo en grandes multinacionales para abrir mi propio negocio y dedicarme a algo que me entusiasmara de verdad. Antes de aquel cambio de vida tan radical y de saber a qué quería dedicarme exactamente, me moría por trabajar de manera artesana y por ganarme la vida con algo elaborado con mis manos de principio a fin. El problema era que no sabía con qué. Me había pasado años esperando ese momento de inspiración en el que se te enciende la bombilla y de repente lo ves todo claro. Fue entonces, a mediados de los noventa, cuando un buen día mi mejor amigo me prestó una revista en la que se hablaba del famoso panadero de París Lionel Poilâne. Ese artículo encendió aquella bombilla que tanto ansiaba que me iluminara. Más pronto que tarde empecé a viajar con frecuencia a París, donde la autenticidad y la tradición de sus *boulangeries** se convirtieron en mis musas. Después de varios años y de distintas ideas que poco a poco fueron tomando forma, decidí, puede que ingenuamente, abrir una panadería francesa en Estados Unidos. Quería recrear el estilo y la calidad de las *boulangeries* y *patisseries* de Francia, donde se pueden comprar magníficos panes, *brioches*, *croissants* y los famosos bizcochos de la ciudad de Burdeos conocidos como *cannelés*, entre otras especialidades francesas.

La consiguiente transición entre profesiones no fue un camino de rosas, sino más bien una montaña rusa. Parecía que estuviera bajo los efectos de la famosa maldición china: «Ojalá vivas tiempos *interesantes*». Por suerte, sobreviví a aquella época gracias al profundo amor que siento por

* El autor tiene una fuerte influencia francesa, por lo que muchas veces emplea galicismos a pesar de contar con equivalentes en inglés. En la traducción también se han mantenido en francés y dichos términos se han resaltado con cursiva para respetar así la intención del texto original. (*N. de la T.*)

el oficio de panadero, aunque siendo consciente de que requiere más esfuerzo que amor. Ahora, la rutina diaria de las panaderías profesionales, que en su día me pareció abrumadora, me llena de paz. Los aromas, la naturaleza táctil del oficio y poder ver el resultado final de mi esfuerzo me transportan a un lugar muy lejano que sigue presente en mí, y la idea de que ahora esa sea mi ocupación diaria me sigue alucinando.

ACERCA DE ESTE LIBRO

Durante aquella transición de dos años entre ambas profesiones, y antes de abrir mi panadería en Portland, tuve la inmensa fortuna de formarme con varios panaderos excelentes en Estados Unidos y con otros dos más de igual categoría en Francia. Algo que me sorprendió mucho durante mi formación profesional fue que en ningún libro sobre panadería de los que había leído hasta entonces se abordaban los aspectos más importantes que en aquellos momentos estaba aprendiendo; por ejemplo, cómo usar la fermentación prolongada, qué es un prefermento, en qué consiste la autolisis o cómo controlar la temperatura. Más adelante sí que leí sobre ello en otros libros (como los de Raymon Calvel y Michel Suas), pero iban dirigidos a profesionales. Estaba convencido de que esas técnicas que había aprendido también se podían aplicar en casa.

Desde que abrí Ken's Artisan Bakery se han publicado obras muy importantes sobre panadería. No obstante, me seguía pareciendo que había un nicho por cubrir en lo relativo a las técnicas y su puesta en práctica en la cocina casera. Por eso me apetecía escribir un libro que no las pasara por alto, puesto que se trata de nociones que tampoco son tan difíciles de aplicar para un panadero no profesional. También quería romper con la estructura que predomina en prácticamente todas las publicaciones sobre panadería (o al menos hasta hace bien poco), en cuyas recetas la fermentación no dura más que una o dos horas. Además, estaba deseando demostrar lo bien que puede llegar a saber un pan elaborado únicamente con los cuatro ingredientes básicos: harina, agua, sal y levadura.

También quería explicar cómo hacer pan en casa usando las tres técnicas principales para fermentar: las masas directas, los prefermentos, y la masa madre. Por supuesto, mi libro también incluiría una técnica muy fácil y sencilla para elaborar una masa madre desde cero en tan solo cinco días usando nada más que harina integral y agua.

Para poner en práctica las recetas de este libro y entender su lógica, quiero que uses una báscula digital de cocina, aunque no es preciso que compres una cara. Dos de los fundamentos de la panadería profesional consisten, primero, en usar medidas de peso en lugar de tazas y cucharas; y, segundo, en basarse en la proporción de los ingredientes. (No te preocupes, yo me encargo de dejarlo todo calculado). Aunque las tablas que encontrarás en cada receta incluyen conversiones volumétricas, estas medidas no son exactas (por razones que explico en el capítulo 2) y solo las he incluido para que puedas hacer pan mientras te decides a comprar una báscula, en el caso de que no tengas una.

Al escribir este libro me he planteado dos objetivos: el primero es animar a los más inexpertos a que hagan pan; por eso está escrito para un público más bien general. Aquellos que empecéis desde cero, una vez hayáis leído el capítulo 4, «Proceso básico para hacer pan», podréis estrenaros con una de las recetas básicas, como, por ejemplo, las de panes para hacer los sábados (páginas 81 y 85).

Cuando os hayáis familiarizado con la organización y las técnicas que implican estos panes, podréis probar con otras recetas que incluyan un paso extra, como preparar un poolish la noche anterior. En cuanto aprendáis a usar el poolish y la biga, os animo a que cultivéis una masa madre desde cero y que disfrutéis de las deliciosas notas que caracterizan a los panes y las pizzas elaborados con este cultivo. Una vez lleguéis al final de este libro, estaréis haciendo en vuestra cocina pan de calidad muy similar al que se vende en las panaderías, además de pizzas napolitanas capaces de arrancar una sonrisa a la *nonna* más severa.

Mi segundo objetivo es dirigirme asimismo a los panaderos más experimentados que quieran trabajar con otros tipos de masa —y usar también el tiempo y la temperatura como ingredientes— y que quizás estén buscando una técnica sencilla (o diferente) para hacer un delicioso pan de masa madre. Puede que el trabajo manual, que es la técnica que se utiliza en este libro, también sea una novedad para algunos. En mi opinión, uno de los aspectos más característicos e importantes de la panadería es su naturaleza táctil. Al pedirte que trabajes con las manos, lo que quiero es que las entiendas como una herramienta. Son mejores que un robot de cocina, más eficientes y, además, con ellas aprendes a entender la masa por su tacto. Toda la vida se ha amasado a mano. Si nuestros antepasados podían, nosotros también. Si es la primera vez que lo haces, espero que disfrutes del proceso y que con ello conectes con el pasado y la historia de la panadería, como me pasa a mí.

FUNDAMENTOS Y TÉCNICAS

Cuando leas las recetas de este libro, verás que suelen parecerse mucho entre sí en ciertos aspectos. En todas se pide 1 kilo de harina, y, a menudo, la cantidad de agua y de sal varía muy poco. Aunque el tipo de harina cambia a menudo, en la mayoría de las ocasiones la diferencia principal reside en el agente leudante que se usa y el tiempo que se le da a la masa para que se desarrolle. Al jugar con estas variables se producen panes muy diferentes a partir de fórmulas muy similares. Las listas de ingredientes están diseñadas de manera que te ayuden a entender la relación entre ellos. Básicamente, se trata de tablas con el porcentaje panadero. Comprobarás que no siempre aparecen de acuerdo con el orden en el que se van a utilizar, sino más bien en este: harina, agua, sal y levadura, descendiendo por peso. Esto te permitirá comparar varias recetas de un solo vistazo.

En todas se aplican siempre las mismas técnicas para mezclar, amasar mediante pliegues, dar forma a las hogazas y hornearlas. De este modo, resulta más fácil experimentar con los diferentes tipos de fermentación que se incluyen en este libro. En el momento en el que decidí que en este recetario siempre trabajaríamos con hogazas redondas y las hornearíamos en cazuelas de hierro colado, me di cuenta de que una vez que los lectores se familiaricen con mis técnicas, las recetas resultarán mucho más fáciles de seguir, ya que no hay que aprender algo nuevo cada vez.

Da igual si es la primera vez que haces pan o si ya tienes una docena de libros como este en la estantería: yo te voy a enseñar a usar las mismas técnicas que seguimos en Ken's Artisan Bakery para hacer un buen pan en casa. Si eres principiante y te intimida la cantidad de utensilios y técnicas que se usan aquí, ¡tranquilo! Con un poco de planificación (y puede que comprando un par de utensilios nuevos, que te prometo que no dejarás de utilizar), ya estarás preparado para conseguir un pan que esté a la altura de un profesional.

Elige el horario que más te convenga

Los mejores panes son aquellos elaborados con tiempo suficiente para que los sabores se desarrollen. En realidad, el tiempo se encarga de la mayor parte del trabajo, ya que mientras estás durmiendo la masa va desarrollando nuevos matices que le aportan un sabor cada vez más rico. La gestión de los horarios es un aspecto clave en la vida de los panaderos profesionales, y esto también es aplicable a tu cocina. No obstante, puede que si te doy un horario único para trabajar (por ejemplo, preparar la masa por la noche, dejar que fermente mientras duermes, dar forma a las hogazas por la mañana y hornear un par de horas después) no te venga bien. Por eso, en este libro te ofrezco recetas que se pueden ajustar a diferentes horarios, todas con una fermentación larga, de manera que puedas adaptarlos según tus obligaciones. Puedes preparar la masa por la mañana y hornearla justo antes de la cena; o al revés, prepararla por la noche y meterla en el horno para el almuerzo del día siguiente; o empezar por la tarde para tener pan recién hecho por la mañana. Estas recetas requieren algo de planificación, pero se siguen pasos que no quitan mucho tiempo. Dado el largo proceso de elaboración, es posible que muchas solo puedas ponerlas en práctica durante el fin de semana; pero lo bueno es que ninguna requiere de una atención constante, ni siquiera aquellas que necesitan 24 horas.

La cazuela de hierro colado

Antes me volvía loco para obtener en casa un pan con la misma textura, color y volumen (esa subida que se produce durante los diez primeros minutos dentro del horno bien caliente, como consecuencia del último impulso de actividad de las levaduras) que obtenemos en mi panadería con el horno de pisos italiano de más de 6000 kilos y que, además, cuenta con un botón para generar vapor. Ahora estoy en deuda con dos libros que leí recientemente, en los que se explica el uso de la cazuela de hierro colado, que cabe perfectamente en un horno casero y con la que se consigue una hogaza crujiente y de color intenso: *My Bread,* de Jim Lahey (en inglés) y *Pan Tartine,* de Chad Robertson. Ambos autores reconocen que las técnicas que siempre se han implementado en casa para hacer pan, que casi siempre consistían en usar una piedra de hornear junto a infinitos trucos para aportar humedad, no eran suficientemente buenas como para recrear el vapor que tanto nos gusta a los panaderos profesionales.

La primera vez que hice pan con mis dos cazuelas, una esmaltada de la marca Emile Henry y otra de hierro colado de Lodge, decidí inmediatamente que en este libro todas las recetas se harían con este utensilio (excepto las de pizza y focaccia, que salen mejor si usas una piedra, aunque también puedes usar una sartén de hierro colado o una bandeja plana para el horno). Basta con colocar la hogaza dentro de la cazuela precalentada y hornearla con la tapa puesta, ya que de este modo la humedad de la masa genera el vapor con el que se acaba cociendo el pan. Definitivamente, el resultado es muy superior al que se obtiene con una piedra: más volumen y una corteza tostada y muy vistosa, de textura perfecta: fina y crujiente. Te recomiendo que cuezas la hogaza hasta que adquiera tonos ocres y carmesí oscuro. Si la sacas antes de tiempo, te quedarás sin lo mejor de la corteza: su delicioso sabor.

Recetas con múltiples usos

Con cada receta de pan se obtienen dos hogazas. A medida que las probaba en casa, muchas veces acababa cociendo solo una y usando el resto de la masa para hacer una focaccia o una pizza. Algunos creen que este es el origen de la focaccia, cuando las panaderías de Liguria usaban la masa que les sobraba para hacer un pan plano al que echaban por encima los ingredientes que en aquel momento estuvieran de temporada (o aceite de oliva y sal, o simplemente nada). Algunas masas del libro se pueden aprovechar mejor que otras para estas elaboraciones italianas, así que en las recetas te indico si puedes darle otro uso a lo que te sobre y, así, obtener dos productos fantásticos a partir de una misma mezcla.

Recetas exclusivas para pizzas y focaccias

La pizza también es un tipo de pan y es muy habitual que se encuentre entre los productos que ofrece una panadería. En Italia, por ejemplo, la mayoría ofrecen pizzas y focaccias junto a sus panes. Las tienen sobre el mostrador y van cortando porciones a demanda. En este caso, se aplican los mismos principios que usamos para hacer la masa del pan: una fermentación larga y lenta con la que se obtiene un gran sabor, color y textura.

¡Me encanta la pizza! En mi restaurante, Ken's Artisan Pizza, la hacemos con el mismo mimo con el que elaboramos el pan, y en este libro comparto contigo cuatro recetas para hacer la masa, de nuevo, con horarios que se pueden adaptar y usando tanto levadura comercial como masa madre. Las técnicas son las mismas que aplico para el pan, así que da igual si empiezas por el final del libro: en cuanto aprendas a hacer una de estas masas, te resultará facilísimo pasar a otra.

CÓMO USAR ESTE LIBRO

Todas las recetas de este libro requieren las mismas técnicas básicas, que se explican detalladamente en el capítulo 4, «Proceso básico para hacer pan»: hay que pesar los ingredientes, hacer la autolisis (premezcla) de la harina con el agua, incorporar el resto de los ingredientes, amasar, dar forma a las hogazas, fermentarlas y hornearlas. En el capítulo 8, «Elaboración y cuidados de la masa madre», se explica cómo elaborarla desde cero, refrescarla, conservarla en la nevera y reactivarla antes de un nuevo uso. En el capítulo 12, «Proceso básico para hacer pizza y focaccia», se detallan las técnicas específicas de este tipo de masa.

Estos tres capítulos centrados en la metodología básicamente explican el «cómo». El capítulo 2 se centra en el «qué» y el «por qué» o, en otras palabras, la lógica que se esconde detrás de cada proceso y los aspectos clave que caracterizan al pan artesano. Si prefieres saltarte la teoría y ponerte a hacer pan directamente, lee el capítulo 4, «Proceso básico para hacer pan», y empieza con la receta Pan blanco para hacer los sábados (página 81). No obstante, si deseas ampliar información, dedícale un tiempo al capítulo 2.

Las recetas

Las recetas están organizadas en tres partes. La 2.ª parte, «Recetas básicas para hacer pan», se centra en panes elaborados con levadura comercial. En el capítulo 5 encontrarás recetas para masas simples con una fermentación prolongada (conocidas como masas directas), en las que cambian la combinación de harinas y los tiempos. El 6 usa masas elaboradas con prefermentos (concretamente la biga y el poolish), que requieren un poco más de trabajo que las anteriores (entre cinco y diez minutos el día anterior), pero con las que se consiguen unos panes con un sabor más complejo.

En la 3.ª parte, «Recetas para hacer panes de masa madre», aprenderás a elaborar una masa madre de aroma ácido, llena de burbujas y bien activa en tan solo cinco días y usando nada más que harina, agua y muy poco esfuerzo por tu parte. Cultivarla desde cero se parece mucho a esos proyectos tan divertidos de la clase de ciencias naturales, y el resultado es una hogaza crujiente, deliciosa e inolvidable. El capítulo 9 contiene recetas para panes de masa híbrida, que transmiten el carácter especial de las masas fermentadas y, además, incorporan la levadura comercial, que produce una miga más suave y esponjosa. En el 10, podrás experimentar con panes de masa madre pura (es decir, masas que no llevan nada de levadura comercial), y, por último, en el 11 tienes dos recetas de nivel avanzado. A medida que vayas avanzando por la 3.ª parte, aprenderás a manipular las variables que afectan a la masa madre para conseguir unas características determinadas. Esta información la puedes usar para crear un pan que sea únicamente tuyo y se ajuste a tus preferencias, tal y como se explica en el artículo «Cómo hacer una masa que se adapte a tus gustos» (página 190).

La 4.ª parte, «Recetas para hacer pizzas», se centra en cómo hacer en casa pizzas y focaccias deliciosas usando una piedra de hornear, una sartén de hierro colado o una bandeja para el horno. Como ya hemos visto, en el capítulo 12 encontrarás el proceso básico de elaboración.

El 13 contiene las recetas para hacer la masa, y el 14 salsas e ideas para preparar pizzas y focaccias con diferentes ingredientes. Usa productos de buena calidad —buena harina, buen queso, tomates san marzano, típicos de Italia—, sigue mis indicaciones y podrás disfrutar de una pizza excelente en casa. (Acostumbrado al delicioso resultado que conseguimos en el restaurante con el horno de leña, el día que logré hacer en casa una pizza como Dios manda no pude evitar celebrarlo con mi perro, Gómez).

En realidad, no es tan complicado, sino más bien divertido. Al igual que sucede con el pan, la pizza te saldrá mejor a medida que vayas practicando. Es una especie de adicción positiva: hazla una vez y no pararás de intentarlo hasta que te salga perfecta.

Anécdotas y reflexiones que dan sabor a la vida

Mientras escribía este libro, me dio por improvisar y hablar de otros temas: desde experiencias personales (como mi primer intento fallido de abrir una panadería) a curiosidades que me fascinan (como que una hogaza de pan de tres kilos mejora con el tiempo y sabe mejor que otras de tamaño más pequeño elaboradas a partir de la misma masa).

En el primer capítulo hablo del viaje personal que me llevó a cambiar mi trabajo en Silicon Valley por el laborioso arte de hacer pan francés con mis propias manos como panadero profesional. En la primera parte del libro encontrarás el artículo «¿De dónde procede la harina?», en el que visitaremos dos de las explotaciones agrícolas familiares que cultivan el trigo que, posteriormente, se muele para obtener la harina que usamos tanto en mi panadería como en mi pizzería. Gracias a las evocadoras fotografías, a los comentarios de los propios agricultores y a un resumen sobre cómo gestionan sus tierras, entenderás la filosofía que se esconde detrás de personas como Karl Kupers y Fred Fleming, fundadores de la fábrica de harinas Shepherd's Grain, quienes han decidido optar por un tipo de cultivo que responde a las necesidades del suelo, de las familias de los agricultores y de los panaderos. A algunos les gusta saber qué sucede en las panaderías durante la noche y las primeras horas del día. Para satisfacer su curiosidad, en la segunda parte del libro he incluido una descripción detallada de las primeras horas del día de una panadería en «La mañana del panadero». Es una visión desde el exterior de la actividad sincronizada y a la vez sin descanso de nuestra panadería.

En la 3.ª parte he incluido el artículo «Tres kilos de pan», en el que explico por qué me encantan estos panes gigantescos y comparto algunos retazos de su interesante historia. Espero que en este libro no solo encuentres recetas para hacer panes deliciosos; aspiro a que, además, comprendas los procesos que seguimos en Ken's Artisan Bakery y aprendas a ponerlos en práctica en casa. Una vez hayas asimilado los conceptos básicos, puedes usar la información que incluyo en «Cómo hacer una masa que se adapte a tus gustos» (también en la 3.ª parte) para elaborar un producto más personal.

La panadería es un arte en el que, una vez que cueces tu primera hogaza, quieres seguir probando una y otra vez con nuevas combinaciones de harinas, mejorando la técnica para dar forma a la masa, o sencillamente con el mismo procedimiento intentando mejorar cada vez para obtener un pan más sabroso, con más volumen o, quizás, con más color en la corteza. La práctica también resulta placentera. Una vez le pillas el truco y aprendes a aplicar la técnica, la repetición se convierte en una sensación agradable, satisfactoria, que solemos asociar con esa paz que nos transmite saber que estamos haciendo algo bien. *Bon appétit.*

1.ª PARTE
LOS PRINCIPIOS DEL PAN ARTESANO

LOS ORÍGENES

Cuando dejé mi último trabajo, que tanto odiaba, me sentí exultante. Estaba preparado para pasar página y lanzarme de lleno hacia una nueva y desconocida vida como panadero. Sin embargo, para alcanzar mi sueño tuve que desviarme del camino en más de una ocasión; o puede que sencillamente me tocara transitar por uno más largo y pintoresco.

LA SEMILLA

Retrocedamos a 1995. Por aquel entonces yo vestía trajes caros, hacía todo lo posible para alcanzar la cuota anual de ventas que me asignaban y me desvivía por la empresa para la que trabajaba. Un día de ese mismo año, mi colega Tim Holt me prestó un ejemplar de la edición del mes de enero de la revista *Smithsonian*, que incluía un artículo sobre el archiconocido Lionel Poilâne. De repente, tuve claro que había encontrado mi inspiración. Poilâne era un panadero francés que dirigía la panadería de su padre en el número 8 de la rue du Cherche-Midi, en la orilla izquierda de París. Lionel acuñó la expresión «retroinnovación» como medida del progreso. Estaba obsesionado con la manera tradicional de hacer pan: a su entender, las manos, el tiempo y el fuego eran las herramientas del artesano. Estas técnicas exigían paciencia, y durante muchos años los franceses de la posguerra las desdeñaron, a medida que iban adoptando métodos más industrializados, lo que provocó que la calidad del pan, en su día emblema del país, cayera en picado.

Gracias a su talento para venderse y a su pasión por el pan elaborado de manera tradicional (*pain d'autrefois*), Lionel Poilâne recuperó la popularidad de los panes rústicos, fermentados de manera natural, elaborados a mano y cocidos en hornos de leña por hombres que trabajaban duro en sótanos asfixiantes por el calor y el vapor, en un oficio que exige un gran esfuerzo físico. (¡Para que luego les vayan con que si hacer pan es un acto de romanticismo!). El suyo era el oficio de un verdadero artesano. Los ingredientes que usaba Poilâne consistían en harina de trigo molida a la piedra, agua y sal. Con esto, un *miche* de 2 kilos podía aguantar una semana entera.

Algunos afirmaban que sus panes, de origen rústico, tenían un sabor tan complejo como el vino, y la gente hacía cola en la calle para comprarlos en su famosísima *boulangerie.* Lionel era un verdadero impulsor, carismático y experimentado. En los años ochenta se trasladó a las afueras de París para replicar a gran escala las mismas rutinas seguidas en la *boulangerie* familiar, y empezó a vender sus famosas hogazas redondas por todo el mundo. Producía cada día unos quince mil panes en hornos de leña que funcionaban durante las veinticuatro horas del día. Su hermano, Max Poilâne, abrió su propia y fantástica *boulangerie* en Vaugirard, un distrito de París. Ambos elaboraban hogazas casi idénticas, tal y como les enseñó su padre: grandes y redondas, de casi 2 kilos cada una. Por desgracia, Lionel, su mujer, Irena, y su perro murieron en 2002 cuando el helicóptero que él pilotaba se estrelló en la costa de la Bretaña durante una tormenta con vientos huracanados. Los dos hermanos —junto a muchos panaderos parisinos, tal y como descubrí más tarde— estaban convencidos, como yo, de que la mejor manera de hacer pan era la tradicional. Aunque jamás había trabajado en un oficio así ni en nada relacionado con la alimentación, en aquel momento, con la revista aún entre mis manos, supe que, muy en el fondo, eso era lo que quería hacer. De repente lo vi clarísimo, con una certeza que jamás había experimentado.

Miche: hogaza tradicional grande y redonda que puede llegar a pesar tres kilos o incluso más.

Antes de leer el artículo sobre Poilâne en la *Smithsonian*, la única experiencia que tenía en panadería era una receta para hacer pan con hierbas aromáticas, como eneldo, semillas de anís, perejil y un montón de azúcar. Tenía que usar una batidora de varillas para mezclar los ingredientes. ¡Una batidora de varillas! Lo hacía a menudo y, por aquel entonces, me gustaba. El problema era que nunca había probado un buen pan para poder comparar y en Estados Unidos no lo iba a encontrar. Cuando vivía en Londres, en 1989, viajaba a menudo a otras ciudades europeas por mi trabajo en IBM, y me encantaba pararme a mirar los escaparates de las pastelerías, las charcuterías, las queserías y probar los productos típicos de cada lugar que visitaba. Aquellas tiendas me cautivaban y se notaba que por ellas habían pasado muchas generaciones que durante años y años se habían dedicado a elaborar con el mismo mimo aquellos productos tan deliciosos. Siempre me preguntaba por qué no teníamos sitios así en Estados Unidos y si algún día sería capaz de llevar a mi país el espíritu de esas tiendas: generoso, imperecedero, con productos de calidad, en un negocio que fuera mío. Pero no eran más que ideas vagas, nada concreto que me pareciera factible.

Recuerdo una cálida tarde de primavera en la que estaba sentado en el jardín de mi casa, en Virginia, debajo del cerezo en flor, mientras leía mi primer ejemplar del boletín informativo que publica cada trimestre la asociación estadounidense de panaderos Bread Bakers Guild of America. Aún puedo oír el canto de los pájaros de fondo. Tras leer el artículo sobre Poilâne de la *Smithsonian*, me animé a unirme a la asociación, lo que para mí fue una manera simbólica de adentrarme en el mundo de los grandes panaderos. Leer sobre profesionales de verdad me servía de inspiración y ya me veía levantándome a las tres de la madrugada para hacer pan. (Sí, sé lo que estás pensando: ¿estás loco?). En aquel ejemplar había un artículo sobre la asistencia de Lionel Poilâne a la cena anual celebrada por el gremio, otro sobre el equipo de panaderos estadounidenses, que al fin había ganado un premio en el Coupe du Monde de la Boulangerie (Campeonato Mundial de Panadería), en la categoría de panes, y otro excelente, escrito por el magnífico visionario de la asociación, Tom McMahon, en el

que hablaba sobre la importancia de que exista un vínculo directo entre los panaderos y los agricultores encargados se cultivar su trigo (vínculo que finalmente conseguí diez años más tarde cuando empecé a trabajar con las harinas de Shepherd's Grain). Tom estaba convencido de que era necesario fomentar prácticas que contemplaran tanto la calidad del pan como la responsabilidad medioambiental. A medida que leía aquel boletín informativo —mi primer contacto con la manera de pensar de panaderos y propietarios de panaderías artesanas— intuí un sentimiento de compromiso y pasión. Esto ayudó a alimentar aquel deseo de convertirme en panadero que experimenté al leer el artículo sobre Poilâne en la *Smithsonian*. Acabé de leer el boletín y todavía recuerdo como, en aquel preciso momento, tuve la certeza de que, efectivamente, quería convertirme en uno de ellos.

Hasta que pude escapar de las garras de la empresa en la que trabajaba con el fin de poder convertirme en un panadero de verdad, hice lo que pude para aprender sobre la panadería artesana a base de observar. Cada año viajaba dos o tres veces a París y siempre aprovechaba para visitar alguna panadería. (Por aquel entonces estaba saliendo con una parisina, ¡qué oportuno!). Compré libros sobre panadería y desarrollé una gran admiración por los panaderos franceses: Moisan, Poujauran, Kamir, Ganachaud, Kayser, Gosselin, Saibron y muchos más.

A finales de los noventa leí sobre un par de panaderías en el norte de California: Della Fattoria y Bay Village Bakery. Producían el tipo de pan que yo quería hacer, en hornos de leña (estaba convencido de que yo también usaría uno, al igual que Poilâne; una convicción que la cruda realidad me obligó a abandonar) y tenían el obrador en el jardín de sus casas. ¡Aquello sonaba genial! Tras veinte años desplazándome a diario a una gran ciudad para ir a trabajar, la idea de no tener que aguantar más atascos y simplemente cruzar el jardín para acudir a mi obrador me parecía, como poco, tentadora. Aquellas panaderías eran ideales, como lo sería la mía, y solo usaban harina orgánica y empleaban los mejores métodos para elaborar panes sofisticados. Además, les iba bien. Della Fattoria vendía su pan al restaurante the French Laundry, en Napa, California (esto antes de que Thomas Keller abriera la panadería Bouchon Bakery). Bay Village se estaba haciendo famosa por tener el mejor pan rústico del país, y cada vez que Chad Robertson iba a vender su pan a los mercados de productores de Berkeley, se lo quitaban de las manos. Supe que tenía que aprender a hacer pan de la misma calidad, y según el boletín de la Bread Bakers Guild las mejores opciones para aprender eran el San Francisco Baking Institute (Instituto de Panadería de San Francisco) y el por aquel entonces recientemente inaugurado (y ahora cerrado) National Baking Center (Centro Estadounidense de Panadería) en Mineápolis. Quería aprender de diferentes profesores y luego adaptar toda aquella información a mi propio estilo. En agosto de 1999, poco después de dejar mi último trabajo, me fui a San Francisco a hacer los cursos de Panes artesanos I y II en el San Francisco Baking Institute: dos semanas de formación práctica. Acababa de romper con mi vida como ejecutivo de una gran empresa y por fin era un hombre libre para aprender un nuevo oficio. Un hombre libre. Y puede que un poco loco.

NUEVO EN EL OFICIO

Nunca olvidaré mi primer día en el instituto de panadería. Ian Duffy, nuestro profesor, nos puso a amasar a mano un poco de masa muy hidratada y pegajosa. Yo intentaba trabajarla tal y como Ian nos había mostrado: primero la había estirado con las manos, luego le había dado la vuelta y plegado sobre sí misma, y poco después ya tenía una bola perfecta con una superficie lisa y suave como el culito de un bebé. En cambio, al intentarlo yo, la masa se me pegaba por todas partes. Nada de culitos suaves como los de un bebé, más bien una cara roja, la mía, en la que se podía leer un pero-en-qué-puñetas-estaba-pensando. Aquella noche regresé al hotel más bien preocupado y preguntándome si quizás aquel oficio no estaba hecho para mí. Sin embargo, al cabo de las dos semanas ya me las apañaba más o menos bien con la masa y, gracias a las fantásticas indicaciones que nos daban, estaba convencido de que si practicaba mucho en casa podría acabar cogiéndole el truco.

Durante mi estancia en el norte de California, conocí a Chad Robertson y a Elisabeth Prueitt (hoy en día bastante conocidos en Estados Unidos por su panadería Tartine de San Francisco) en la panadería Bay Village Bakery de Punta Reyes. Chad y yo empezamos a hablar sobre masa madre, moliendas, harina francesa versus estadounidense, y sobre la fermentación más adecuada para conseguir el tipo de pan tradicional francés que yo perseguía. Una conversación que se ha prolongado hasta hoy. Su pan era el mejor que había probado en Estados Unidos. Lo cocían hasta que la corteza adquiría un color marrón tostado, como el de la avellana, y al morderla se podía apreciar una suave nota a trigo y masa fermentada. Estos aromas se infiltraban en la miga tierna y ligera que se escondía en el interior. Era un pan delicioso y también de aspecto muy bonito. En mi opinión, estaba a la altura de los que había probado en las mejores *boulangeries* de París.

Chad se encargaba de elaborar todo el pan. Se levantaba por las mañanas y cruzaba su jardín, en un desplazamiento que no llevaba más de diez segundos, para acceder al obrador donde mezclaba la masa madre con la harina y el agua, cortaba la leña, encendía el horno y, unas cuantas horas más tarde, barría las cenizas para empezar a hornear las hogazas. Con los rayos de sol de la tarde filtrándose por la ventana, Chad dividía la masa y le daba forma a mano. A la mañana siguiente, cocía este magnífico pan en el intenso calor radiante del horno, metiendo y sacando las hogazas con la ayuda de una pala. Recuerdo que regresé de esta visita afirmando con la cabeza y pensando: «Sí, esto es lo mío».

En mi siguiente parada visité Della Fattoria, en Petaluma, California, donde estaban haciendo unos panes redondos y gigantescos decorados con hojas de parra para la Subasta anual de vinos Sonoma Valley Harvest. Procuré no estorbar mientras cocían las hogazas en varios hornos de leña, uno al lado del otro, fabricados y diseñados por Alan Scott, del mismo tipo del que tenía Chad en Bay

Village. Me dediqué a sacar fotos y, si había algo en lo que podía ayudar, lo hacía. La panadería, con Ed, Kathleen y su hijo Aaron al mando, se encuentra en un paraje idílico. El obrador está pegado a su casa, que se encuentra en un terreno agrícola de unos 6000 metros cuadrados en Petaluma. El jardín estaba cubierto por una carpa y en todo el conjunto había detalles que dejaban claro que llevaban una vida fantástica, de acuerdo con sus necesidades, y que ellos mismos se costeaban elaborando panes de una calidad excelente. De nuevo, me dije: «Sí, esto es lo mío». Un día, acompañé a Ed a entregar el pan para la subasta y, cuando regresamos, Aaron me preguntó si quería volver y trabajar con ellos una o dos semanas. ¡Menuda propuesta! Era mi primera oportunidad de adentrarme en una panadería artesana y los Webers fueron supergenerosos y comunicativos. Me hace gracia recordar la experiencia: me levantaba a las cinco de la mañana dispuesto a que esa fuera mi rutina en el futuro, atravesaba el jardín para acceder al obrador y empezaba a trabajar cuando aún era noche cerrada y las estrellas brillaban en el cielo, listo para que un montón de masa pegajosa me humillara una vez más.

Tras esta «formación» informal con los Webers (en realidad no fue más que una semana), me sentía preparado para seguir aprendiendo. Sabía que a la larga necesitaría saber de pastelería y el National Baking Center de Mineápolis tenía dos profesores excelentes: Philippe Le Corre, que enseñaba pastelería, y Didier Rosada, que daba clases de panadería avanzada. Dos semanas de formación en el centro, más un curso de pastelería de una semana con Robert Jorin en el Culinary Institute of America (Instituto Culinario de Estados Unidos) en Napa completaron mi formación oficial. Chad y Liz trasladaron Bay Village Bakery a una zona comercial de la ciudad de Mill Valley, y tuvieron la generosidad de compartir conmigo sus conocimientos, además de dejarme observar el funcionamiento de la panadería en varias de mis visitas. Sin su ayuda, mi primer año como panadero habría sido aún más duro de lo que fue, y la calidad de sus productos era el punto de referencia al que aspiraba. Ese compañerismo en el que se comparte y se da sin pedir nada a cambio, aunque es muy habitual en el sector de la alimentación, es algo inaudito en el mercado en el que yo había

trabajado hasta entonces. Los pequeños comercios tienen un corazón mucho más grande que las grandes empresas.

Por fin llegó el momento de empezar a encender el horno de leña de aquel obrador que iba a montar en mi jardín. Me había mudado al sitio perfecto para estar cerca del resto de mi familia, que se había instalado en Eugene, Oregón. Tenía una casa chulísima en un terreno de 20 000 metros cuadrados con una nave de 1200 donde montaría el obrador. La ley de urbanismo me permitía tener un pequeño comercio en casa, y la vivienda no formaba parte de ninguna comunidad de propietarios que pudiera tener cualquier norma que impidiera lo que estaba haciendo. Era el lugar perfecto. Además, tenía tiempo para seguir aprendiendo, adaptar el obrador y, por fin, empezar mi carrera como panadero. O eso creía yo.

¡Y ESE OLOR A PAN EN EL HORNO DE LEÑA!

Cuando me mudé a Eugene, di por sentado que lo único que me quedaba por hacer para abrir mi negocio era conseguir un permiso, construir el obrador y empezar a hacer pan. No obstante, para mi sorpresa, los vecinos se alzaron en contra de mi panadería hasta tal punto que, con tal de cerrarla, llegaron a crear un escándalo público con protestas que fueron portada del periódico local, salió en las noticias de la televisión regional y acabó en una audiencia pública de dos sesiones, de dos horas cada una, en las que un vecino tras otro subían al estrado para bramar, entre otras cosas, por el olor que desprendía a diario el pan cociéndose en el horno de leña: «Igual que Sísifo, empujando eternamente la misma roca hasta la cima de la montaña», según su abogado. El humo de mi chimenea iba a empeorar los problemas respiratorios de una familia cuya casa se encontraba a más de cien kilómetros de distancia. Las chispas que salían de ella iban a incendiar el vecindario entero. La zona se convertiría en una atracción turística por culpa de mi panadería, lo que llenaría el barrio de coches. El acceso a mi casa era demasiado empinado para que el camión de bomberos pudiera acceder en caso de incendio. Las cenizas del horno iban a alterar el pH del suelo. La basura de la panadería iba a atraer a roedores. Aquello parecía *Alicia en el País de las Maravillas*: bastaba con decir algo para que fuera posible. El proceso judicial me parecía de todo menos una apelación racional.

Los residentes de once casas de entre las dieciocho que había en aquel pequeño vecindario escribieron cartas protestando contra mi panadería. Este extracto es uno de mis favoritos:

> La harina puede ser altamente inflamable. Basta con que caiga un saco de harina cruda para que explote como lo hacen otros elementos volátiles. Puede que este sea un riesgo asociado a la profesión, pero resulta inadmisible en una zona residencial.

Durante el juicio, la carga jurídica recayó sobre mí para refutar todas y cada una de las quejas, por muy absurdas que fueran, como la de la harina explosiva. Obtuve una carta certificada del climatólogo del Estado de Oregón en la que se indicaba la dirección habitual del viento mes a mes. (En dirección contraria de las casas un 44 por ciento del tiempo, pero al parecer esto no valía para los días sin viento. ¿En serio?). Pedí un certificado a una empresa de ingeniería medioambiental en el que se declaraba que las emisiones del horno no iban a superar las de una cocina de leña. A lo mejor tendría que haber lanzado un saco de harina en la sala para comprobar si explotaba o no. Después de dos audiencias públicas eternas, cuatro meses de incertidumbre y varios expedientes de casi cincuenta centímetros de grosor cada uno, la sentencia final inhabilitó el permiso que había solicitado para abrir un negocio que iba a llevar a cabo en mi casa en una zona que permitía llevar a cabo una actividad comercial en el propio domicilio. No me quedaba otra que buscar una alternativa.

> *«Confía en ti mismo: cada corazón vibra con esa cuerda de hierro».*
>
> Ralph Waldo Emerson

De repente, quería perder de vista aquella ciudad. Me sabía mal por la casa, porque me encantaba. Pero ¿adónde ir? Decidí empezar de cero, olvidarme de mis planes idílicos y optar por una opción más segura que la de abrir un obrador por un bajo coste en el jardín de mi casa. Me embarqué en la misión de encontrar otra ciudad en la que pudiera abrir mi soñada panadería a pie de calle. Para financiar esta ambiciosa —y cara— aventura, tendría que vender mi casa e invertir casi todos mis ahorros, lo que suponía arriesgar todo lo que tenía. Quería mudarme a algún sitio donde fuera bienvenido, donde la gente supiera apreciar un buen *croissant* de mantequilla que se quiebra al darle un bocado, la fina costra crujiente de un *cannelé* aromatizado con vainilla y cera de abejas, y el pan rústico de pueblo. Un sitio donde nadie se quejara por el olor del pan cociéndose en el horno de leña. Pero ¿dónde?

CAMINO A PORTLAND

Hice una lista con todo lo que debía tener la ciudad en cuestión: buen clima (ahora me río), un sector de la restauración que estuviera vivo y que no fuera un muermo, y donde se apreciara el concepto «del campo a la mesa». Después de seis meses de búsqueda, que incluyó paradas en San Luis Obispo, Boulder, Denver, la costa este de Maryland y Monterrey, así como dos semanas de formación en el Institut Paul Bocuse en Francia (sí, tuve la oportunidad de conocerle, en su restaurante; sí, colocó aquellas enormes manos de gigante sobre mis hombros para posar en una foto que nunca me llegó, y sí, sé que parece que me lo esté inventando), finalmente acabé mudándome a Portland.

Apenas conocía la ciudad, pero me convenció por razones que mi yo futuro entendería mejor de lo que mi yo de aquel momento era capaz de vislumbrar. Ahora me doy cuenta de que estaba predestinado a vivir allí. Es una ciudad en la que había (y hay) muchos artesanos que se dedican a trabajar con una producción reducida, menos industrializada y que se centra en la calidad. Las manos son nuestra herramienta más valiosa. Nuestros clientes asocian nombres y caras a la comida y a las bebidas que consumen. Todo esto son características relacionadas con la palabra «artesanía» y una de las razones principales por la que la quise incluir en el nombre de mi panadería: Ken's Artisan Bakery (la Panadería Artesana de Ken). En Portland no es raro saber quién ha elaborado esa cerveza o ese vino que estás bebiendo, el queso que estás comiendo o el salami que le has puesto a la pizza. Por eso supe que era mi sitio.

Dicho esto, si ya de por sí es difícil abrir un restaurante o una panadería en una ciudad que conoces y que salga bien, hacerlo en una en la que eres un completo desconocido lo es más todavía. Mudarme a un sitio en el que no me conocía absolutamente nadie era una locura. Pero soy un poco estrecho de miras y lo único que podía ver era la luz al final del túnel: abrir mi panadería en una ciudad que tuviera la certeza de que me iba a encantar. En un lapso de tres meses, con la ayuda de los planos y los diseños de Michel Suas, de TMB Baking (una filial del San Francisco Baking Institute), monté la panadería en un local diminuto en un barrio antiguo de Portland que está lleno de bares y restaurantes. El horno, la amasadora grande y gran parte de la maquinaria que había comprado llegó todo a la vez dentro de un contenedor que entró a Estados Unidos por Newport News, Virginia, y a continuación fue trasladado en camión hasta Portland. El camión llegó sobre las ocho de una tarde de entre semana fría y lluviosa de principios de noviembre. Junto a mi recientemente contratado equipo y nuestro superinstalador, Carlos, quedé con el conductor delante del local y descargamos el camión con un toro alquilado. La entrega se hizo un día más tarde de lo previsto. Me acuerdo del conductor llamándome desde Boise, Idaho, para decirme que tenía un dolor de muelas espantoso y necesitaba que un dentista lo viera, pero que iba a conducir toda la noche para llegar lo antes posible. No pude evitar imaginarme el horno italiano y la amasadora francesa que había estado esperando durante meses, y que habían viajado en barco desde Europa, cayendo por un barranco mientras el conductor intentaba llegar a mi panadería sufriendo por un dolor de muelas.

Todo quedó instalado a mediados de noviembre de 2001 y abrimos el 21 de ese mismo mes. Con mis nuevos empleados y yo al mando. Mi primer trabajo en el sector de la alimentación. Después de todo lo que tuve que soportar durante los dos años anteriores —la mudanza a Eugene, ver dónde podía montar el obrador, tener que vender la casa después, buscar un local en Portland, prepararlo y ponerlo en marcha—, ¿de verdad había abierto mi propia panadería y estaba vendiendo panes, bollería y pastelitos? ¡Guau! ¡Increíble! Sin embargo, una vez superado tanto trance, lo único que me importaba era que la gente empezara a entrar por la puerta. Ken's Artisan Bakery ya estaba en el barrio.

PRIMERAS IMPRESIONES

El barrio en el que se encontraba la panadería tenía la densidad de población más alta de cualquier lugar entre Seattle y San Francisco. Sin embargo, la mayoría de los vecinos vivían en pisos modestos de alquiler y la renta per cápita me preocupaba. Mi intención era competir en calidad, no en precio. Abrimos apenas dos meses después del 11S. En plena recesión. Estaban de moda la dieta Atkins y otras similares, que demonizaban los carbohidratos. Portland batió el récord en días consecutivos con precipitaciones importantes. La tasa de desempleo por aquel entonces rondaba el 12 por ciento. Hoy en día, la llegada de una panadería ambiciosa habría llamado inmediatamente la atención de todos los medios de comunicación. Pero por aquel entonces apenas se mencionó por encima. Con todo esto, al principio tuvimos un goteo intermitente de clientes: amigos y familiares, además de curiosos que pasaban por delante de la panadería y algún que otro borracho.

Algunos valoraban nuestro esfuerzo y nuestra ambición, apreciaban el hecho de que usáramos ingredientes de calidad y compartían mi visión idealizada de la panadería y la bollería. Ahora me acuerdo más de los problemas que de lo que nos salió bien a la primera. Nuestra primera laminadora para hacer el hojaldre de los *croissants* y otros productos era demasiado pequeña. Para poder usarla teníamos que colocar a cada lado unos tablones de madera sobre cubos de basura, de manera que pudiéramos recoger la masa a medida que entraba y salía de los rodillos. Los *cannelés* no siempre nos salían igual, pero el día que acertábamos estaban para chuparse los dedos. Horneábamos toda la bollería en el horno de pisos y cada dos por tres nos quemábamos los antebrazos al intentar alcanzar las bandejas de los estantes superiores.

Todas las mañanas llegaba a las 4 de la madrugada, preparaba la masa para las *baguettes*, ayudaba con la bollería y cocía los panes de masa madre que habían pasado la noche en el retardador. A continuación, dividía, daba forma y cocía las *baguettes*, y la primera hornada salía sobre las 8:30 h. Algunos venían sobre las 8 u 8:15 y se enfadaban o sorprendían porque todavía no las habíamos sacado. A veces hasta se mofaban de nosotros con comentarios del tipo «¿Y decís que sois una panadería francesa?». Me era imposible entrar antes de las 4 de la madrugada, y aunque en teoría podía meterlas en el horno antes de las ocho en punto, el resultado no sería tan bueno.

Aun así, aquellas miradas reprobadoras me afectaban. Los clientes franceses eran los que peor se lo tomaban. Quería conocer su opinión, pero al mismo tiempo aquellos comentarios me irritaban. Éramos una panadería abierta y vulnerable frente todo tipo de comentarios.

El retardador, la cámara frigorífica en la que las hogazas de masa madre ya formadas pasaban toda la noche para una fermentación larga, lenta y en frío, tenía alguna que otra peculiaridad. Todos los lunes se desconectaba automáticamente. Sin avisar. Antes de las navidades de 2001, los lunes siempre cerrábamos, por lo que no me enteraba. Como no podía ser de otra manera, la Nochebuena y Nochevieja de aquel año cayeron en lunes. La mañana del día de Nochebuena llegué a la panadería un poco antes de las 4. Estaba deseando ponerme cuanto antes a hornear y vender el pan que nuestros clientes servirían aquella noche en sus hogares. Abrí la puerta del retardador y una ráfaga de aire caliente, húmedo y con un olor ácido me golpeó en la cara. Las hogazas se habían fermentado de más y se salían de los cestos; aquello no se podía meter en el horno. Aun así, cocí una docena por probar y salieron unas hogazas pésimas y ácidas del tamaño de una sandía deforme. *Merde!* Lo único que podía hacer era vender las *baguettes* de aquel día, que a las 10 de la mañana ya se habían agotado, junto a aquel pan ácido y espantoso. Cory Schreiber, chef propietario del restaurante Wildwood, cercano a la panadería, se pasó a vernos y muy amablemente compró uno de esos panes sobrefermentados, acompañándolo con una palmadita en la espalda. Gracias, tío. Sin embargo, no entendía qué había podido pasar. Pensaba que había hecho algo mal para que el retardador se apagara. A aquellas alturas, después de seis semanas llevando la panadería sin un día de descanso, trabajando de 4 de la mañana a 6 de la tarde, o incluso más horas, estaba un poco espeso. El lunes siguiente, Nochevieja, volvió a pasar lo mismo. ¡Nooooo! El dos de enero hice unas cuantas llamadas y descubrí que el retardador estaba programado con un ciclo de siete días, el cual había que reactivar cada semana o, de lo contrario, entraba en modo fermentación en bloque* y se calentaba. (Sí, algo así había notado). Está claro que a veces aprendemos a base de tortazos.

---

* Como se indica en el libro, en las panaderías profesionales normalmente la fermentación en bloque se hace dentro de la cámara frigorífica, y la final, la fermentación en pieza, a temperatura ambiente o, incluso a veces, con un poco de calor (en casa se hará al contrario por las razones que explica el autor). Por eso subía la temperatura del retardador y las masas se sobrefermentaban. *(N. de la T.)*

En cuanto pensaba que por fin estábamos trabajando a buen ritmo, aparecía un nuevo problema que me devolvía a la realidad. Como cada vez que tenía que subirme encima del horno, que estaba a unos 260 °C, porque el quemador dejaba de funcionar a mitad de la cocción y me tocaba cambiar un fusible que se había fundido (respira hondo), hasta que meses más tarde descubrí que el fusible en cuestión no tenía la potencia adecuada y yo lo estaba cambiando todo el rato por otro igual. En fin. Un día, a las cinco de la mañana, pulsé el botón para accionar el vapor del horno, pero, en lugar de eso, empezó a caer agua por debajo del aparato. Inmediatamente aparté el panel frontal y vi que un tubo de goma se había quemado ¡y no paraba de salir agua! Le di a la válvula de cierre. Eché un vistazo y con un cuchillo de cocina corté el tubo por donde se había quemado. Lo volví a juntar con el conducto del agua y lo aseguré bien con una brida. Luego salí corriendo a por la fregona y un montón de toallas para limpiar aquello. Durante meses esto pasaba cada dos por tres. Me había tocado un tubo defectuoso. ¿A quién más le pasan estas cosas? Nadie dijo que esto sería fácil, pero madre mía.

Cocía el pan hasta que por fuera tuviera un color caramelo tostado. Estaba muy orgulloso de mis hogazas, pero los clientes no parecían muy impresionados. Decidí hacer un escrito titulado «¿Por qué tostamos tanto el pan?». No creo que fuera de gran ayuda, pero necesitaba justificarme. Usábamos chocolate de la marca Valrhona para los *croissants* de chocolate (todavía lo usamos). También hacía *pain au chocolat* auténtico con una rebanada gruesa de pan de masa madre recién horneado, untada con mantequilla, con lascas de chocolate por encima y un poco de flor de sal espolvoreada. Solíamos vender dos o tres al día. Normalmente dejaba unas pocas hogazas sin hornear para fermentarlas de más y que se llenaran de gas. Entonces las desgasificaba, las cortaba en *fougasses*, un pan típico de la Provenza, y las metía en el horno. Algunas las vendíamos sin nada y otras las pintábamos con aceite de oliva y espolvoreábamos flor de sal por encima, como si fueran un bretzel alemán gigante. Mi jefa de pastelería, Angie, preparaba unos pasteles de manzana deliciosos, *éclairs* de chocolate y café, hojaldres de pera, tartaletas de chocolate, *brioches*, bizcochitos de estilo *financier*, *macarons*, brownies, profiteroles con varios tipos de relleno, *gougères* (especie de buñuelos de queso), el famoso flan de arroz con leche *gâteaux de riz* y las tortas de azúcar *galettes des Pérouges*. En cambio, los cliente preguntaban que si teníamos scones. O si oían por ahí que hacíamos *cannelés*, entraban preguntando que si nos quedaban cannolis, el dulce italiano. Hasta pronunciaban mal el nombre de la panadería. Me había propuesto recrear el pan y la bollería que se puede encontrar en una buena *boulangerie* de París, así que no debía sorprenderme que la gente no conociera nuestros productos. Hoy la mayoría ya los conocen. El panorama gastronómico en Portland ha cambiado muchísimo en los últimos diez años.

Usábamos harina orgánica, vainilla de Tahití, jamón cocido de una marca gourmet, sacos de sal marina venida desde la Bretaña, queso gruyer envejecido, la mejor mantequilla que encontraba y, como ya he dicho, chocolate Valrhona. Incluso traía desde Francia té de la prestigiosa marca Mariage Frères. Lo hacíamos todo desde cero y normalmente en la panadería había más empleados que clientes, fuera la hora que fuera. Cobrábamos 2,50 $ (unos dos euros) por un *croissant* de chocolate y la gente nos miraba mal. Un día, en el buzón de sugerencias, me encontré un comentario que decía: «2,50 $ por una bolsita de té y agua caliente. ¡Acabáis de perder un cliente para siempre!» Otros se quejaban de que no rellenáramos las tazas de café gratis. Muchos nos hicieron saber que nuestra bollería les parecía o demasiado pequeña, o demasiado tostada, o cara (3,50 $, unos tres euros, por una tartaleta de frutas de unos 10 centímetros, 2,50 $ por un pastelito de manzana y 1,75 $, un euro cincuenta aproximadamente, por un *croissant* de mantequilla casero). Por lo menos aquí no se quejaban por el olor del pan cociéndose en el horno.

Fue la época más intensa de mi vida. Me arriesgaría a decir que lo necesitaba, aunque no sé bien por qué. Puede que, para pasar de un trabajo de oficina a otro intenso, físico y que te quita el sueño en todos los sentidos, primero debía superar una especie de tratamiento de choque como transición.

Al acabar el día, después de catorce horas en la panadería, me acuerdo de que mientras limpiaba la enorme amasadora, con la cabeza dentro de aquel bol gigante, me ponía a pensar en mis héroes: grandes chefs sobre los que había leído y que se habían hecho famosos por su política de trabajo duro. Si ellos podían echarle tantas horas, yo también, solía pensar para mis adentros. Supe que estaba agotado el día que me di cuenta de que caminaba arrastrando los pies. Tan cansado estaba que ya ni me daba cuenta. Seguramente tampoco era capaz de pensar con claridad. Tres meses después de abrir la panadería, me tomé mi primer día libre. Dormí mis buenas doce horas y cuando desperté parecía un zombi con *jet lag*.

PRUEBA DE CONCEPTO

A pesar de los problemas iniciales, mantenía una actitud optimista con respecto al futuro, ya que no me quedaba otra opción. Empezamos a recibir comentarios positivos que ayudaban a equilibrar lo malo. Al lado del puesto del café, teníamos un buzón de sugerencias de color verde, con papel y bolis (¡la gente los robaba!). Algunos comentarios, como los que siguen, me dieron un chute muy necesario de confianza en mí mismo:

«La panadería es maravillosa. La mejor en la que he estado en Estados Unidos».

«Acabamos de llegar de un viaje de diez días en París, donde hemos visitado varias de sus panaderías más famosas; ninguno de los *croissants* que comimos allí están a la altura de los vuestros».

«Hoy he venido a merendar con mi hijo. Quería que supierais que nos han encantado el *pain au chocolat*, los profiteroles y el *brioche*. ¡Ha sido como estar en casa! Gracias por este regalo».

«No cambiéis nada. ¡Sois maravillosos!».

Además, unos cuantos restaurantes de renombre se interesaron por comprar nuestro pan, y era consciente de que necesitaba dinero procedente de cuentas grandes si quería que la panadería saliera adelante. Cuando llegó el momento de comprar una furgoneta para hacer entregas y comenzar una nueva etapa, me sentía orgulloso al pensar que los tres primeros restaurantes con los que empezamos a trabajar —Paley's Place, Higgins y Bluehour— estaban (y siguen estando) entre los mejores de Portland. Gracias a esto conseguí los ingresos y la visibilidad que tantísimo necesitaba.

También me ayudaron de otras maneras. Una noche, Greg Higgins usó mi pan de manzana en un menú especial y Vitaly Paley organizó un evento con un menú de degustación en el que cada plato iba acompañado de uno de mis panes. Otros chefs también me echaron una mano. Dan Spitz, en Ripe, hizo una cena similar. Algunos restaurantes ponían mi nombre en el menú cuando lo acompañaban con mi pan. En una ocasión, en el menú se podía leer: «¡Buen pan, Ken!». Muchos de ellos me dieron su consejo cuando lo necesité.

Si pasamos a cosas más serias, hacia el final del primer año de vida de la panadería había perdido casi 70 000 $ (unos 60 000 euros) y me preocupaba seriamente tener que cerrar. No me quedaba mucho dinero. Además, no había recibido nada de publicidad ni reseñas más allá de un artículo escrito por Sara Perry para la sección de «Estilo de vida» del *Oregonian*. Estaba convencido de que lo que ofrecíamos era único y que por fin habíamos alcanzado la calidad y homogeneidad deseada, después de cinco o seis meses de perfeccionamiento. Sin embargo, parecía que a la gente le daba igual. Quería aparecer en medios de comunicación en parte por ego, pero, sobre todo, porque necesitaba que la prensa nos validara de cara a esos clientes que quizás no sabían aún que merecía la pena desplazarse hasta nuestra tienda. (Esto fue antes del panorama comidista actual).

Decidí que había llegado el momento de moverme por mi cuenta. El primer evento que organizamos fue una cata de panes. Pedí un par de hogazas de *pain Poilâne*, que se puede comprar por internet con entrega para el día siguiente, y pedí a las panaderías Grand Central Bakery y a Pearl Bakery que trajeran algunos de sus panes. Era un evento cordial, nada competitivo. Quería que los asistentes probaran mi pan junto al de las panaderías francesas más famosas. Gracias a esta ocurrencia —¡una cata de panes!— vinieron como mínimo unas 150 personas y conseguí que se centraran en el pan y su sabor, algo inaudito (tal y como podemos comprobar con el hecho de que apenas tenemos palabras concretas para describir su sabor como hacemos con el vino, la cerveza o cualquier otro producto que se nos venga a la cabeza). Quedé muy satisfecho al ver la reacción de la gente cuando probaba mi pan, un producto que todavía era nuevo en la ciudad, sobre todo porque lo comparaban favorablemente con el de Poilâne, mi referente.

Poco a poco, empezamos a hacer más caja, pero todavía nos quedaba mucho camino por recorrer. Un día, el ayuntamiento me informó de que en breve cerrarían el cruce de mi calle durante el día para cambiar las tuberías soterradas, y que la obra duraría tres meses. Mi negocio era diurno. Me preocupaba que esta fuera la gota que colmara el vaso. Sin embargo, el acceso a la calle se reestablecería cada tarde al acabar la jornada laboral, por lo que me planteé montar algo que me permitiera abrir de noche, manteniendo la actividad diurna. Se me ocurrió que podía solicitar una licencia para servir bebidas alcohólicas, de manera que pudiera ofrecer cervezas y vinos por un módico precio, y así aprovechar por las noches la cafetería de la panadería.

Por aquella época conocí a Rollie Wesen y a Claudine Pépin, quienes acababan de dejar Nueva York para mudarse a Portland. Claudine es la hija del famoso chef Jacques Pépin y se ha dado a conocer gracias a los programas de televisión que presentó junto a su padre para el canal PBS, por haber escrito varios libros de cocina y por ser embajadora de la marca Moët & Chandon. Rollie es una chef que ha trabajado en varios de los restaurantes más punteros de Nueva York. Ambas estaban buscando trabajo y a ambas les gustaba la panadería. No podía pagarles lo que realmente se merecían, pero aun así se unieron al equipo. Con Rollie dentro de una cocina improvisada (¡sin fogones!) y Claudine al mando de la cafetería, durante cinco días a la semana Ken's Artisan Bakery era también un pequeño *bistro* en el que se ofrecía un plato del día que cambiaba cada semana y que siempre consistía en algún clásico francés como *coq au vin* o *confit* de pato. Así conseguimos llamar la atención de los medios de comunicación, cosa que estaba ansiando y necesitaba enormemente, y empezaron a hablar de mi pequeño *bistro* y de mi obsesión por la panadería. Pasado un tiempo, Rollie y Claudine nos dejaron por otros trabajos cuyos sueldos se acercaban más a su valía, y tras ocho meses cerré el *bistro* con una fiesta homenaje al famoso guiso francés *cassoulet*, del cual no sobró nada. Convertir la panadería en un restaurante había estado bien como experimento y me ayudó a construir nuevos puentes.

En enero de 2003, Jim Dixon escribió un artículo para el periódico local *Willamette Week*, que se titulaba «Levadura y sabor». «Cuando cortas una rebanada, sientes cómo cruje la corteza, que no es ni dura ni gomosa. La miga es tierna, jugosa y está llena de alvéolos, fruto de una fermentación prolongada. Su sabor tiene un agradable regusto a levadura y un ligero toque a nueces característico del buen pan rústico, con unas notas más complejas y profundas que no son fáciles de describir con palabras. Una vez lo pruebas, no puedes dejar de comerlo». Jim también afirmó que el pan era

mi «obsesión», y a medida que se fueron publicando más reseñas en otros medios, aquella palabra aparecía una y otra vez. Todo lo que se escribía sobre la panadería me aportaba una gran satisfacción, sobre todo después del silencio abrumador de los primeros trece meses.

Al fin, la gente empezó a venir. Gente de todos lados. En parte estábamos preparados y en parte no. Una panadería no funciona igual que un restaurante; no producimos bajo demanda. Nuestra producción empieza, como mínimo, un día antes de venderla, por lo que teníamos que preguntarnos: ¿Cuántas *baguettes* venderemos mañana? ¿Y cuántos *éclairs*, *croissants* y tartaletas?

Un día, André Soltner, antiguo chef del famoso restaurante Lutèce de Nueva York, y su mujer, Simone, nos hicieron una visita. Tiempo después, Soltner le dijo a Claudine y a Rollie que mis *croissants* eran extraordinarios. En otra ocasión, Claudine trajo a su padre y cenamos juntos. Mis *croissants* también le gustaron mucho y afirmó que estaban entre los mejores que había probado en su vida. Fue muy amable y generoso conmigo. Jacques Pépin cenando en mi panadería, no me lo podía creer. Las visitas de algunos de mis héroes y sus elogios me dieron la confianza que tanto necesitaba.

Con el tiempo, cuando me pude permitir contratar al suficiente personal para trabajar en un horario más razonable, pudimos empezar a hornear las *baguettes* antes de las ocho. Y los comentarios de que tostábamos demasiado el pan y la bollería empezaron a disminuir. Quizás acabé adaptándome a mis clientes; o quizás ellos a mí. O puede que acabáramos por encontrarnos en un punto intermedio. (¿Es posible que se leyeran mi manifiesto «¿Por qué tostamos tanto el pan?»). La mejor recompensa de aquellos primeros años fue cuando quedó claro que a la mayoría le gustaba de verdad lo que hacíamos. Poco a poco empezamos a tener clientes habituales que nos visitaban todos los días, todas las semanas. Incluso vimos crecer a sus hijos. Ahora llevamos abiertos el tiempo suficiente como para haber tenido que decir adiós a algunos clientes muy queridos que nos han dejado. En mi trabajo anterior era imposible tener un impacto positivo en las personas. Una vez tuve claro que no nos íbamos a ir a pique, que el dueño que me alquilaba el local no se iba a quedar con una panadería en bancarrota, pude dejar de temer tener que volver a mi antigua vida. Seguir trabajando en esto es mi recompensa.

OCHO CLAVES PARA HACER PANES Y PIZZAS DE GRAN CALIDAD

En este capítulo voy a explicar algunos de los elementos claves y fundamentales de la panadería artesana que definen mis panes. Si quieres saltarte la teoría y ponerte manos a la obra, pasa al capítulo 4, «Proceso básico para hacer pan», y al 5, «Masas directas». Si quieres, puedes leer este en otro momento (y el resto de la primera parte del libro). Dicho esto, te animo a que sigas leyendo. El contenido de este capítulo no es complicado.

Si entiendes el pan como un tipo de fermentación, aquí aprenderás a tener en cuenta las variables que afectan al sabor y a la textura. Puesto que este concepto puede ser nuevo para algunos lectores, quiero dejar claro que el ingrediente más importante es el tiempo. Por supuesto, con sus limitaciones. Si nos pasamos fermentando una masa, se producirá un exceso de alcohol y acidez que enmascara el dulzor del trigo. Además, perderá la capacidad física de retener el gas que se produce durante la fermentación y poco a poco empezará a deshincharse. Controlar la fermentación de la masa para obtener un buen resultado significa encontrar el equilibrio perfecto entre el tiempo total de levado, la temperatura de la masa, la ambiente y la cantidad de agente leudante a utilizar. El objetivo principal de este capítulo es explicar cómo conseguir que estos elementos se relacionen entre sí con armonía.

PRIMERA CLAVE: EL TIEMPO Y LA TEMPERATURA TAMBIÉN SON INGREDIENTES

La paciencia es, sin duda, una virtud a la hora de hacer pan. Plantéate el tiempo como una de las herramientas clave de la panadería. Entenderlo como otro elemento más de la receta, que además es crucial, es el primer aspecto fundamental que diferencia a los grandes panaderos. Si lo equilibras adecuadamente con las temperaturas de la masa y la ambiente, y la cantidad de agente leudante, es muy probable que el resultado sea especialmente bueno. Se necesita bastante tiempo, pero no demasiado esfuerzo —poco más de siete horas para la receta más sencilla de este libro—, para hacer un pan de categoría.

En los Estados Unidos, el enfoque habitual siempre ha sido el de entender la fermentación como una breve pausa —apenas una o dos horas— necesaria para que el gas se acumule dentro de la masa y le dé estructura. Otros panaderos y yo la entendemos como una oportunidad para perfeccionar los aromas y obtener la cantidad apropiada de acidez.

La temperatura y el tiempo tienen una relación inversa. Me gusta usar la imagen de un balancín para explicar la importancia de equilibrar estos dos elementos: a más cantidad de uno, menos necesitarás del otro. Una masa caliente se desarrolla más rápidamente, mientras que una fría irá más despacio. Concretamente, la temperatura de la masa afecta al ritmo metabólico de la levadura: cuanto más calor, más rápido se reproduce. Una vez mezclada, las levaduras se multiplican hasta que ya no queda nada de oxígeno dentro, momento en el cual estas moléculas, a medida que consumen el azúcar de la harina, empiezan a producir gases (dióxido de carbono y etanol). Adentro azúcar, fuera gas. Esta emisión de gases es la que provoca que la masa suba.

Prolongar la fermentación en bloque es fundamental para que el sabor se desarrolle al máximo. La masa caliente facilita que la levadura se reproduzca a mayor velocidad y, por lo tanto, fermentará antes. Por otro lado, si usas menos levadura, esta necesitará más tiempo para reproducirse y multiplicar al máximo su población de moléculas, punto en el que la masa entra en fase anaeróbica o, en otras palabras, se queda sin oxígeno. Hasta cierto punto, las masas que necesitan más tiempo para desarrollarse (ya sea por temperaturas frías, porque se ha usado menos levadura, o por ambas razones) producen panes con un sabor más complejo. De hecho, a la hora de crear una nueva receta de pan siempre me guío por este principio fundamental: cuanto más tiempo y menos levadura, mejor pan.

Fermentación en bloque, también conocida como primera fermentación, es el primer reposo o levado de la masa una vez se han incorporado todos los ingredientes (harina, agua, sal y levadura, además de masas madres o prefermentos).

Otro factor importante en la evolución de la masa son las bacterias; la harina contiene tanto levaduras como una gran variedad de esporas bacterianas. Al igual que sucede con la fermentación de la levadura, se necesita tiempo para que las bacterias crezcan y produzcan ácidos y otros componentes que aportan sabor. El crecimiento bacteriano también aporta complejidad. Con esto me refiero a los diferentes elementos gustativos que se encuentran en los panes de calidad y que entran en contacto con el paladar: el sabor de la harina y el que la levadura y las bacterias han producido, como alcoholes, ácidos y ésteres (componentes químicos que producen aromas y sabores).

El tiempo es un factor decisivo para todos estos componentes. Lo que queremos es dar con el punto ideal de fermentación. Si se deja fermentar durante mucho tiempo pueden descompensarse los elementos gustativos, mientras que si nos quedamos cortos podríamos impedir que se desarro-

MEDIDAS DE PESO VERSUS VOLUMÉTRICAS

Si quieres asegurarte de obtener siempre el mismo resultado, de ser capaz de comparar recetas y hasta memorizarlas una vez las has hecho varias veces, te será muy útil usar medidas de peso, no volumétricas. Para los principiantes, aclaro que 2 tazas de mi harina no tienen por qué contener la misma cantidad que de la vuestra. Puede que mi paquete de harina lo hayan prensado más que el vuestro. Respecto al agua, aunque puede que una cucharadita arriba o abajo no se note a simple vista, su equivalencia en peso varía muchísimo. La panadería se basa en la correlación exacta que existe entre los ingredientes, y las medidas volumétricas son muy imprecisas; en cambio, las de peso son totalmente predecibles. En el mundo profesional, lo normal es medir todos los ingredientes por peso y expresar las cantidades en relación con la cantidad total de harina que necesita la receta. Te animo que, a la hora de poner en práctica las de este libro, uses las medidas de peso en lugar de las volumétricas.

Dicho esto, es posible que muchos de vosotros todavía no tengáis una báscula de cocina. Para esos casos he añadido la conversión volumétrica aproximada para todos los ingredientes del libro. La harina es el más difícil de medir mediante el volumen, ya que hay muchas variables que entran en juego: lo fina que la hayan molido, si al ponerla en la taza de medir se ha prensado más o menos, o si se ha nivelado bien para que todas las tazas tengan la misma cantidad, y muchas más. Esto no pasa cuando se usan medidas de peso. Para ofrecer ciertas garantías en el resultado, todas las recetas de este libro se pusieron a prueba usando la marca de harina estadounidense King Arthur; por lo tanto, las medidas de volumen se corresponden con el grosor de molienda de esta marca. Si vas a usar medidas volumétricas para la harina en lugar del peso, pásala a un recipiente grande, espárcela con un tenedor y, entonces, añádela a la taza de medir hasta llenarla. Usa el filo de un cuchillo para nivelar la superficie de la harina con la de la taza. (Si esto te parece un rollazo, estupendo… ¡Cómprate una báscula!)

Eso sí, si vas a hacer un pan con algún tipo de prefermento, olvídate de las medidas volumétricas. En muchas de las recetas se piden 100 gramos de masa madre, que es un poco más de un tercio de taza. El problema es que, cuando la pasas a una taza o a una cuchara, se desgasifica (lo que hace que este tipo de medida sea todavía menos fiable). Me temo que no puedo insistir más en la importancia de usar medidas de peso, no volumétricas, sobre todo cuando llegues a la tercera parte de este libro.

CÓMO AJUSTAR LA TEMPERATURA DE LA MASA FINAL

Mis panes siempre saben mejor cuando la masa recién mezclada tiene una temperatura entre 24 °C y 27 °C. Los tiempos de una receta y la calidad del producto final dependen de alcanzar esta temperatura. Cuando hayas mezclado todo y estés a punto de cubrir la masa para que fermente en bloque, comprueba la temperatura con un termómetro. Si no está entre 24 °C y 27 °C, a la próxima tendrás que hacer algunos ajustes.

Para controlar la temperatura de la masa, tienes que ayudarte de cuatro variables: la temperatura del agua, la de la harina, la ambiente y la duración de la autolisis (más información en la página 33). La variable más fácil de manipular es la temperatura del agua, por eso te daré indicaciones sobre la más adecuada en cada caso. Si analizas tus resultados (y tomas notas), después de un par de pruebas deberías ser capaz de determinar cuál es la temperatura ideal a la hora de incorporar el agua.

En la mayoría de las recetas de este libro se indica que la masa final debe tener una temperatura de 26 °C. Creo que este es el punto ideal, pero te animo a que experimentes con otras entre 24 °C y 27 °C. La única manera de dar con la combinación perfecta de tiempo y temperatura para que el resultado de una receta concreta sepa bien y tenga el volumen ideal es repetir y hacer ajustes en base a lo que ya has hecho. Forma parte de la diversión. Cada vez que uses una receta, toma nota de la temperatura de la masa justo después de mezclarla y anota también la hora. Toma nota de la hora en cada uno de los pasos siguientes y, por supuesto, qué tal ha salido el pan. Si llevas un registro de temperaturas y tiempos de fermentación para consultar en el futuro, podrás afinar mejor el proceso para que el pan te salga perfecto. También experimentarás la satisfacción del panadero que está en sintonía con todo lo que hace y por qué.

Las recetas de este libro indican a qué temperatura debe estar el agua. Yo prefiero usar en el agua y la masa una temperatura un poco más alta que otros panaderos y, además, uso un poco menos de levadura. Eso sí, procura que el agua no esté demasiado caliente. La levadura comercial muere a apenas 46 °C. Cuando amaso la harina a temperatura ambiente, que normalmente es de unos 21 °C, con agua a 35 °C y dejo que la mezcla repose durante 30 minutos, la masa final está a unos 26 °C. Ese es mi objetivo. Si es verano y hace calor (en cuyo caso la harina también estará más caliente), uso agua a 32 °C para que la masa final me quede a los 26 °C que quiero. Si guardas la harina en la nevera o el congelador, te recomiendo que la saques un día antes de utilizarla. En todas las recetas de este libro se da por sentado que está a temperatura ambiente.

llen lo suficiente. En una masa que se ha fermentado de más, el alcohol es muy fuerte y enmascara el dulzor del trigo. Una fermentación larga también significa más acidez. Hasta cierto punto, esto es bueno, porque el pan se mantendrá fresco por más tiempo y los ácidos lácticos y acéticos aportarán más sabores, aromas y sensaciones gustativas de un valor indescriptible. No obstante, demasiada acidez produce un retrogusto ¿amargo? que, a muchos, entre los que me incluyo, les resulta desagradable. El truco está en encontrar el equilibrio entre tiempo y temperatura, de manera que la masa desarrolle sabores con una complejidad deseable, sin que resulte demasiado ácida o predominen los alcoholes, al mismo tiempo que adquiere la estructura adecuada. El gluten retiene las burbujas de gas que dan cuerpo a la masa, pero con el tiempo acaban rompiéndose, lo que provoca que se deshinche. Además de todo esto, ¡los tiempos de cada receta tienen que ajustarse también a tu horario!

Hay varias maneras de alargar la fermentación: puedes reducir la cantidad de levadura, o, por otro lado, la temperatura de la masa, o la del entorno donde la vas a dejar reposar, o ambas. Si estoy trabajando con masa madre, que normalmente alcanza la actividad más alta a 27 °C de temperatura ambiente, en mi panadería lo que hago es meter la masa en el retardador, que está a unos 9 °C, y así necesitará unas doce horas para desarrollarse por completo. Una fermentación larga y en frío produce un pan mejor, de sabores más complejos y con un retrogusto más láctico y redondo. Aunque en la panadería hacemos la fermentación en bloque en

Retardador: cámara fría que, literalmente, retrasa el desarrollo de la masa. En mi panadería tenemos una con capacidad para seis estantes y la solemos tener a unos 9 °C. En casa, puedes usar la nevera para alargar la fermentación de tus panes, tal y como se indica en muchas recetas de este libro.

2 GRADOS DE SEPARACIÓN

El pan de pasas y nueces pecanas que hacemos en la panadería está tan rico que a veces lo sigo comiendo aunque no tenga más hambre. Me encanta cuando está bien hecho. No obstante, hubo una época en la que el sabor no era nada del otro mundo. Supuse que no lo estaríamos fermentando el tiempo correcto para que se desarrollara por completo. Hablé con los panaderos del turno de la mañana y me confirmaron que estaban siguiendo la fermentación en pieza, o segunda fermentación, al pie de la letra (lo que significa que se le daba el tiempo suficiente después del formado). Por lo tanto, seguramente el problema era que la masa necesitaba desarrollarse más durante la fermentación en bloque. Sin embargo, no podía hacer cambios en el cronograma de este pan, porque los turnos de los panaderos estaban sincronizados con otras tareas. Adaptar el tiempo no era una opción, por lo que me tocaba jugar con una de las otras tres variables: la cantidad de masa madre utilizada, la temperatura ambiente durante la fermentación en bloque o la de la masa después de mezclarla. Decidí probar con esta última y subir el agua 2 °C grados por encima de lo que habíamos estado usando hasta entonces. Aunque de la amasadora salía a 24 °C, al añadir el agua a una temperatura un poco más caliente de lo habitual, al final alcanzábamos los 26 °C. El resto de las variables las dejé igual. Al día siguiente el pan estaba tal y como debía: redondo, sabroso, con una nota de acidez muy sutil, pero sin dejar un retrogusto amargo.

frío, en casa no es tan práctico, ya que no es fácil encontrar un hueco suficientemente grande dentro de la nevera para que quepa el recipiente de 10 litros que suelo recomendar. Para este libro he ajustado las recetas de manera que se pueda hacer la fermentación en bloque de la masa durante la noche usando menos levadura y dejándola a temperatura ambiente. Verás que en algunos casos esta se hace a temperatura ambiente y luego, en la segunda fermentación, se deja toda la noche en la nevera a una temperatura de entre 3 °C y 5 °C. Esto se debe a que es más fácil hacer hueco para los cestos que para el recipiente que acabo de mencionar.

Seguro que mientras lees este capítulo estarás pensando: «No sé qué hacer con toda esta información». Te explico: hacer buen pan no siempre es predecible. Da igual lo concreto que sea en mis recetas, hay otras variables que no podemos controlar ni tú ni yo. Algunas harinas son más «activas» y se fermentan antes que otras. Puede que tu cocina esté a 21 °C y la de otra persona a 27 °C. Por eso la mayoría de las recetas de otros libros indican siempre por defecto el mismo tiempo para la fermentación en bloque, seguido de un «o hasta que haya doblado el volumen». Aquí están diseñadas para tener en cuenta todas las variables. Pero más allá de esto, quiero ayudarte a entender cómo afectan el tiempo y la temperatura al sabor y el desarrollo de la masa, y cómo puedes jugar con estas dos variables para hacer un pan increíble.

SEGUNDA CLAVE: SI TIENES TIEMPO, USA PREFERMENTOS

En este libro, las recetas siempre siguen uno de los dos métodos que explico a continuación para aportar más matices al pan. El primero consiste en usar lo que se conoce como masa directa combinada con una fermentación lenta, lo que significa que, en comparación con una receta tradicional, se usa menos levadura y mucho más tiempo para que suba. Casi cinco horas entre la preparación de la masa y el formado de las hogazas. En el segundo método se potencia la fermentación añadiendo un prefermento o una masa madre que se preparan unas cuantas horas antes de que se incorporen a la masa final.

Dos prefermentos muy habituales son el poolish y la biga. En ambos casos se utiliza una cantidad muy pequeña de levadura comercial. Al usar un prefermento, se mezcla entre un 30 y un 80 por ciento del total de la harina de la receta con agua y un poquito de levadura. Se deja que fermente (normalmente una noche) y a continuación se junta esta mezcla burbujeante y aromática con el resto de los ingredientes de la masa final. Este proceso confiere un sabor de fondo más intenso al pan, además de más acidez para que se mantenga fresco durante más tiempo, y una corteza más sabrosa y con más color. En una panadería que trabaja a gran escala, el prefermento ayuda a fermentar en menos tiempo la masa final sin sacrificar la calidad, lo cual a veces se adapta mejor a la planificación de la producción.

¿Por qué hacer en casa este paso extra? ¡Para que el pan sepa mejor! Tendrá más matices de sabores que si hubieras usado una masa directa. El poolish es especialmente apropiado para panes con un perfil más láctico, con notas que recuerdan al sabor de los frutos secos, y de corteza fina y crujiente. La *baguette* normalmente se elabora con poolish. La biga, por el contrario, produce panes de sabor más penetrante y rústico. En mi panadería la usamos para hacer chapatas. Existen otros tipos de prefermento que no aparecen en este libro, como la esponja y la conocida como pie de masa, cucharón o masa vieja (*pâte fermentée* en francés). Algunos prefermentos llevan sal y otros no. Lo que sí tienen en común, sin importar nombre ni tipología, es que todos facilitan la fermentación del

Masa directa: masa que se prepara en un proceso simple, sin prefermento ni masa madre.

Masa madre: término que hace referencia a un cultivo natural que se compone únicamente de harina y agua, que a su vez contiene millones de levaduras naturales activas y bacterias que fermentan la masa y le dan cuerpo. Durante miles de años (unos cinco mil de acuerdo con las fuentes más fiables) el hombre ha hecho pan fermentado sin usar nada más que harina, agua y, normalmente, sal; se fermentaba únicamente con las levaduras naturales que se encuentran en el aire y la propia harina, lo que ayuda a producir una masa llena de burbujas y aromática.

Prefermento: porción de masa que se prepara por adelantado, normalmente entre seis y doce horas antes de preparar la masa final. Las recetas de este libro en las que se trabaja con un prefermento normalmente usan o un poolish, el cual es más líquido y tiene la misma cantidad de harina y agua, o una biga, que tiene menos agua y es más firme. Los prefermentos aportan sabor, volumen y conservan las cualidades del pan.

Biga: término italiano que hace referencia al prefermento. Aunque no existe una definición precisa, normalmente se trata de una masa bastante firme (entre un 60 y 70 por ciento de agua) que se prepara con agua, harina y una cantidad muy pequeña de levadura. Se deja fermentando entre seis y doce horas antes de añadirla a la masa final. La biga acumula un gas muy aromático (dióxido de carbono y alcohol), ácido y bacterias. Cuando se añade a la masa final, el resultado es un pan que ha atrapado todos esos sabores con gran maestría.

Poolish: palabra usada en la panadería francesa para referirse a la técnica que usaban los panaderos polacos que llevaron sus métodos a Francia. Al igual que la biga italiana, se trata de un prefermento que se añade a la masa final para realzar el sabor, en este caso muy mantecoso y con notas a nueces, y prolonga la frescura del pan gracias a la acidez que ha acumulado en su interior durante la fermentación, que normalmente oscila entre seis y doce horas. En principio, se compone de entre un 30 y un 50 por ciento del total de la harina de la receta y, por lo general, el mismo peso de agua, y una cantidad minúscula de levadura.

alcohol y las bacterias, lo cual aporta sabor a la masa, además de acidez y cuerpo. La miga de los panes hechos a partir de prefermentos bien desarrollados adquiere un brillo característico. Esto es señal de que tenemos entre las manos un buen pan. Normalmente, es lo primero que compruebo, incluso antes de olerlo o catarlo.

Al usar un prefermento, es importante darle tiempo para que se desarrolle por completo y que adquiera el sabor y el grado de fermentación óptimos, pero sin pasarse. Normalmente se necesita un mínimo de cuatro horas si se quiere conseguir un buen impacto. Cuando llega al pico de actividad, la biga se llena de burbujas, la superficie se ahueca como una bóveda y desprende un olor fuerte a alcohol y levadura. Pasado este punto, la masa cae de nuevo, lo cual es muy fácil de ver. Un poolish bien desarrollado tendrá burbujas en la superficie y, si lo miras con atención, de vez en cuando verás alguna pompa que asoma y explota. Ese es el punto óptimo. Al igual que la biga, olerá

Arriba: biga (izquierda) y poolish (derecha) maduros. Abajo: comparación de las texturas de la biga (izquierda) y el poolish (derecha).

a una mezcla de alcohol y levadura. Pasado el momento de actividad más alta también caerá visiblemente.

Si usas una biga o un poolish que no se han desarrollado suficientemente, te quedarás sin ese sabor tan delicioso y, además, la fermentación no será tan contundente. Esto se traduce en un pan más denso, con menos volumen y algo soso. Por el contrario, demasiada fermentación produce un exceso de alcohol que enmascara el dulce sabor del trigo.

La primera vez que amases uno de estos prefermentos es posible que te cueste creer que basta con una cantidad tan ridícula de levadura. Simplemente sigue la receta y déjate sorprender. Después de todos estos años trabajando en una panadería, yo me sigo maravillando. Mi receta Masa para pizza con poolish fermentada por la noche (página 225) produce suficiente masa para hacer cinco pizzas con tan solo 0,4 gramos de levadura seca instantánea. Esa pizquita que se usa para hacer un poolish o una biga no es más que el principio. El agua la activa junto a las enzimas que se encuentran en la harina, y las moléculas brotan y se multiplican rápidamente y de manera logarítmica hasta poblar por completo el prefermento. Basta una cantidad ridícula de levadura para que esta se multiplique hasta cifras incalculables. De repente tienes tropecientas mil moléculas danzando en la masa. Es una pasada.

En mi panadería tenemos que hacer ajustes en la cantidad de levadura que usamos en los prefermentos dependiendo de la época del año, porque en invierno las temperaturas bajan muchísimo por la noche y en verano son más cálidas. Usamos más cantidad cuando hace frío, y menos cuando hace calor. Otro ajuste sería mantener la misma cantidad de levadura y adaptar la temperatura del agua que usamos en el prefermento.

TERCERA CLAVE: LA AUTOLISIS

Todas las masas fermentadas de mi panadería —ya sean para pan, pizza, *croissant* o *brioche*— siguen un proceso de autolisis en el que la harina y el líquido de la receta se mezclan y se dejan reposar durante 15 minutos como mínimo, a ser posible entre 20 y 30, antes de incorporar la sal, la levadura y la masa madre o prefermento para la masa final. Este método ayuda a que la harina absorba mejor el agua y también se activen las enzimas que contiene. Por ejemplo, las amilasas descomponen los carbohidratos complejos en azúcares simples de los que se puede alimentar la levadura. Las enzimas de la proteasa degradan las proteínas del gluten, lo que aporta elasticidad a la masa.

El famoso profesor de panadería Raymond Calvel fue el primero en utilizar el término autolisis para denominar este proceso, a mediados de los setenta; él es quien desarrolló y dio a conocer esta técnica. En su libro *Le goût du pain*, disponible en español bajo el nombre *El sabor del pan*, explica que quería mejorar las técnicas industrializadas que producían masas demasiado trabajadas y oxidadas. Su objetivo era hacer pedagogía y recuperar la calidad de la panadería francesa, la cual había estado cayendo en picado desde los años cincuenta. La autolisis permite que la masa se desarrolle adecuadamente con un amasado más corto, lo que reduce la oxidación y mejora el sabor del pan. La oxidación y las masas sobretrabajadas no son un problema en casa, ya que esto sucede en grandes panaderías con amasadoras mecánicas y métodos industriales para acelerar la producción. No obstante, es aconsejable seguir este proceso en nuestra cocina, ya que facilita el desarrollo del gluten cuando se amasa a mano, lo que significa que la masa retendrá mejor el gas y la hogaza final tendrá más volumen. Al amasar a mano se nota la diferencia entre una masa que ha seguido un proceso de autolisis y otra que no; la primera tendrá algo más de estructura que la segunda, que no la tendrá hasta que no se haya desarrollado por completo.

Otra ventaja de la autolisis es que mejora la extensibilidad de la masa. Esto significa que al estirarla se quedará tal cual, sin ser tan elástica que regrese a su tamaño y forma original. Este no es un factor importante para las recetas que vamos a usar aquí, porque todas usan una hidratación alta (es decir, mucha agua), lo cual se traduce en una masa blanda que se extiende fácilmente. No obstante, para las panaderías que usan masas más compactas es muy útil. Imagina tener que dar forma a doscientas *baguettes* con una masa elástica cuando solo dispones de x minutos. ¡Es una pesadilla! Las que llevan harina con un alto contenido en gluten también tienden a ser más elásticas y, por lo tanto, la autolisis también va muy bien en estos casos.

Aunque yo prefiero una autolisis que siga el método tradicional descrito por Calvel, últimamente se han hecho algunas mejoras en la producción de la levadura seca y algunos recomiendan incluirla también en este proceso. La ventaja es que la levadura estará totalmente hidratada antes de preparar la masa final y, por lo tanto, la fermentación será más intensa. Si quieres probar esto en casa, no alargues la autolisis más de 20 minutos. Una vez activa, la levadura que se encuentra en una masa sin sal se reproduce muy rápidamente, y en ese caso perderás ese sabor tan delicioso que se obtiene con una fermentación larga y lenta.

CUARTA CLAVE: TRABAJA CON MASAS BLANDAS DE ALTA HIDRATACIÓN

Hay puntos de vista enfrentados en lo que se refiere a lo hidratadas que deberían estar las masas. Yo prefiero el sabor del pan y de la pizza hechos con masas con una hidratación más alta de lo normal. En absoluto soy el único que piensa así. Muchos panaderos, incluidos la mayoría de mis profesores, opinan igual. Por lo que he podido comprobar, si se añade un poco más de agua, pongamos que un 75 por ciento en lugar de 70, se genera más gas en el interior y, si no fermentamos con prisas, estos gases aportan muchísimo sabor. No obstante, las masas muy hidratadas son muy blandas y necesitan algo de ayuda para desarrollarse físicamente y que no se queden chafadas. También son más pegajosas y son más difíciles de manipular que las más compactas.

Existe un término llamado fuerza, que es una propiedad de las masas y se refiere a su capacidad de mantener la forma. Al verterla sobre el banco de trabajo o sobre la encimera, una masa con suficiente fuerza mantiene la altura vertical. También será tenaz y elástica. Por el contrario, una húmeda y pegajosa con poca fuerza se relajará y se desparramará como una papilla, y no retendrá la forma. Toda esta explicación es para aclarar que las masas más compactas retienen mejor la forma que las húmedas.

Pero, a su vez, estas últimas también tiene su parte buena, y es que potencian la producción de gases y el desarrollo de los sabores durante la fermentación más que las compactas, lo que se traduce en panes más sabrosos. Si se hace bien, también se obtiene una textura más ligera con algunos alvéolos de considerable tamaño. En comparación, los panes de miga más densa vienen de masas compactas. Por lo tanto, se trata de saber cómo hacer una masa con suficiente fuerza para que retenga la forma y, también, los gases de la fermentación. Mientras que algunos panaderos usan pequeñas cantidades (medidas en partes por millón) de ácido ascórbico (vitamina C), yo prefiero dar fuerza a la masa usando pliegues (consulta el recuadro de la página 35). De esta manera solo le doy la fuerza que necesita. El número de pliegues depende de lo flácida o rígida que esté la masa a medida que va fermentando.

Una de las partes que más me gusta de las clases de panadería que imparto a veces es el proceso de amasar a mano una masa superhidratada de harina panificable y un 80 por ciento de agua. No se parece en nada a la típica masa de pan, más bien parece que vayamos a rebozar algo. Paso la cubeta a mis alumnos para que todos puedan ver bien la textura. Siempre hay alguno que dice que si al hacer la masa final le saliera algo así, daría por sentado que ha hecho algo mal y la tiraría a la basura, o le añadiría más harina. Entonces es cuando paso a demostrar que aplicando varios pliegues en un lapso de 30 minutos la masa empieza a integrarse y a tener un aspecto más normal, aunque seguirá siendo una masa pegajosa que hay que manipular en esta fase del proceso con las manos húmedas.

Por supuesto, trabajar con masas blandas de alta hidratación no es más que uno de los secretos para hacer un pan con una miga ligera y un buen alveolado. Igualmente, hay que dejar que la masa

¿QUÉ SON LOS PLIEGUES?

Una manera de dar fuerza a las masas de alta hidratación consiste en aplicar pliegues. Muy resumidamente, hay que estirar un trozo de masa y doblarla sobre sí misma. Se estira por un extremo hasta notar que empieza a ofrecer resistencia, no más, y a continuación se dobla sobre sí misma como si fuera un folio. Hay que aplicar un pliegue por cada extremo de masa. Si se hace varias veces durante la fermentación en bloque, la malla de gluten se estructura mejor, lo que ayuda a que la masa retenga los gases en su interior durante dicha fermentación. (Para más información sobre los pliegues, consulta las páginas 69–70). Cuanto más compleja sea la estructura de esta especie de malla, más fuerza tendrá la masa.

En una panadería profesional, parte de esto sucede en la amasadora. Un amasado largo y a alta velocidad hace que la masa se desarrolle de manera más intensa. Durante este proceso, las proteínas que forman las cadenas de gluten se estiran y pliegan sobre sí mismas constantemente y crean un tejido tridimensional, lo que da fuerza tensil a la masa. En este caso, la fermentación es más rápida, lo cual es estupendo para producir más panes en menos tiempo, pero no es bueno ni para el sabor ni para la calidad. Un amasado menos intenso aporta estructura a la malla de gluten de manera menos agresiva. Los grandes panaderos que siguen esta técnica aplican los pliegues durante la fermentación en bloque.

¿Cuándo exactamente? Puesto que la malla de gluten es necesaria para evitar que el gas se escape, la mayoría de los pliegues deben aplicarse al principio de la fermentación en bloque. El gas que se acumula en el interior también aporta fuerza, ya que expande y estira el entramado que hay dentro de la malla de gluten. Los pliegues ayudan a que la masa retenga todo el gas que le es posible. Dicho esto, no tiene sentido aplicar el último pliegue a una masa muy blanda una hora antes de dividirla y darle forma. Aunque las recetas de este libro, en las que se aplica una fermentación de cinco horas o más, son muy flexibles en lo que se refiere a cuándo aplicar los pliegues, te recomiendo que apliques la primera tanda unos 10 minutos después de mezclar los ingredientes. El resto los puedes hacer en cualquier momento una vez que veas que la masa ya se ha relajado tras la tanda anterior.

¿Cuántos pliegues conviene aplicar? Esto depende de lo hidratada y blanda que haya quedado la masa después de mezclarla. Las de alta hidratación desarrollan muy poco gluten durante el amasado a mano, así que necesitan tres o cuatro tandas a lo largo de la primera o dos primeras horas de fermentación para aportar suficiente fuerza a la malla y obtener una miga ligera.

En las recetas te doy algunas recomendaciones en cuanto a tiempos y tandas de pliegues, siempre con cierto margen, como, por ejemplo, entre tres y cuatro tandas. No obstante, no quiero ser demasiado estricto ni rápido a la hora de dar indicaciones. Cuando estés trabajando la masa, verás que va cambiando físicamente a medida que aplicas los pliegues. Si, a partir de tus observaciones, quieres aplicar una tanda más, no lo dudes y hazlo.

Masa húmeda: La panadería artesana de Estados Unidos carece de definiciones concretas para muchos términos. Para mí, una masa húmeda o de alta hidratación es una que por su naturaleza es blanda y necesita pliegues para que adquiera la fuerza necesaria. No se puede definir por su porcentaje de hidratación, porque este depende de la harina o la combinación de harinas de la receta. Si solo se usa harina panificable, un 75 por ciento de hidratación seguramente dará como resultado una masa húmeda y algo blanda, y con un 80 se podría considerar sin lugar a duda una masa de alta hidratación. En cambio, si usamos harina integral de trigo, una hidratación del 75 por ciento resultará en una masa más rígida, porque la de este tipo absorbe más agua que la panificable. Para que podamos decir que una masa de harina integral está muy hidratada, probablemente necesitaremos como mínimo un 82 por ciento de hidratación. Otro aspecto interesante es que la harina de trigo en Estados Unidos retiene más agua y la calidad de las proteínas que contiene y que se encargan de desarrollar el gluten es diferente de las que se pueden encontrar en las harinas que usan los panaderos franceses e italianos. (No he trabajado con harinas alemanas o de otros países europeos, así que no puedo desarrollar más el tema). Esto significa que una masa húmeda en Francia probablemente contendrá alrededor de un 5 por ciento menos de agua que una estadounidense de alta hidratación.

Masa para hacer Pain de Campagne (página 140) con 78 por ciento de hidratación, lista para su primer pliegue.

se fermente por completo antes y después de darle forma. Si se mete en el horno antes de tiempo, quedará demasiado densa.

QUINTA CLAVE: RESPETA LA FERMENTACIÓN EN BLOQUE

Los lectores más atentos se darán cuenta de que en muchas de estas recetas se pide que la masa suba más allá del típico «hasta que haya doblado el volumen». Aquí lo más habitual es que lo triplique. El volumen total dependerá de la masa. Las húmedas generan más gases y, por lo tanto, suben más que las compactas. El óptimo desarrollo de los sabores requiere de tiempo suficiente para que se produzcan todas las reacciones bioquímicas necesarias. En cada receta se indica un cronograma dependiendo de lo que sea mejor para la masa. Asegúrate de darle tiempo suficiente durante la fermentación en bloque, también conocida como primera fermentación. Si la acortas, la habrás fastidiado.

SEXTA CLAVE: TRATA LA MASA CON CUIDADO

La mayoría de los panaderos aficionados creen que el amasado es algo físico, y que cuanto más rudo seas con la masa, mejor. Aquí nos vamos a olvidar de eso. Una vez amasada, trátala con cuidado. Esto te ayudará a proteger la estructura del gluten y a retener el gas. Hay que tratarla con mimo durante todo el proceso: al hacer los pliegues, al volcarla sobre la superficie de trabajo, al dividirla, al darle forma, al sacarla de los cestos y al colocarla dentro de la cazuela de hierro colado. Al aplicar los pliegues, estírala solo hasta que notes cierta resistencia y nunca la desgarres. Cuando la saques del recipiente en el que haya estado fermentando y la vuelques sobre una superficie previamente espolvoreada con harina para dividirla y darle forma, echa un poco de harina por las paredes, coloca una mano espolvoreada con harina por debajo de la masa y deslízala con cuidado sobre la superficie de trabajo.

En mi panadería no le damos un puñetazo antes de dividirla y darle forma. Prefiero preservar el gas, junto a todos sus elementos gustativos. Para dividirla, primero hay que espolvorear la zona por la que se hará la incisión. Ayúdate de una rasqueta o un cuchillo afilado; también puedes usar el filo de una espátula ancha de metal. Si la divides con las manos romperás más gluten del necesario. Al darle forma, evita estirarla demasiado para no correr el riesgo de desgarrarla. Si espolvoreas bien de harina los cestos, la masa no debería pegarse a las paredes, pero en caso de hacerlo, sepárala con cuidado. Trátala con mimo incluso cuando vayas a pasarla a la cazuela precalentada. Yo uso los bordes de las manos, en lugar de la yema de los dedos, para levantar las hogazas, porque así se reparte la presión en un área más grande.

SÉPTIMA CLAVE: FERMENTA HASTA EL PUNTO ÓPTIMO

Una vez se le ha dado a la masa forma de hogaza, se deja reposar por última vez, lo que se conoce como segunda (o última) fermentación. Esto puede llevar entre una y dieciséis horas, dependiendo de la masa y de la temperatura ambiente. Al igual que se puede desacelerar el desarrollo de la masa durante la fermentación en bloque metiéndola en la nevera o en un retardador, las hogazas también se pueden enfriar para alargar la segunda. Hacer esto con una de las dos fermentaciones (pero no en ambas) es un aspecto clave para alcanzar ese sabor lleno de matices que tanto nos gusta en Ken's Artisan Bakery. También nos ayuda a controlar mejor los tiempos y a hornear el pan ya formado nada más llegar a la panadería por la mañana.

En casa no es fácil encontrar un hueco en la nevera lo suficientemente grande para llevar a cabo la fermentación en bloque durante toda la noche, porque el tamaño del recipiente que se pide en estas recetas es muy grande. Es más fácil hacer sitio para las hogazas, así que en este libro solo vamos a usar el frío para la fermentación en pieza. No solo mejora el sabor y la calidad del pan gracias a la acidez que se desarrolla, sino que, además, prolongarla durante toda la noche te permite hornearlo a primera hora de la mañana. Sin duda, una manera estupenda de empezar el día.

El horario es el siguiente: prepara la masa por la tarde, haz la fermentación en bloque a temperatura ambiente de acuerdo con los tiempos de la receta (normalmente unas cinco horas); a conti-

BUSCA EL LÍMITE

A la larga, necesito saber cuál es el límite para cada tipo de pan que hago. ¿Cuándo se puede considerar que lo he fermentado demasiado? Cuando la estructura física del gluten se rompe y ya no puede retener el gas, que es cuando la masa se deshincha. La siguiente vez que hago esa misma masa, paro la fermentación justo antes de llegar a ese punto. Con la fermentación en bloque hago lo mismo para averiguar cuál es la combinación límite de tiempo y temperatura. ¿Cuándo consideramos que hemos pasado el límite? Pues no lo sé, pero la próxima vez la dejaré más tiempo a ver qué pasa. Básicamente se trata de encontrar los límites de cada paso con los que se consigue que el pan sea algo totalmente diferente. Solo lo puedes saber a base de repetir y de prestar atención a lo que sucede cada vez que modificas una de las variables. En mis panes, he dado con la mejor receta a base de llevar la masa hasta el límite y luego retroceder un poco; muy poquito. Lo mínimo.

nuación da forma a las hogazas por la noche. En cuanto las tengas, tápalas para evitar que se resequen y mételas en la nevera. No hay que llevar las hogazas a temperatura ambiente antes de meterlas en el horno a la mañana siguiente. Yo las cuezo recién salidas de la nevera.

Es fundamental dar con el punto ideal de la fermentación en pieza. No hay ni que quedarse corto ni pasarse. Para saber si ya ha llegado al punto óptimo, un buen truco es usar el dedo tal y como se explica en la página 74. Si empujas la masa con el dedo y la hendidura vuelve poco a poco a su forma significa que la hogaza está en el punto perfecto. Puedes hacer esta prueba cuando la masa todavía está fermentando en el cesto. Si, al retirar el dedo, se deshincha, es que nos hemos pasado y no subirá tanto en el horno como si hubiésemos parado la fermentación antes. Los panes de masa madre se mantienen en el punto óptimo de fermentación durante más tiempo, porque esta es menos intensa y evolucionan más despacio, y quizá también porque tienen más acidez. Las masas hechas con levadura comercial se mantienen menos tiempo en este punto, a veces poco más de 10 o 15 minutos.

OCTAVA CLAVE: TUESTA MUCHO EL PAN

El objetivo de hornear el pan es que suba lo máximo posible, obtener una corteza de sabor y textura ideales, y que quede bien hecho por dentro. A mí me gusta que la corteza sea fina, crujiente y un poco flexible. Si el horno está demasiado caliente, la corteza se cocerá por completo antes de que la miga esté lista. Si está demasiado frío, la corteza saldrá más gruesa y no tan agradable. El resultado final también depende del tipo de pan. Uno de masa madre tiene una corteza con más mordida que una *baguette*. Para que quede perfecta, necesitamos una fermentación completa, una temperatura del horno adecuada, la cantidad de vapor óptima y no sacar el pan antes de tiempo. Usar una cazuela de hierro colado, como recomiendo en este libro, ayuda a que el pan aporte vapor al proceso a medida que va desprendiendo humedad y esta se queda dentro del recipiente durante el horneado. Para ello, saber cómo funciona nuestro horno es fundamental. La mayoría de los que tenemos en casa no están bien calibrados, por lo que la temperatura real casi nunca es la que

indican. Compra un termómetro para horno económico y comprueba en qué punto alcanza exactamente los 250 °C, por ejemplo. En la mayoría de las recetas se pide que cuezas el pan durante 30 minutos con la cazuela tapada y, a continuación, otros 20 destapada. Si a los 30 minutos el pan ya está listo, es que el horno estaba demasiado caliente; en cambio, si necesitas una hora, es que faltaba calor. Lo mejor es colocar la cazuela a una altura media; si está demasiado abajo, la base de las hogazas se podría quemar, ya que normalmente los hornos caseros suelen estar más calientes por abajo.

Además de una corteza fina y crujiente, me gusta que la hogaza esté bien caramelizada, que se pase del tono dorado y adquiera un color marrón tostado y ocre. La razón es que así adquirirá notas caramelizadas que penetrarán sutilmente hasta la miga del pan. Muchos panaderos saben en qué consiste eso de la reacción de Maillard: el proceso químico que produce una coloración oscura durante el horneado, y que finalmente se traduce en un sabor y aroma únicos. Esta reacción no solo se da en el pan bien tostado, también en la superficie de las carnes y de otros alimentos cuando se cocinan.

CÓMO SOLUCIONAR IMPREVISTOS

En la panadería, cuando un pan presenta algún problema, me hago una serie de preguntas para averiguar qué ha salido mal y qué ajustes puedo hacer para solucionarlo. Esto es algo muy habitual en el día a día de un buen panadero. Con el tiempo, algunos elementos sufren cambios y es necesario hacer ajustes. Incluso cuando el pan sale bien, me hago estas preguntas para ver cómo puedo mejorarlo.

- Temperatura de la masa: ¿a qué temperatura estaba cuando he acabado de mezclar? ¿Era la deseada?
- Duración de la fermentación en bloque: ¿cuánto tiempo ha necesitado la masa para subir hasta el volumen indicado en la receta? ¿Ha tardado más o menos de lo habitual?
- Pliegues: ¿se han aplicado todas las tandas necesarias?
- Temperatura ambiente: ¿hace más frío o calor de lo normal?
- Estado del prefermento: al mezclar la masa final, ¿el prefermento (poolish, biga, masa madre, etcétera) estaba bien, le faltaba un poco más de tiempo, se había empezado a deshinchar?
- Fuerza e hidratación de la masa: ¿se notaba bien al tacto? ¿Tenía el volumen y el gas de siempre? ¿Estaba demasiado pegajosa o compacta?
- Peso: ¿es posible que se haya producido un error al pesar los ingredientes? Para que los resultados sean siempre homogéneos, hay que medirlos con mucha precisión, sobre todo la sal y la levadura. Recuerda que en casa, para medir pequeñas cantidades de levadura (1 o 2 gramos, por ejemplo), necesitas o bien una báscula muy precisa o una conversión volumétrica (por ejemplo, en cucharaditas), tal y como indico en las recetas.
- Duración de la fermentación en pieza: ¿se ha dejado la masa fermentar el tiempo suficiente o nos hemos pasado?

PRINCIPIOS BÁSICOS

Aquí tienes un resumen de los principios básicos que te ayudarán a conseguir un pan casero y artesano de gran calidad.

- — El tiempo y la temperatura también son ingredientes, y recuerda que tienen una relación inversa.
- — Usa una báscula para medir todos los ingredientes según su peso (excepto cantidades muy pequeñas de levadura, en las que las cucharaditas posiblemente sean más precisas).
- — Usa la autolisis antes de preparar la masa final.
- — Usa un termómetro para comprobar la temperatura de la masa y aprende a controlarla de principio a fin.
- — Usa más agua de lo que indican las recetas convencionales. Aprende a trabajar con masas pegajosas.
- — Aplica pliegues a las masas húmedas para darles la fuerza necesaria para que puedan mantener la estructura.
- — Lleva la fermentación hasta casi rozar el límite para obtener un mejor sabor.
- — Hornea el pan hasta que tome un color tostado intenso.
- — Mantén un registro de la temperatura de la masa, los tiempos de fermentación y otros datos que te puedan ayudar a afinar el proceso.
- — Alarga la fermentación en pieza de las hogazas una vez formadas hasta un mínimo de doce horas, o usa una fermentación en bloque muy larga, de hasta una noche entera.

- Horneado: ¿la temperatura del horno era la correcta? ¿Se ha usado la cantidad de vapor adecuada? ¿El tiempo de cocción ha sido el indicado?
- Harina: ¿se ha usado una nueva? Incluso cuando se usa la misma marca y variedad de harina comprada al mismo proveedor, se pueden producir algunos cambios dependiendo de la cosecha, el clima, la fecha de molido y otros factores. Algunas harinas fermentan antes que otras, y algunas absorben más agua que otras, por lo que es necesario ajustar el porcentaje de hidratación en la receta.

BREVE INTRODUCCIÓN AL PORCENTAJE PANADERO

Cuando asistí al curso de Jean-Marc Berthomier en el Institu Paul Bocuse, hace muchos años, me sorprendió la facilidad con la que recitaba de memoria las fórmulas de diferentes tipos de pan. Uno de los primeros conceptos básicos que aprenden los panaderos franceses es el porcentaje panadero, la base para entender las recetas.

Todas las recetas de Jean-Marc empezaban con 1 kilo, o 1000 gramos, de harina, lo cual es la cantidad estándar en panadería francesa. Todas sus recetas eran una variante de una fórmula muy sencilla: 1000 gramos de harina, 680 gramos de agua, 20 gramos de sal y 20 de levadura fresca. De acuerdo con el porcentaje panadero, esta se podría expresar con un 100 por cien de harina, 68 de

EN QUÉ CONSISTE EL PORCENTAJE PANADERO

Se trata de una fórmula en la que los ingredientes de la receta se indican en porcentajes en función del peso total de la harina. La harina siempre representa el cien por cien (incluso cuando se combinan diferentes tipos). Si, por ejemplo, en una receta tenemos 1000 gramos de harina y 700 gramos de agua, estamos usando un 70 por ciento de agua con respecto al peso de la harina.

Del mismo modo, 20 gramos de sal representan un 2 por ciento del peso de la harina, y con 20 gramos de levadura sucede lo mismo. Por lo tanto, esta sencilla receta se podría expresar con un 100 por cien de harina, 70 de agua, 2 de sal y 2 de levadura.

De esta manera, la producción total de una receta se puede aumentar o reducir fácilmente: da igual cuántos gramos de harina usemos, el resto de los ingredientes se podrán calcular siguiendo los porcentajes según su peso, ya estemos usando 500 o 5000 gramos. En las recetas de este libro, tanto en las masas para pan como para pizza, se indica el porcentaje panadero además de las cantidades específicas de cada ingrediente.

Como verás, las conversiones volumétricas que se incluyen en cada una de las tablas no cuentan con una columna en la del porcentaje panadero. Esto se debe a que son imprecisas por su naturaleza (véase la página 27). Si quieres aumentar la capacidad de estas recetas usando el porcentaje panadero, deberías pesar los ingredientes, en lugar de usar medidas de volumen. Porque, claro, ¿a cuánto equivale un 70 por ciento de 2¾ de tazas de harina? ¿No es más fácil comprar una báscula?

agua, 2 de sal y 2 de levadura fresca. (Ten en cuenta que 3 gramos de levadura fresca equivalen a 1 gramo de levadura seca instantánea, por lo que en este caso estaríamos hablando de unos 7 gramos de la segunda). Por lo general, todos estos panes seguían una autolisis de 20 minutos, tenían una temperatura final de 24 °C, se fermentaban por primera vez a temperatura ambiente durante una hora y media, se les daba forma y volvían a fermentar durante una hora antes de hornearlos. Lo que normalmente diferencia una receta de otra es el tipo de harina, variaciones mínimas en la cantidad de agua y la forma de la hogaza.

Puesto que cada hornada se podía ampliar o reducir usando el mismo porcentaje, Jean-Marc no tenía más que doblar, dividir o quintuplicar la fórmula en cuestión y el producto final siempre sería homogéneo. Al usar medidas de peso, el porcentaje no cambia, da igual cuántos panes se quieran hacer.

Entender una receta empieza por comprender la correlación de los ingredientes en función del peso. Por eso explico aquí la proporción entre harina, agua, sal y levadura según Jean-Marc. Si alguien me dice que una masa se ha hecho con harina panificable y un 70 por ciento de agua, por experiencia ya sé qué aspecto y tacto tendrá. Los cálculos son más sencillos si se usan medidas de peso. (¿A qué equivale un 2 por ciento de 3 tazas y 2 cucharadas, por ejemplo? Ni idea ¿Y un 2 por ciento de 1500 gramos? 30 gramos). En este libro puedes seguir las recetas sin tener que hacer ningún cálculo, pero saber lo básico sobre el porcentaje panadero te permitirá experimentar con diferentes combinaciones de harina, ajustar el agua si estás usando una con mayor o menor capacidad de absorción y entender lo que estás haciendo.

COMPARACIÓN DE RECETAS

El menor cambio en cualquiera de los elementos que hemos visto a lo largo de este capítulo puede tener una gran repercusión en el resultado final y, de hecho, muchas de las diferencias entre estos panes no tienen tanto que ver con los ingredientes como con las técnicas utilizadas y con cuándo y cómo se aplican. Esto es fácil de ver en una receta, por lo que saber compararlas puede ser de gran ayuda. Cuando leo una, me vienen una serie de preguntas a la cabeza: «¿En qué se diferencia de las recetas que ya conozco? ¿Qué combinación de harinas hay que usar? ¿Qué tipo de prefermento o masa madre pide y qué cantidad? ¿Cuál es el porcentaje de hidratación? ¿Qué temperatura ha de tener el agua? ¿Se trata de una nueva forma de fermentar la masa? ¿Qué temperaturas ha de tener la masa una vez mezclada? ¿Y en la fermentación en bloque? ¿Y en pieza? ¿Durante cuánto tiempo en total se desarrolla la masa?».

Dos recetas que a primera vista se parecen mucho en realidad pueden ser muy diferentes. A la hora de analizarlas, ten siempre en cuenta el equilibrio entre la cantidad de agente leudante, la temperatura de la masa y el tiempo de fermentación. Recuerda que a mayor temperatura, menos levadura se necesita y, a la inversa, a menor temperatura, más levadura.

Veamos esto tomando como referencia la receta Pan blanco fermentado por la noche (página 89). A primera vista, se parece mucho a la famosa receta de Jim Lahey para hacer pan sin amasar, que se puede encontrar fácilmente en internet. No obstante, vamos a analizarlas en más detalle. No se trata de ver qué método es mejor o quién hace un mejor pan. Simplemente es interesante la comparación, porque, a simple vista, se parecen mucho: por la noche hay que mezclar y amasar mediante pliegues una masa muy simple que lleva un poco de levadura; a la mañana siguiente hay que dar forma a las hogazas y una o dos horas más tarde, hornearlas en una cazuela de hierro colado. No obstante, al comparar la proporción de los ingredientes según el porcentaje panadero, o cuando nos fijamos en la temperatura del agua, inmediatamente detectamos las diferencias. En lo que se refiere a los ingredientes, en mi receta se usa un tercio de la levadura y un 3 por ciento más de agua, y la temperatura de esta es como mínimo unos 16 °C más alta, lo que se traduce en una temperatura final de unos 10 °C más. En cuanto a la técnica, en la mía hay que aplicar la autolisis y dos tandas de pliegues, a ser posible durante la primera hora y media una vez la masa está lista. En mi caso, hay que trabajar un poquito más, aunque no mucho.

Hago esta comparación con la receta de Lahey para que puedas comprobar por ti mismo que las diferencias se ven y se entienden más fácilmente cuando comparas los porcentajes panaderos, las temperaturas y los tiempos. Al ver que mi receta, con una planificación igual, requiere un tercio de la levadura y se trabaja con agua bastante más caliente, queda clarísima la relación entre la cantidad de agente leudante y la temperatura de la masa. Además, yo aplico unos cuantos pliegues para darle fuerza. Esto refleja mi preferencia por los sabores que se desarrollan en masas húmedas y más calientes elaboradas con menos levadura.

2L
2 qt.

UTENSILIOS E INGREDIENTES

Tanto los utensilios como los ingredientes que se utilizan en este libro son muy sencillos. Seguramente ya tendrás la mayoría o todos los ingredientes necesarios y, si no fuera el caso, los encontrarás muy fácilmente. En lo que respecta a los utensilios, sí que pido alguna que otra cosa que puede que no tengas, así que veamos estos primero. Así, si tienes que comprar algo, puedes empezar por ahí.

UTENSILIOS

Vas a necesitar muy pocos utensilios específicos de panadería o de cocina en general para poner en práctica estas recetas. Es posible que muchos ya los tengas. Y los que no, los encontrarás en internet o en cualquier tienda donde se vendan utensilios de cocina o que sirva a restaurantes. En todas las recetas se pide que amases a mano, por lo que no vas a necesitar ningún robot de cocina.

Recipiente para la masa final

Vas a necesitar un recipiente redondo de unos 10 litros con tapa, para mezclar la masa final a mano, y, además, en el que quepa la masa una vez empiece a subir. Te recomiendo la marca Cambro, que tiene unos buenos recipientes translúcidos de policarbonato. El modelo que yo uso es el RFSCW12. Lo puedes encontrar en Amazon y en la mayoría de las tiendas para hostelería que tengan venta al por menor.

Si prefieres otra marca, no pasa nada; simplemente asegúrate de que el recipiente sea apto para alimentos. Lo importante es el tamaño. Tiene que ser lo suficientemente grande para que puedas

mezclar y plegar la masa dentro del propio recipiente y, además, debe tener suficiente espacio para cuando esta suba por la fermentación. Es mejor usar uno redondo, ya que es más fácil incorporar los ingredientes. En los recipientes cuadrados tienden a acumularse en las esquinas. Los transparentes también son más apropiados, porque de ese modo puedes comprobar cómo va subiendo la masa. Por supuesto, necesitas una tapa para evitar que se seque durante el reposo.

La ventaja de usar un recipiente de 10 litros es que puedes hacerlo todo dentro: pesar los ingredientes, mezclar la masa y plegarla. No hay que volcarla sobre la encimera hasta la última fase, cuando tengas que dividirla para dar forma a las hogazas. Con un recipiente grande se agiliza y simplifica el proceso. Además, se le pueden dar más usos. Por ejemplo, yo uso el mío para marinar un pollo o un pavo entero; otras veces lo lleno de hielo y lo uso para enfriar cerveza o vino.

Si en casa tienes algo que cumpla con el tamaño y la forma (redondo, de 25 centímetros de diámetro y unos 20 de alto, con tapa) prueba a usarlo. Aunque hay recipientes más pequeños, resulta más difícil mezclar los ingredientes a mano dentro de ellos y es imposible aplicar los pliegues sin tener que sacar la masa.

Recipientes más pequeños

Vas a necesitar uno o dos recipientes de unos 5 litros, también redondos y con tapa, para conservar la masa madre y hacer bigas y poolish. De nuevo, te recomiendo los transparentes de la marca

Cambro, que podrás comprar en el mismo sitio donde encuentres los de 10 litros. Solo vas a necesitar dos de estos si tienes intención de hacer bigas y poolish a la vez que conservas una masa madre. Cuando puse a prueba estas recetas, yo solo necesité uno cada vez.

Cazuela de hierro colado

En este libro, todos los panes se cuecen en una cazuela de hierro colado con una capacidad mínima de 3,7 litros (según la marca puede variar), que precalentaremos antes de introducir la hogaza. Con este tipo de cazuela se obtienen unos panes fantásticos y muy parecidos a los que se venden en las buenas panaderías. Mientras que la mayoría soportan temperaturas de hasta 260 °C, algunas marcas, como Le Creuset, usan pomos de plástico que se pueden derretir con tanto calor. Los puedes sustituir por uno metálico disponible en la propia tienda de Le Creuset, o por un tirador de acero de la ferretería.

Lodge y Emile Henry son otras dos marcas muy conocidas en Estados Unidos, menos caras y de buena calidad, que se pueden comprar en Amazon y otras tiendas en internet. Estas son las que usé a la hora de poner a prueba las recetas de este libro (y ambas tienen pomos aptos para el horno). Si ya tienes una cazuela de hierro colado apta para el horno, pero no estás seguro de su capacidad, no tienes más que llenarla de agua contando los litros. Las mías tienen unos 25 centímetros de diámetro en la zona de arriba y unos 10 de alto. Si tienes una de 4,7 litros de capacidad, también la puedes usar. Eso sí, la masa se esparcirá más por la superficie que si usas una de 3,3 litros y, por lo tanto, la hogaza será un poco más ancha y no tan alta como las que se ven en las fotos del libro. También es posible que en la de 4,7 litros el pan no se abra tanto ni forme tanta greña, puesto que al subir la masa no experimentará tanta presión vertical. No obstante, el pan estará igual de bueno, así que ¿por qué no aprovechar lo que ya tienes en casa? Por cierto, todas las recetas del libro dan para dos hogazas, así que si tienes dos cazuelas puedes usarlas a la vez. De lo contrario, tendrás que hornearlas en dos tandas.

Báscula de cocina digital

No me canso de repetir lo importante que es a la hora de hacer pan pesar los ingredientes en lugar de usar medidas volumétricas. (Consulta la página 27 si quieres más información sobre las ventajas de las medidas de peso). Por lo tanto, tener una báscula digital es fundamental. Debería ser capaz de pesar hasta 2 kilos y tener precisión gramo a gramo. No olvides que vas a trabajar con un recipiente de 10 litros, por lo que tienes que poder leer la pantalla cuando lo coloques encima (de esta manera puedes medir el agua y la harina directamente dentro del recipiente). Si no es posible, puedes pesar los ingredientes en recipientes más pequeños y pasarlos después al grande. Si encuentras una báscula que pese décimas de gramo sería ideal para la levadura, pero tampoco es imprescindible, porque también te doy esta medida en cucharaditas.

Recomiendo la marca Oxo. Tienen una báscula con pantalla extraíble que va muy bien. Esa es la que he usado yo para probar las recetas de este libro. La puedes comprar en Amazon y tiendas de utensilios de cocina. Hay básculas decentes por menos de 20 euros.

Termómetro digital de lectura instantánea

Un termómetro digital de lectura instantánea es fundamental para asegurarte de que estás usando el agua a la temperatura correcta, para comprobar la de la masa final y seguro que te vendrá bien para otras recetas. Yo uso el mío muy a menudo para medir la temperatura de la carne mientras se cocina. Recomiendo las marcas Taylor y CDN. Ambas tienen modelos que cuestan entre 15 y 20 euros.

Cestos para fermentar la masa

Los cestos, también conocidos como banetones, se utilizan para que las hogazas no pierdan la forma durante la fermentación en bloque. Puesto que en este libro todas se cuecen en cazuela de hierro colado de mínimo 3,3 litros, solo vas a necesitar un tamaño: los que tienen unos 22 centímetros de diámetro por unos 8 o 10 de alto; o el diámetro que encaje mejor con tu cazuela. Si te lo puedes permitir, cómpralos de caña natural, ya que duran para toda la vida. Los que van forrados de lino también son una buena opción. Yo he usado los de la marca Frieling. Otra con muy buena reputación es Matfer. También puedes improvisar con un bol o cuenco que tenga el tamaño adecuado, forrado con un trapo de cocina que no suelte pelusas y espolvoreado con un poco de harina.

Cajón de sastre

Por supuesto, vas a necesitar un par de guantes para el horno cuando vayas a manejar la cazuela de hierro colado. Cuando los compres, asegúrate de que son seguros para el contacto con un material que estará a unos 260 °C. Los termómetros para horno también son muy útiles, puesto que los hornos rara vez indican la temperatura exacta. El mío siempre está unos 15 °C por debajo de lo que marca, así que si lo pongo, por ejemplo, a 260 °C, en realidad está a unos 245 °C. Puesto que en estas recetas se piden cantidades de levadura muy pequeñas, no resulta fácil medirlas con una báscula. En algunos casos excepcionales, obtendrás un resultado más preciso si usas una cuchara medidora de 1/16 de cuchara (normalmente aparece escrito en inglés en la propia cuchara, así que busca la que indique «*1/16 teaspoon*», que equivale a unos 0,3 mililitros). Son fáciles de encontrar (incluso por internet, en Amazon), así que te recomiendo que te compres una. Por último, vas a necesitar algo para cubrir los cestos para fermentar una vez les has dado forma a las hogazas. Una opción son los trapos de cocina, aunque yo prefiero usar una bolsa de plástico sin agujeros, ya que permite que la masa suba durante toda la noche dentro de la nevera sin que se reseque. Yo suelo reutilizar bolsas limpias de la sección de productos frescos del supermercado.

Utensilios para hacer pizza

Existen varias formas de hacer una buena pizza casera y en el capítulo 12 describo algunas de ellas. Lo mejor es usar una piedra de hornear; son fáciles de encontrar y normalmente cuestan sobre los 25 euros. Si compras una, también necesitarás una pala para deslizar la pizza al interior del horno de la manera más rápida (y fácil) posible. Yo prefiero las palas de madera; normalmente para los hornos caseros las más apropiadas tienen alrededor de 38 centímetros de diámetro.

Si no tienes ganas de gastarte el dinero en una piedra de hornear o en una pala, pero te gustaría hacer alguna receta de pizza de este libro, puedes hacerla un poco más gruesa usando una sartén mediana apta para el horno. A mí me han salido unas pizzas estupendas cuando he usado la sartén de 23 centímetros de diámetro.

INGREDIENTES

El objetivo de este libro es hacer una buena masa para pan y pizza utilizando solo cuatro ingredientes: harina, agua, sal y levadura. Hay un montón de panes que llevan nueces, semillas, frutas deshidratadas, leche, mantequilla, hierbas aromáticas o queso (tuve el placer de disfrutar de un delicioso *pain Gruyère* en la Boulangerie Onfroy, en París). No obstante, para mí la verdadera magia de la panadería artesana consiste en hacer algo delicioso a partir de tan solo cuatro ingredientes. Por supuesto, la calidad de estos es fundamental. Por eso, echemos un vistazo a estos cuatro elementos básicos y a algunas cuestiones más que hay que tener en cuenta.

Harina

En primer lugar, recuerda que, puesto que la temperatura es un elemento tan importante de la ecuación a la hora de hacer pan, en las recetas de este libro la harina tiene que estar a temperatura ambiente. Dicho esto, mis consejos se reducen a lo siguiente: usa la harina de mejor calidad que encuentres, dependiendo del aspecto y el sabor del pan que quieras obtener, y busca una que tenga entre un 11 y un 12 por ciento de proteína*. Por desgracia, en el paquete pocas veces se indica la cantidad de proteína, pero algunas marcas publican esta información en sus sitios web. Estas harinas con un menor contenido proteico se parecen más a las que se usan en las panaderías de Francia e Italia, toleran mejor las fermentaciones largas y producen una miga suave y fácil de digerir. Además, la masa tiene una textura menos tirante y es más maleable, lo que se traduce en un pan con un bonito alveolado y una corteza que se abre en una estupenda greña durante el horneado.

De izquierda a derecha: harina integral, harina panificable y harina de centeno integral

* La nomenclatura de los diferentes tipos de harina (dependiendo de la fuerza, cantidad de proteína, etcétera) difiere en los países hispanohablantes. Para mantener una terminología lo más fiel posible al original, en este libro se emplean términos de España, ya que, al parecer, son equivalentes más directos. No obstante, en el glosario se ha incluido una tabla para aclarar la relación entre los nombres, la fuerza y la cantidad proteica entre los diferentes países hispanohablantes. *(N. de la T.)*

HARINA DE TRIGO

La harina es lo que se obtiene cuando el grano del trigo, que algunos llaman también semilla, se tritura en un molino. El grano está compuesto de tres partes, que los molinos modernos se encargan de separar.

— Endospermo: Compuesto de almidón y proteína, representa el 84 por ciento del grano.

— Salvado: Representa el 13 por ciento del peso del grano y es la capa externa que lo cubre. Envuelve y protege el endospermo y el germen. El salvado contiene fibra alimentaria y la mayor parte de los minerales del grano.

— Germen: Parte del grano que contiene la materia genética del trigo, representa el 3 por ciento del peso. También contiene la grasa y gran parte del sabor.

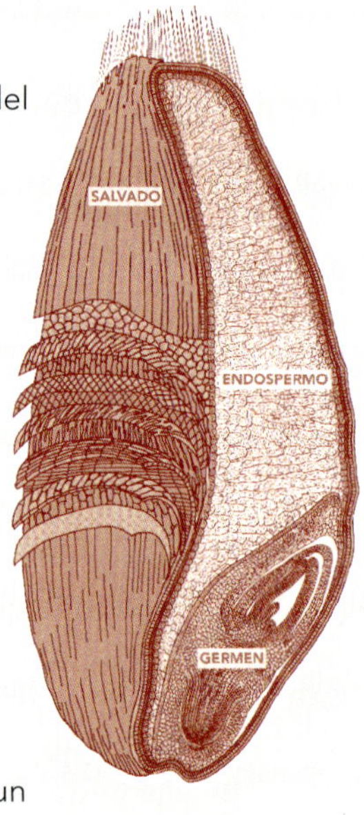

La harina integral de trigo se elabora con el grano entero. La panificable solo con el endospermo. No entiendo por qué en Estados Unidos muchos dicen «pan de trigo» para referirse a la harina integral. El pan blanco también se elabora con este grano. Además, para mayor confusión, también existe harina integral de color blanco, que se elabora con el grano entero recolectado durante la primavera. (La mayoría de las harinas panaderas se elaboran con trigo de invierno). La harina integral blanca tiene un aporte nutritivo similar a la integral normal, pero con un sabor más suave.

Normalmente, las «harinas de fuerza» tienen un alto contenido en proteína, alrededor de un 14 por ciento. Por el contrario, las «panificables», como la que venden en King Arthur, tienen un 11,8 por ciento y son, como afirman ellos mismos, «las mejores para hacer panes de estilo europeo». Estoy de acuerdo con ellos. En mi panadería y en mi pizzería usamos la harina baja en gluten de Sheperd's Grain para la masa (consulta el artículo de la página 54 si quieres saber más sobre Sheperd's Grain), que tiene alrededor de un 11 por ciento de proteína. Te invito a que pruebes varias harinas para ver cuál te gusta más.

También recomiendo la harina sin blanquear, que tiene un color tirando a beige. Al blanquear la harina se le retiran los pigmentos carotenoides, además de parte del sabor, y, literalmente, hace que tenga un color más blanco. Esto refleja la preferencia de los consumidores por productos de aspecto más «limpio» en lugar de alimentos más naturales y sabrosos.

ELABORACIÓN TRADICIONAL DE LA HARINA

Antiguamente, es decir, durante los cinco mil años que precedieron al siglo XIX, el trigo se recolectaba y, a continuación, se separaba del tallo y de la paja para triturarlo después a mano en un molino de piedra. ¡Qué trabajo más duro! Los molinos de piedra, ya fuera mediante la fuerza física, eólica o hidráulica, producían harina integral. A veces se colocaban mallas de paño empernado o tamices para filtrar parte o gran parte del salvado. Lo que se obtenía era una harina a base de endospermo, como la panificable, y germen, pero sin parte o gran parte del salvado. Explico esto porque uno de mis objetivos al principio de mi carrera como panadero era hacer un pan rústico lo más similar posible a las características de gran calidad del *pain d'autrefois*, o pan elaborado a la antigua, como lo llamaba Steven Kaplan en su libro *The bakers of Paris and the bread question, 1700-1775* (*Los panaderos de París y la cuestión del pan, 1700-1775*). Este era el tipo de pan que hacía Poilâne y otros panaderos de París a los que tanto admiro, a base de harina procedente de molinos artesanos, como el popular Decollogne-Lecocq, en el pueblecito Précy-sur-Marne, al norte de Francia: harina molida a la piedra y tamizada, que todavía contiene el germen, además del endospermo blanco, lo que le da su característico color acaramelado. Aunque en Estados Unidos no hay molinos de este tipo, con Chad Robertson aprendí a imitar el estilo del pan rústico de la vieja escuela francesa que tanto ansiaba hacer mezclando una pequeña cantidad de harina integral o germen triturado con la harina panificable, y usando una masa madre dulzona seguida de una fermentación larga y lenta.

EL PAPEL DEL GLUTEN Y LAS ENZIMAS

La razón principal por la que la harina de trigo produce un pan tan bueno es la presencia de proteínas que desarrollan el gluten. Otros cereales de la familia del trigo, como la espelta y el kamut, también contienen gluten, al igual que el centeno, la cebada y el triticale (un híbrido de trigo y centeno). El trigo desarrolla mucho más gluten que el centeno y la cebada, lo que le permite acumular más gas y, como resultado, obtener un pan más ligero y alveolado.

Otro componente clave tanto del trigo como del centeno es la amilasa. Cuando se añade agua a la harina, esta se activa y empieza a descomponer los azúcares complejos del endospermo en azúcar simple a partir del cual se pueden alimentar las levaduras. Estas se multiplican y poco a poco van produciendo gases que la malla de gluten desarrollada a partir de la proteína se encarga de contener, lo que permite que la masa aumente de volumen. Sin esas proteínas que desarrollan el gluten (glutenina y gliadina) y las enzimas presentes en el trigo y el centeno, estaríamos comiendo galletas. Aunque no es necesario saber todo esto a la hora de hacer pan, resulta fascinante entender cómo la composición del trigo y el centeno nos permite elaborar panes con mucho cuerpo.

Gluten: conjunto de dos proteínas que se encuentran en la harina: glutenina y gliadina. Al juntar agua y harina, el gluten se desarrolla en una especie de entramado en el que se entrelazan cadenas de estas dos proteínas. El agua ayuda a que dichas cadenas se extiendan; la mezcla y los pliegues que se aplican a la masa facilitan su elongación y las organizan de manera que se mejora su capacidad de retener los gases que se producen durante la fermentación. El gluten se expande y se encarga de contener los gases que aportan sabor al pan y volumen a la hogaza. Cuanto más complejo sea ese entramado de cadenas de gluten, más resiliencia, concepto que los panaderos llaman «fuerza».

Agua

Usa agua potable. Aquí lo importante es la temperatura, de lo cual hablamos en profundidad a lo largo de todo el libro.

Sal

Para hacer pan, usa sal marina o común. La kosher también vale, pero el tamaño del grano es más grande, lo que significa que tarda más tiempo en disolverse que la fina. Evita la sal yodada, porque inhibe la fermentación y, además, sabe a… yodo. Puesto que el tamaño del grano cambia de una marca a otra, las medidas volumétricas en este caso suelen ser poco precisas. Por lo tanto, es mejor pesar la sal. Te recomiendo que uses una de grano fino, porque se disuelve antes en la masa. En casa, a veces paso sal gruesa por el molinillo de café antes de incorporarla a mano. Si haces esto, recuerda limpiar bien los restos de sal para que el molinillo no se oxide.

La sal ralentiza la fermentación de la masa. Los panes italianos sin sal son conocidos por su levado rápido (y su sabor más bien soso). En Francia, la cantidad estándar es un 2 por ciento sobre el peso de la harina. El rango generalmente aceptado oscila entre un 1,8 y un 2,2 por ciento. A veces uso un 2,2 para obtener esos sabores que tanto me gustan y por ese poquito más de fuerza que aporta la sal a las masas de alta hidratación.

Levadura

En todas las recetas de este libro se pide levadura seca instantánea, también conocida como levadura en polvo o seca. En los supermercados de Estados Unidos normalmente se pueden encontrar dos o tres tipos de levadura*: seca activa, seca instantánea y de levado rápido. Todas contienen la misma levadura: *Saccharomyces cerevisiae.* Lo que las diferencia es el acabado, la manera en la que se han fabricado y el rendimiento. En mi panadería usamos la instantánea de la marca SAF, exactamente la del paquete con una franja roja. Si quieres comprarla, puedes hacerlo en la web de King Arthur o en Amazon, entre otras tiendas. Te recomiendo que compres el paquete de medio kilo. Si lo guardas herméticamente en la nevera, te durará hasta seis meses. Eso sí, no la guardes en el congelador, ya que el frío matará un pequeño porcentaje de levaduras.

Levadura fresca e instantánea. Si una receta te pide levadura fresca y tienes que convertir esa medida a instantánea, recuerda que 3 gramos de fresca equivalen a 1 de instantánea.

En la mayoría de mis recetas no es necesario disolver la levadura seca instantánea antes. Estas masas contienen mucha agua, por lo que se disolverá fácilmente; no tienes más que espolvorearla por encima para que se integre en la mezcla a medida que amasas. Existen algunas razones por las que se aconseja disolverla antes, pero personalmente me gustan más los matices que aporta al disolverla directamente en la masa. No obstante, ten en cuenta que esta técnica no funciona en masas compactas que se trabajan a mano. Para mí, la norma es la siguiente: disuelve antes la levadura si la masa tiene un 70 por ciento o menos de hidratación. Te puede parecer un poco arbitrario, pero en este caso estoy teniendo en cuenta que el

* En otros países, como en España o Argentina, también es posible encontrarla fresca o prensada. En el glosario se pueden encontrar las definiciones de cada tipo de levadura. *(N. de la T.)*

trabajo manual es más suave y menos intenso que el de un robot. Así que, por ejemplo, si vas a preparar una biga algo compacta, tendrás que disolver antes la levadura seca con un poco de agua. Los panaderos profesionales usan el término levadura «comercial» para referirse a la que se puede comprar en el supermercado. Es un monocultivo, es decir, una variedad única de levadura (la susodicha *Saccharomyces cerevisiae*). La masa madre natural, por el contrario, está formada por una comunidad de levaduras que se encuentran de manera natural en la harina y en el ambiente, incluido el aire. Estas levaduras naturales no se parecen a la comercial: son menos dinámicas y cada una aporta un sabor diferente. Parte de la complejidad del pan fermentado se debe a las diferentes cadenas de levadura que coexisten en la masa madre encargada de fermentar la masa.

La comercial hace que la masa suba antes y le aporta más volumen, lo que se traduce en un pan con más cuerpo y de textura más ligera que uno fermentado. La lenta actividad de las levaduras de la masa madre, por su parte, dan tiempo a las bacterias para que lleven a cabo su propia fermentación e impartan acidez, lo cual confiere nuevos matices, un ligero toque amargo y una corteza robusta. Además, gracias a esta acidez, el pan de masa madre se mantiene fresco durante más tiempo.

Por eso, suelo añadir una pequeña cantidad de levadura comercial a mis panes de masa madre; así obtengo lo mejor de ambas: un sabor complejo como el del vino, un toque de acidez y una miga de textura suave. Lo que no se puede hacer es juntar la levadura comercial con la masa madre. Al ser más dinámica, la comercial se reproducirá más rápidamente que las levaduras naturales, con lo que superará su población, y aquello se convertirá en una lucha cuerpo a cuerpo.

¿De dónde procede la harina?

Mediados de agosto. Debajo de mis pies crujen rastrojos secos y aromáticos de trigo. Las cosechadoras acaban de pasar cual descomunales segadoras: han cortado los tallos y han dejado tras de sí un rastro de paja que se extiende por todo el horizonte. Detrás de cada cosechadora, una estela de polvo cuya fragancia me recuerda a mi panadería. A medida que baja el sol, el color de los campos de trigo pasa del dorado al ámbar. Cuando el verano se acerca a su fin, al este de Washington, donde reinan desde suaves pendientes a abruptas y ondulantes laderas en la región de la Palouse, los agricultores se consagran a la cosecha del trigo, el cultivo que cubre más de 800 000 hectáreas a lo largo y ancho del estado. Hasta allí me desplacé con mi pan rústico de tres kilos debajo del brazo, mi favorito, para llevarlo de vuelta a su lugar de origen.

Los agricultores de la zona dependen de estas pocas semanas de cosecha para obtener los ingresos de todo el año. Este, además, ha sido generosa, con densas matas de trigo, lo que significa que la producción será copiosa. No obstante, la tardía y lluviosa primavera, junto a un verano más frío de lo habitual, han retrasado el ciclo y la siega ha empezado entre dos y tres semanas más tarde de lo normal. Retrasar la cosecha supone más presión para que el trigo llegue a tiempo a los contenedores. Lo más estresante es recolectar todo antes de que empiece la época lluviosa y, al mismo tiempo, hacerlo de forma segura y sin que la maquinaria se estropee. En muchos cultivos las cosechadoras trabajan sin pausa entre diez y doce horas, hasta el atardecer, durante siete días a la semana; en algunos se descansa los domingos. Algunos terrenos se siegan con una sola cosechadora; en otros, se alinean varias para trabajar en fila, y en otros se pueden ver dispersadas por el terreno. Los camiones aguardan a tener los contenedores llenos para transportarlos al silo, donde depositan el trigo y vuelta de nuevo al campo, así una y otra vez. En algunos casos, una gran tolva a remolque de la cosechadora avanza lentamente junto a esta para recoger el trigo a medida que se va segando, de modo que no sea necesario parar ni un segundo. El tiempo es oro. La maquinaria se estropea y a veces hay que repararla sobre la marcha en una calurosa, y a veces ventosa, tarde de agosto.

«Lo primero que me enseñó mi padre cuando era pequeño fue: “No te restriegues los ojos”». Estas sabias palabras salieron de la boca de Mike Kunz, de Kunz Farms, cerca de Davenport, Washington, después de que, en medio de una nube de polvo levantado por la paja y el trigo recién segado, me hubiese estado restregando alegremente los ojos durante la última hora. Mike es uno de los pocos agricultores que pertenecen a la cooperativa Sheperd's Grain. Son los que se encargan de cultivar el trigo que luego se convierte en la harina que uso para hacer pan.

Es la tercera generación de una familia de agricultores y vive en la casa que construyó su abuelo. Al final del camino está la escuela donde estudiaron él, su padre y su abuelo. Mark Richter, de R & R Farms, en Edicott, Washington, también miembro de Sheperd's Grain, es otro agricultor de cuarta generación que también labra la tierra de sus antepasados. El abuelo de Mark, Andrew Richter, compró el terreno en 1890. Mike y Mark sienten una especie de responsabilidad intergeneracional: deben cuidar de sus tierras y de su legado. A cambio, disfrutan del lujo de vivir en un rincón del mundo donde reina la paz, el paisaje es hermoso y las tierras doradas dan cosechas abundantes.

Cuidan de los cultivos para las futuras generaciones, como si se tratara de una especie de custodia. Estos dos agricultores, junto a otros de la red de Shepherd's Grain, han pasado del sistema de arado y sembrado al de solo sembrado, sin arado; una técnica que evita la erosión y ayuda a que la materia orgánica permanezca en el suelo, lo que mejora su eficiencia. Las sembradoras de siembra directa, que parecen una especie de invasor de las películas de ciencia ficción de bajo presupuesto de los años cincuenta, introducen las semillas y el abono directamente en la tierra durante la siembra. En la recolecta, las cosechadoras dejan tras de sí los tallos y la paja como mantillo, y una vez acabada la cosecha, los microbios del suelo poco a poco se van alimentando de los rastrojos. En estos terrenos no se ven balas de heno; todo vuelve a la tierra, lo que mejora su salud y su capacidad de retener la humedad. Hay que tener en cuenta que se trata de cultivos de secano, sin regadío.

La finca de Mike recibe unos 355 milímetros de precipitaciones al año. Otros apenas reciben unos 300. Prevenir la erosión del terreno y fomentar que el suelo retenga la humedad es fundamental para esta gente. Mark dice que le sorprende muchísimo ver con qué facilidad su tierra es capaz de absorber la lluvia sin que se produzca un exceso de humedad o pérdida de suelo, mientras que la capa superior del cultivo del vecino, que sigue un labrado intensivo, desaparece por completo con cada lluvia. Es habitual rotar el cultivo del trigo de primavera (plantado en marzo y abril) al de invierno (septiembre y octubre) para dejar la tierra en barbecho durante una estación. Otros cultivos que rotan son los de garbanzos, guisantes y girasoles.

Mike Kunz me enseñó su enorme establo, construido en 1915, para los caballos, el ganado y el heno. Antes de que las cosechadoras de gasolina se dedicaran a segar los cultivos, varios equipos de hasta veinticinco caballos arrastraban las antiguas cosechadoras, que hacían el mismo trabajo que hoy hacen las más modernas. Eran verdaderas joyas de la cosecha que segaban el trigo y lo separaban de la paja mediante unos tambores giratorios. En el carruaje solía haber un saco de piedras o terrones de tierra a disposición del conductor, que los lanzaba a la grupa de los caballos más rezagados cuando necesitaba que fueran un poco más rápido.

Hoy en día, por cada cuatro familias de agricultores que solían habitar estas tierras ya solo queda una. Sigue siendo un negocio próspero, pero esto parece contradecirse con los pueblos moribundos que necesitan recibir nuevos vecinos. Las calles de ciudades como Harrington están llenas de preciosos edificios de ladrillo vacíos y sobre cuya fachada se desvanece la pintura que antaño anunciaba el nombre de un almacén de forraje o de alguna marca de tabaco. Esto último resulta curioso, ya que en el campo está prohibido fumar, pues el trigo prende fácilmente. Si se quiere, se

puede llevar tabaco de mascar en cajitas de estaño. Basta con una chispa provocada por una parte desgastada de una cosechadora para que todo arda en un abrir y cerrar de ojos. El terreno aquí es muy seco y a veces sopla una suave brisa. Estos agricultores han de contratar un seguro contra incendios y otro contra el granizo. Las principales amenazas para la seguridad son el fuego y los peligros inherentes al trabajo con maquinaria pesada. Algunas cosechadoras tienen que sortear laderas empinadas, por lo que la experiencia y la cautela son de gran importancia.

Por supuesto, existe la temporada baja en la que la maquinaria pasa sus revisiones y se repara, se organiza la rotación de los cultivos y, también, se toma un merecido descanso. Por último, en junio se celebra en Lind el derby de demolición de cosechadoras. ¡También tienen derecho a divertirse!

El contenido proteico se ha considerado durante mucho tiempo una medida comercial para el trigo. La demanda de harina con un alto contenido de proteína por parte de grandes panificadoras supone un aliciente para la producción de trigo que tenga un porcentaje más elevado. La cantidad de proteína en el cereal aumenta a medida que la planta se estresa, y el estrés es mayor cuando esta tiene menos humedad (hasta cierto punto, pues, como es lógico, se necesita un mínimo para que la planta dé sus frutos). Este año tendrá un porcentaje inferior debido al retraso de la primavera y a las temperaturas algo más bajas de este verano. La calidad de la proteína, sin embargo, está correlacionada con la capacidad del gluten para retener los gases de la fermentación y expandirse sin romperse. Esto se rige más por la genética de la variedad de trigo y por factores medioambientales como la salud del suelo que por la cantidad de humedad. Por lo tanto, en una cosecha con un porcentaje más bajo de proteína puede que esta tenga una calidad excelente. Los panaderos como yo preferimos harinas con un contenido más bajo. Les dije que por mi parte no es necesario que se preocupen por la cantidad de proteína de su trigo. Claro, se echaron a reír; no soy precisamente su cliente más grande.

Una fanega de granos de trigo equivale a unos 30 kilos. En el campo aguardan los tallos de trigo, en los que aún se pueden ver las filas de granos que acabarán convertidos en harina, envueltos por una cascarilla coronada con unas hebras que también se conocen como pelos de cepillo. La cosechadora corta los tallos, trilla el grano de las espigas y, a continuación, usa un ventilador y un cilindro desgranador para separar el trigo de la paja. Todo esto se hace en segundos. Al final del proceso los contenedores se llenan con la parte comercializable de la cosecha: fanegas de trigo. Al hacer la entrega al molino, el trigo se calibra en función de su porcentaje de humedad y de su limpieza; los agricultores lo pagan caro cuando baja la calidad si, por ejemplo, la maquinaria no ha hecho bien su trabajo al separar el trigo de la paja. Esto no es solo una manera de hablar; para ellos, una bajada mínima en la calidad puede significar grandes pérdidas.

El trigo se transporta a un molino en Spokane, donde se junta con el cosechado por otros agricultores de la cooperativa Shepherd's Grain, y se guarda en silos. A lo largo del año se va moliendo para obtener harina integral y panificable, luego se mete en sacos y se despacha a las distribuidoras, que se encargan de hacer el reparto final. El trigo de invierno se muele para hacer harina panificable con un nivel medio de proteína, normalmente alrededor de un 11 por ciento; aunque esta temporada, debido a que las plantas no se han estresado tanto, tendrán alrededor de un 10,5. Esa es la harina que compro. El trigo de primavera de color más oscuro que se obtiene en el norte pasará por el molino para fabricar una harina integral dulce, no muy amarga (la variedad que se cultiva en esas fincas genera menos taninos que la mayoría) y también panificable, con un alto contenido en gluten y alrededor de un 13 por ciento de proteína. El trigo blando de invierno se tritura para hacer harina para repostería.

De aquí procede la harina con la que trabajo. Y ahora que he traído mi famosa hogaza de tres kilos a estos campos, el trigo ha cerrado por fin su círculo.

2.ª PARTE
RECETAS BÁSICAS PARA HACER PAN

Pan blanco para hacer los sábados (página 81)

PROCESO BÁSICO PARA HACER PAN

Este capítulo recoge todos los principios y técnicas que vamos a aplicar en las recetas de este libro. Cada una tiene su propio horario, combinación de harinas, método de fermentación y complejidad. Una vez te hayas familiarizado con las técnicas que se explican aquí, que incluyen la preparación de la masa a mano, el amasado mediante pliegues, el formado de las hogazas, el uso de la nevera para retardar la fermentación en pieza y el horneado en cazuela de hierro colado, podrás hacer cualquier pan o pizza de este recetario.

Cada masa tiene su propia personalidad. La escala de complejidad de sabor del pan que tienes más abajo muestra hasta qué punto los diferentes tipos de proceso aportan más o menos matices gustativos.

A la hora de decidir qué pan vas a hacer, elige una receta que se adapte a tu horario. Si tienes algo de flexibilidad, podrás elegir en función del tipo de pan que más te apetezca comer. Por ejemplo, si voy a estar más libre durante el día, es posible que elija la receta de Pan blanco con poolish (página 98). Si lo que quiero es tener pan recién hecho por la mañana, entonces me decantaría por cualquiera de las que se incluyen en la tercera parte del libro, que se elaboran con masa madre, o el Pan 40 % integral fermentado por la noche (página 93), porque la fermentación en pieza se hace durante la noche en la nevera. Personalmente, si el horario me lo permite, prefiero los panes de masa madre incluidos en la tercera parte. Una vez conozcas una receta, el proceso y sus horarios, puedes modificar la combinación de harinas según tus preferencias. En «Cómo hacer una masa que se adapte a tus gustos» (página 190), te daré consejos concretos para hacer ajustes según el tipo de harina, la cantidad de agua, o de hidratación, los horarios y otras cuestiones. Así podrás adaptar cualquier receta del libro para que se ajuste mejor a tus gustos o a tu despensa.

ESCALA DE COMPLEJIDAD DEL SABOR DEL PAN

MENOS MATICES | MÁS MATICES

Panes elaborados en el día → Panes fermentados durante la noche → Panes elaborados con prefermentos → Panes de masa madre

Las recetas del capítulo 5, «Masas directas», están pensadas para que las pueda hacer todo el mundo, incluso aquellos que no tienen nada de experiencia. Las dos recetas de panes para hacer los sábados (páginas 81 y 85) son buenas opciones para panaderos noveles. Son las más sencillas y se consigue un buen pan. Ambas pueden hacerse de principio a fin en un solo día. En los dos casos se necesitan entre siete y ocho horas, con una fermentación en bloque de cinco horas. Aunque pueda parecer mucho tiempo, en realidad solo requieren unos cuarenta y cinco minutos de trabajo, incluida la limpieza posterior. Son muy sencillas, sobre todo una vez las has hecho dos o tres veces.

En el resto de las recetas del capítulo se usa un poco más de agua en la masa. En realidad, el amasado en estos casos es más fácil, pero el formado es más difícil, porque al tener más humedad se pegan más a las manos. La fermentación les aporta algo más de sabor y, además, tienen un cronograma más flexible. Puedes preparar la masa por la noche, dar forma a las hogazas por la mañana y hornearlas una o dos horas más tarde; o puedes prepararla por la tarde, formar las hogazas por la noche, dejarlas en la nevera mientras duermes y hornearlas a primera hora de la mañana. Las cuatro recetas con masa directa son las más sencillas de este libro. Las de panes para hacer los sábados son dos opciones estupendas para ese día en el que te levantas por la mañana y dices: «Hoy me apetece hacer pan». Pero si te viene la inspiración el día o la noche de antes, te recomiendo que pases al capítulo 6, «Masas con prefermentos». Estas también son sencillas; simplemente requieren un poco de previsión, pero el resultado es un pan más sabroso. Para más información sobre el poolish y la biga, los dos prefermentos que vamos a usar en este libro, te aconsejo que leas las páginas 30-33. Una vez te acostumbres a trabajar con estos prefermentos, pasa a las recetas de la tercera parte para empezar a hacer pan con masa madre.

CÓMO LEER LAS TABLAS DE LAS RECETAS

Como ya he mencionado, este recetario es un poco atípico, ya que los ingredientes no se presentan siguiendo el orden de uso. Más bien, la harina siempre aparece en primer lugar, seguida por el agua, la sal y la levadura, como reflejo de la correlación existente entre las cantidades de estos ingredientes, o dicho de otro modo, el porcentaje panadero. Aquí tienes una explicación rápida sobre la información que encontrarás en cada una de las columnas de las tablas que se muestran en las recetas. Al final se incluye un ejemplo.

CANTIDADES PARA LA MASA FINAL: esta columna (que en las recetas de masas directas se titula simplemente «Cantidades») indica la cantidad de cada ingrediente que vas a echar en el recipiente de 10 litros para mezclar la masa final, para alcanzar los 1000 gramos de harina, contando la que se encuentra en el poolish, la biga o la masa madre, y añadir el resto de los ingredientes a medida que se vayan necesitando. Todas las cantidades que has de tener en cuenta se muestran en varias columnas y se repiten a lo largo de la receta para que te sea más cómodo y no tengas que estar volviendo atrás cada dos por tres para comprobar la información.

Como seguramente ya te habrás dado cuenta, soy un firme defensor de pesar los ingredientes en lugar de usar medidas volumétricas. No obstante, algunos panaderos caseros no tienen báscula. Para esos casos, he incluido una conversión aproximada del volumen de los ingredientes que hay que añadir a la masa final. Estas medidas no son en absoluto tan precisas como su equivalente en peso, por eso no se tienen en cuenta en la tabla en la que se indica el porcentaje panadero, a la derecha. Si quieres una explicación más detallada sobre los problemas que implica hacer pan usando medidas volumétricas, echa un vistazo a la página 27.

CANTIDADES EN EL POOLISH, LA BIGA O LA MASA MADRE: en esta columna se indica la cantidad de harina y agua que hay dentro del poolish, la biga o la masa madre que se va a usar en la receta. En el capítulo 6, los panes se elaboran con un prefermento y este se añade entero a la masa final. Por lo tanto, las cantidades de esa columna son las mismas que se muestran en la lista de ingredientes para prepararlo, justo arriba en la tabla del porcentaje panadero. Al trabajar con los panes de masa madre (de la tercera parte del libro) solo vas a usar parte de esta en la masa final, por lo que las cantidades de harina y agua en la columna correspondiente serán inferiores a la cantidad que se pide en la lista de ingredientes para refrescarla; normalmente, bastante menos. Esto se debe a que debe sobrarte un poco para conservarla.

CANTIDAD TOTAL DE LA RECETA: en esta columna se enumeran los pesos totales de los ingredientes de la receta. Si tenemos un 90 por cierto de harina panificable sobre los 1000 gramos de harina, significa que usaremos 900 gramos de la panificable Para masas directas, la otra columna contiene las medidas volumétricas aproximadas de cada uno.

PORCENTAJE PANADERO: todos los pesos de los ingredientes se muestran como un porcentaje del total de la harina usada en la receta. En todos los panes y las pizzas de este recetario vamos a usar 1000 gramos de harina, de manera que los cálculos sean más fáciles de seguir y las recetas más fáciles de recordar. (Echa un vistazo a las páginas 41-43 si quieres más información sobre el porcentaje panadero).

Masa final			Fórmula del panadero		
INGREDIENTE	CANTIDAD PARA LA MASA FINAL		CANTIDAD EN EL POOLISH	CANTIDAD TOTAL DE LA RECETA	PORCENTAJE PANADERO
Harina panificable	500 g	3¾ de taza + 2 cdas.	500 g	1000 g	100 %
Agua	250 g, 41 °C	1⅛ de taza	500 g	750 g	75 %
Sal marina fina	21 g	1 cda. + 1 cdta. rasa	0	21 g	2,1 %
Levadura seca instantánea	3 g	¾ de cdta.	0,4 g	3,4 g	0,34 %
Poolish	1000 g	Las indicadas en la tabla anterior			50 %

TÉCNICA BÁSICA PASO A PASO PARA HACER PAN

A lo largo del recetario, vamos a usar siempre las mismas técnicas para los ocho pasos que se explican a continuación, desde la mezcla de los ingredientes al horneado. Incluso las recetas del capítulo 13 para preparar las masas para pizza siguen estos pasos hasta el boleado de la masa.

Creo que es muy útil explicar de antemano el proceso, ya que de este modo las recetas son más concisas y fáciles de seguir. Al presentarlas por separado, las técnicas se entienden mejor. Puesto que siempre vamos a usar las mismas, una vez las entiendas, ya puedes ponerte a trabajar con el resto del libro. Te animo a que te sientes a leer tranquilamente este capítulo antes de empezar a trabajar; no resulta nada fácil retener toda esta información cuando estás en la cocina intentando hacer un pan o una pizza por primera vez.

PASO 1: AUTOLISIS DE LA HARINA Y EL AGUA

La autolisis es el primer paso que sigo en la masa para hacer pan o pizza. La harina y el agua de la receta se mezclan y se dejan reposar durante 15 minutos como mínimo antes de añadir la sal y la levadura. Para las recetas de este libro te recomiendo que la alargues a unos 20 o 30 minutos. No añadas la sal en este paso, puesto que inhibe la capacidad de la harina para absorber el agua y uno de los objetivos de este paso es favorecer su completa hidratación antes de preparar la masa final.

CÓMO USAR LA BÁSCULA

Coloca el recipiente vacío sobre la báscula, pulsa el botón de «Tara» (en algunos está marcado como «Cero» o «0»), y una vez el peso vuelve a cero, poco a poco vierte el ingrediente que quieras echar hasta alcanzar el peso deseado. Cuando tengas que juntar varios elementos en un mismo recipiente, como dos o tres tipos de harina, no tienes más que darle al botón de tara después de añadir cada uno.

Pesado de los ingredientes

Este paso lleva aproximadamente 5 minutos de trabajo manual para pesar la harina y el agua y mezclar ambos ingredientes a mano. Coloca el recipiente de 10 litros sobre la báscula, llévala a cero y, a continuación, añade la cantidad de harina que se especifica en la columna «Cantidad para la masa final». Recuerda que tiene que estar a temperatura ambiente.

Con el agua es fácil pasarse de la cantidad indicada; por eso, en lugar de hacerlo directamente en el recipiente con la harina, yo la peso en otro y luego vierto la cantidad correcta. Además, algunas básculas, como la mía, alcanzan el peso máximo que pueden de medir antes de añadir toda el agua al recipiente. Esa es otra razón por la que conviene pesarla por separado.

La mejor manera de pesar el agua es usando dos recipientes. Deja el termómetro a mano y coloca uno de los recipientes debajo del grifo. Ajusta el agua fría y la caliente hasta que la que se encuentra en el recipiente alcance la temperatura deseada, por ejemplo, 35 °C. Pon el recipiente que está vacío sobre la báscula, llévala a cero y vierte en él el agua que ya tienes preparada en el otro a la temperatura correcta hasta alcanzar la cantidad indicada en la receta. Sé preciso con las cantidades. Bastan 20 o 30 gramos para que la consistencia de la masa no tenga nada que ver con lo deseado.

Cómo mezclar la harina y el agua

Directamente en el recipiente de 10 litros, remueve el agua y la harina con una mano hasta que se mezclen bien. La masa se te pegará, pero no te preocupes. Tienes que acostumbrarte a usar las manos como si fueran otra herramienta más. Aunque se te peguen algunos trozos (igual que se pegarían al gancho de amasar), sigue mezclando hasta que se integren bien ambos ingredientes. Deshaz con la mano los grumos que vayan apareciendo en la masa. Cuando hayas acabado, ayúdate de la mano que tienes libre para escurrir dentro del recipiente los restos que se te hayan pegado en la otra. Tápalo y deja que repose entre 20 y 30 minutos. Cuando ya no se vean restos de harina seca, la autolisis estará lista.

CÚANDO NO APLICAR LA AUTOLISIS

En este libro, las únicas recetas en las que no se aplica la autolisis son aquellas en las que se trabaja con un poolish o una biga, ya que la mitad o más del total de la harina se encuentra ya en el prefermento. Estas masas consiguen unas características similares a la de la autolisis gracias al largo y lento reposo del prefermento, durante toda una noche, que incluye solo un poquito de levadura y nada de sal. Además, la autolisis no resulta práctica cuando se trabaja con un poolish. En esas recetas, los ingredientes adicionales para la masa final solo incluyen 250 gramos de agua y otros 500 de harina, lo que se traduciría en un montón de grumos de masa imposibles de deshacer.

Cómo adaptar la temperatura del agua

En todas las recetas (excepto en las que se usa poolish o biga, por razones que se explican más abajo), la temperatura deseada para la masa final es de unos 26 °C. Tal y como se indica en el capítulo 2, esta parece ser la temperatura ideal tanto para la producción de gas como para el desarrollo del sabor. No es necesario que se mantenga en todo momento a 26 °C, simplemente es el punto de partida. Cuando probé estas recetas en casa, normalmente había unos 21 °C de temperatura ambiente. Con agua a 35 °C, harina a temperatura ambiente y una autolisis de 20 minutos, una vez mezclados todos los ingredientes, la masa normalmente estaba a 26 °C en invierno. En verano ajustaba la temperatura del agua a 32 °C para obtener el mismo resultado. Con esto lo que quiero decir es que existe una correlación entre la temperatura del agua que se usa durante la autolisis, la que hay en la cocina y el tiempo que se deja reposar la mezcla antes de preparar la masa final.

Aunque recomiendo una autolisis de entre 20 y 30 minutos, la puedes alargar a 40 o incluso 60 si te viene mejor. No obstante, la mezcla se irá enfriando, por lo que la temperatura de la masa final estará por debajo de la deseada y tendrás que hacer ajustes en el agua para compensar esto.

CUÁNDO HIDRATAR LA LEVADURA

La levadura en granos (la seca) necesita más tiempo para disolverse en masas más compactas (en mi mundo, eso sería una con un 70 por ciento de hidratación o menos). La levadura seca instantánea que se compra en el supermercado está diseñada para que empiece a trabajar sin que haya que disolverla antes, pero esto se basa en la asunción de que la masa se va a amasar con un robot de cocina, que trabaja los ingredientes de manera más agresiva que cuando se hace a mano. En mi panadería no la hidratamos, pero esto se debe a que normalmente usamos la fresca para masas compactas.

Cuando probé estas recetas en casa, la primera vez que hice una biga a mano con levadura seca instantánea para dejarla reposar durante toda la noche (con un 68 por ciento de hidratación), me sorprendió la falta de gas y lo poco que había subido a la mañana siguiente. En el segundo intento mantuve las mismas proporciones y la misma temperatura del agua, pero antes hidraté la levadura durante unos minutos y, *voilà*!, a la mañana siguiente tenía el aspecto que debía tener. Investigué un poco y uno de los principales fabricantes de este tipo de levadura reconocía que hidratarla antes de mezclar los ingredientes permite que la levadura trabaje al máximo rendimiento, a pesar de que está pensada para poder utilizarla sin una fermentación previa. Por lo tanto, recomiendo el método tradicional de hidratar la levadura seca instantánea para las masas más compactas de este recetario. En estos casos puntuales, la receta indica que hay que seguir este paso extra.

Dicho esto, la mayoría de las masas de este libro contienen suficiente agua, por lo que no es necesario hidratar la levadura seca instantánea. Incluso cuando se trabaja a mano, esta alta hidratación garantiza que los granos de levadura se disuelvan por completo y se activen en los primeros minutos en los que la masa empieza a desarrollarse. Las únicas excepciones son la biga (con un 68 por ciento de hidratación) y la masa para pizza (70 por ciento).

Simplemente, asegúrate de que no supere los 43 °C. Como recordarás, una temperatura más alta podría matar las levaduras. Si no alcanzas los 26 °C en la masa final, comprueba la temperatura del agua que has usado y cuál ha sido el tiempo total de autolisis; así, la próxima vez podrás hacer ajustes.

En las recetas en las que se usa un prefermento (poolish o biga), raras veces llegará la masa final a los 26 °C, sobre todo si hace frío de noche en tu casa. Esto se debe a que una parte importante de la masa está formada por este prefermento, que ha estado fermentando por la noche y, por lo tanto, estará a temperatura ambiente, que será la que haya habido en tu casa esa noche. En la mía, por ejemplo, suelen ser unos 18 °C y, cuando probé estas recetas, la masa final normalmente rondaba los 23 °C.

PASO 2: MEZCLA DE LA MASA FINAL

Mezclar los ingredientes a mano no debería llevar más de 5 minutos. Yo prefiero hacerlo dentro del recipiente, en lugar de trabajar sobre la encimera o usar un robot. Es más fácil, rápido y ensucia menos, además de ser más eficiente. La masa permanece en el mismo recipiente desde la autolisis

Incorporación de la sal y la levadura.

hasta que haya que dividirla para dar forma a las hogazas, entre cinco y seis horas más tarde dependiendo de la receta. ¡Más cómodo, imposible!

Cómo incorporar la sal y la levadura

A la hora de incorporar el resto de los ingredientes, primero espolvorea la sal y (en la mayoría de los casos) la levadura por toda la superficie de la masa. Si vas a usar un prefermento, vierte encima el poolish, la biga o la cantidad indicada de masa madre.

Prepara un recipiente con agua templada y colócalo al lado. Con la mano no dominante, sujeta el borde del recipiente donde tienes la masa y moja la dominante en el agua templada. Para empezar a mezclar, desliza la mano por debajo de la masa a modo de pala y agarra un cuarto de esta más o menos. Estírala y pliégala sobre sí misma hasta alcanzar el otro extremo de la masa. Cuando hagas esto, estira hasta que notes algo de resistencia y, a continuación, dobla la masa sobre sí misma hasta alcanzar el otro extremo, como si estuvieras doblando un folio por la mitad. Poco a poco, ve aplicando estos pliegues por todos los extremos de la masa, deslizando la mano por debajo para luego plegarla sobre sí misma y, así, envolver por completo la sal y la levadura.

La técnica del pinzado

Una vez has plegado toda la masa sobre sí misma, sigue mezclando los ingredientes con la técnica del pinzado. Rodéala con el pulgar y el índice como si fueran unas pinzas y estruja un trozo grande, lo suficiente como para separarlo del resto. Repite este movimiento por toda la superficie. Con la otra mano, ve rotando el recipiente de manera que la que está activa tenga un buen ángulo para trabajar.

Humedece la mano activa con el agua templada tres o cuatro veces a lo largo de este proceso para evitar que se te pegue la masa. Si no lo haces, estará pegajosa y no será fácil trabajarla. Es normal notar los granos de la sal y de la levadura mientras las estés incorporando. Al humedecer la mano ayudarás a que se disuelvan.

Corta la masa a lo largo usando los dedos en forma de pinza hasta tener unos cinco o seis trozos; a continuación, pliégala sobre sí misma varias veces como al principio y vuelve a aplicar esos cinco o seis cortes, seguidos de unos cuantos pliegues. Repite el proceso varias veces alternando el corte de la masa con los pliegues, hasta que sientas en la mano, y veas, que los ingredientes se han integrado por completo y la superficie muestra un poco de tensión. En mi caso esto suele llevar entre

La técnica del pinzado.

2 y 3 minutos. Si eres nuevo en esto, es posible que necesites unos 5 o 6. Deja que repose unos minutos y, a continuación, aplica pliegues durante otros 30 segundos o hasta que la masa esté tirante. ¡Y ya la tienes!

El objetivo de este paso es que los ingredientes se mezclen bien. La técnica del pinzado la aprendí en el San Francisco Baking Institute. En realidad, consiste en imitar los movimientos de las grandes amasadoras que cortan la masa durante la mezcla. Esto integra mejor los ingredientes y distribuye la sal y la levadura de manera homogénea.

Al acabar, mide la temperatura de la masa con un termómetro. En la mayoría de las recetas de este libro tiene que alcanzar unos 25 o 26 °C. Toma nota de la temperatura y de la hora. Si está por debajo de los 25 °C, necesitará más tiempo para subir, en cuyo caso tendrás que seguir las indicaciones que describen cuánto debería subir la masa, en lugar de hacer caso a los tiempos que indica la receta. Otra opción es dejar que fermente en un sitio cálido, que esté entre 24 y 27 °C de temperatura ambiente.

Tal y como se menciona en el capítulo 2, te recomiendo que lleves un registro de la temperatura del agua que has usado, la de la masa una vez esté lista y la ambiente; anota también cuánto tiempo ha necesitado para doblar o triplicar el volumen, a qué hora la has dividido, le has dado forma y cuándo has horneado las hogazas, junto a algún comentario sobre el resultado final. En el futuro, puedes hacer modificaciones para que la receta se ajuste mejor a tu horario: un poco más de levadura si la masa no estaba lista al cabo de cinco o seis horas o un poco menos si ha subido demasiado rápido. Si la temperatura de la masa final no estaba a los 26 °C recomendados, la próxima vez usa agua más fría o más caliente.

Fermentación en bloque

Tapa el recipiente y deja que la masa suba con la fermentación. El tiempo total depende de muchos factores, sobre todo de la temperatura ambiente y la de la masa final. Sigue las indicaciones visuales como referencia principal y piensa que la masa tendrá más cuerpo en los meses más cálidos y menos en los más fríos.

PASO 3: AMASADO MEDIANTE PLIEGUES

Los pliegues ayudan a que el gluten se desarrolle, lo que da fuerza a la masa y contribuye a que la hogaza final tenga más cuerpo. Imagina que el entramado tridimensional del gluten es la estructura de una casa: la casa del pan. En la primera receta, Pan blanco para hacer los sábados, solo es necesario aplicar dos tandas de pliegues. No obstante, en el resto del libro la mayoría de las masas tienen un porcentaje mayor de hidratación y muchas necesitan una o dos tandas más (tres o cuatro en total) para adquirir la fuerza necesaria. Cada tanda de pliegues lleva alrededor de un minuto. Es fácil saber cuándo hay que aplicar la siguiente, porque la masa se relaja: pasa de tener forma de bola con algo de estructura a perder cuerpo y aplanarse. Con cada amasado aportamos más firmeza. Yo procuro aplicar todas las tandas de pliegues durante la primera o dos primeras horas de fermentación.

Hay que seguir la misma técnica que en el paso 2 de la mezcla de la masa final, pero después de aplicar los pliegues hay que darle la vuelta a la masa para ayudarla a que retenga la tensión. Si quieres ver con imágenes cómo se aplican los pliegues paso a paso, consulta la página 70. En primer lugar, sumerge la mano predominante en agua templada para humedecerla y que no se te pegue la

masa. A continuación, deslízala por debajo de esta, a modo de pala, agarra aproximadamente un cuarto y estírala hasta que notes que ofrece resistencia. Entonces pliégala sobre sí misma hasta alcanzar el otro extremo, como si estuvieras doblando un folio por la mitad. Repite este proceso cuatro o cinco veces más alrededor de toda la masa hasta que se tense y adquiera forma de bola. Levántala con ambas manos y dale la vuelta para que los pliegues queden mirando bocabajo. Esto ayuda a que no se pierdan o deshagan. La parte superior de la masa debe quedar lisa.

Al relajarse se deshincha y se expande de nuevo por la superficie del recipiente. Es entonces cuando hay que aplicar la siguiente tanda de pliegues. Con cada amasado, la masa desarrolla una estructura más compleja, o más fuerza, y gracias a esto cada vez tarda más en relajarse del todo. Puedes aplicar todos los pliegues que se indican en la receta durante la primera hora o a lo largo de las dos primeras horas, lo que te venga mejor. Lo importante es que no toques la masa durante la última hora de la fermentación.

PASO 4: DIVISIÓN DE LA MASA

Una vez ha doblado o triplicado el volumen (según indique la receta), es el momento de dividir la masa en hogazas. Una de las razones por las que los recipientes transparentes, como los de Cambro, son tan útiles para hacer pan es que te permiten determinar de un vistazo cuándo se ha acabado la fermentación en bloque. Por ejemplo, si una masa ha de triplicar el volumen y al empezar hay un litro aproximadamente, debería subir hasta la marca de los 3 litros. Una vez hayas practicado un par de veces, este paso no te llevará más de unos minutos. Al principio es normal tardar un poco más.

Espolvorea con un poco de harina la superficie de trabajo; necesitas unos 60 centímetros de espacio. Ponte al lado de esta zona de trabajo, enharínate las manos y, con cuidado, separa del recipiente el contorno de la masa. Procura no desgarrarla. En este momento del proceso la estructura del gluten ha perdido la fuerza que tenía tras los amasados y es más delicada. A continuación, desliza la mano por debajo y sepárala con suavidad de la base del recipiente. Si espolvoreas harina por las paredes te será más fácil acceder por debajo y separarla. Ahora, vuelca el recipiente sobre la superficie enharinada y, con la mano, empuja con suavidad la masa para pasarla ahí. Espolvoréala con un poco de harina justo por donde vas a hacer la incisión y, a continuación, córtala por la mitad con una rasqueta metálica o de plástico, o con un cuchillo de filo ancho.

En esta página: división de la masa. Página anterior, primera y segunda fila: plegado de una masa relajada. Tercera fila: masa lista para la primera tanda de pliegues, después de la primera tanda y lista para la segunda. Cuarta fila: masa tras la segunda tanda de pliegues, lista para la tercera tanda y después de la tercera.

PASO 5: FORMADO DE LAS HOGAZAS

El objetivo de este paso es dar forma de bola con un poco de tensión a cada una de las mitades con mucho cuidado para preservar el gas que ha ayudado a que la masa suba.

Ten en cuenta que, cuando la tengas sobre la superficie espolvoreada, la parte que ahora está en contacto con esta al acabar será la que esté arriba. Esto te ayudará a entender mejor el proceso de formado. Al estar sobre una superficie espolvoreada con harina, no se te pegará tanto. Mantén las manos en contacto con esa parte de la masa, ese es el mejor consejo que te puedo dar para este paso, de lo contrario se te pegará todo el rato.

Primero retira todo resto de harina seca que veas en la superficie de la masa. Después, usando la misma técnica que en el amasado mediante pliegues, estira y pliega un cuarto de masa sobre sí misma. Recuerda estirar con cuidado hasta que notes algo de resistencia y que el plegado has de hacerlo como si estuvieras doblando un folio por la mitad. Repite este proceso con todos los extremos de la masa hasta que todos los pliegues coincidan en el centro y tengas una bola con un poco de tensión. A continuación, dale la vuelta para que estén en contacto con la superficie de trabajo, pero en una zona en la que no haya harina, ya que en este momento lo que queremos es algo de fricción o adherencia. Ahora tienes a la vista la superficie lisa de la hogaza, que se quedará mirando hacia arriba cuando la pases al cesto de fermentación y hacia abajo cuando la hornees.

Rodea la masa desde atrás con ambas manos, colocándolas con las palmas mirando hacia ti. Empújala hacia ti unos 15 o 20 centímetros sobre una superficie seca y sin espolvorear. Los meñiques han de guiar el desplazamiento y debes aplicar suficiente tensión para que se adhiera a la superficie y haya un poco de fricción en lugar de deslizarse con suavidad. A medida que la empujes, la bola ganará tensión. Es fácil de apreciar: se nota que la masa tiene más firmeza.

Gírala 90 grados y repite este paso para darle más tensión. Repite hasta dar la vuelta completa a la bola unas dos o tres veces. No es necesario que esté muy prieta, pero tampoco demasiado suelta. Queremos darle la tensión suficiente para que pueda retener la forma y los gases. Si está demasiado suelta, no tendrá la estructura física necesaria para retenerlos y parte de estos se escaparán, lo que resultará en un pan con menos volumen y más denso de lo que estamos buscando.

Repite este proceso de formado con la otra mitad de la masa y coloca cada una en un recipiente para que fermente por segunda vez; puedes usar un cesto de mimbre espolvoreado con harina, un banetón forrado con lino espolvoreado con harina o, en caso de apuro, un bol grande de cocina forrado con un trapo que no suelte pelusas y espolvoreado generosamente con harina. Se necesita suficiente harina para que, cuando esté totalmente fermentada y haya aumentado de volumen, la masa se pueda retirar sin que se pegue a los lados, pero procura no pasarte para que no haya un exceso sobre la hogaza. Una vez en el cesto, espolvorea con un poco de harina la superficie y cúbrela con un trapo de cocina o introdúcelo dentro de una bolsa de plástico sin agujeros.

Página siguiente: formado de las hogazas. Primera fila: estirado de un trozo de masa y pliegue sobre sí misma. Segunda fila: segundo estirado de la masa y pliegue sobre sí misma. Tercera fila: pliegue del otro trozo de masa sobre sí misma. Cuarta fila: manos rodeando la masa por detrás y empujándola sobre una superficie no espolvoreada; hogaza con forma de bola ya acabada.

PASO 6: FERMENTACIÓN EN PIEZA

En el mundo de la panadería, a veces se usan palabras como *levado* o *leudado* para referirse a la fermentación. Esto se debe a que la masa, por efecto de los gases que se generan durante este proceso, aumenta de volumen, es decir, leva. Para que nos salgan unas hogazas perfectas, hay que dejar que la masa fermente por completo. Tiene que llegar al límite físico que le permite retener los gases, antes de que la malla de gluten empiece a descomponerse a medida que las proteínas se van degradando. Si horneas las hogazas demasiado pronto, perderás parte del sabor y del volumen que te puede ofrecer un buen pan; es decir, te quedará demasiado prieto y crecerá de manera irregular. Si las horneas demasiado tarde (pasadas de fermentación), se deshincharán y perderán volumen. Lo sé, parezco Ricitos de Oro. En cada receta se indica la duración de la fermentación en pieza. Algunas piden poco más de una hora, como en los panes para los sábados, y en otras deben pasar toda la noche dentro de la nevera, como en los panes de masa madre y en el Pan 40 % integral fermentado por la noche. Recuerda que cuanta más tensión se le dé a la hogaza durante el formado, más tiempo podrá esta retener los gases en su interior. En el caso contrario, los perderá antes.

Algo que caracteriza a los panaderos experimentados es su habilidad para meter las hogazas en el horno justo en el punto óptimo de fermentación, y suele ser un tema de conversación habitual en mi panadería. Esto no solo es importante para el pan, también para los *croissants* y los *brioches*. Aprendemos a base de errores y, a veces, la mejor manera de saber cuándo es el punto óptimo de fermentación consiste en pasarse con la fermentación. Así sabes dónde está el límite.

El truco del dedo

En todas las recetas recomiendo comprobar el punto de fermentación con el dedo. Es el truco más infalible que conozco. Consiste en empujar con el dedo enharinado la masa fermentada y hacer una hendidura de un centímetro aproximadamente. Si recupera la forma inmediatamente, significa que necesita un poco más de fermentación. Si la recupera poco a poco, está en el punto óptimo y lista para entrar en el horno. Si no vuelve a su forma significa que nos hemos pasado. Es decir, la has dejado demasiado tiempo fermentando y, cuando la saques del cesto para introducirla en la cazuela de hierro colado para hornearla, la masa se podría desmoronar. No obstante, a veces me sorprendo cuando una hogaza, que en un principio mostraba señales de haberme pasado con la fermentación, al final retiene la forma y se hornea la mar de bien.

Las masas directas hechas con levadura comercial (capítulo 5) se fermentan más rápido que las que se hacen con masa madre y, además, aguantan durante menos tiempo el punto óptimo de fermentación; a veces apenas 10 o 15 minutos. Ese es justo el momento en el que has de introducir las hogazas en el horno. Para que se mantengan en ese punto óptimo de fermentación durante más tiempo, puedes dejar que fermenten en la nevera durante la noche. Con el frío, la masa se desarrollará más despacio y se mantendrá así durante un par de horas.

PASO 7: PRECALENTADO DEL HORNO Y DE LA CAZUELA

Pon la rejilla del horno a media altura. Si cueces las hogazas demasiado cerca de la parte baja, es posible que se te quemen por debajo. Mete en el horno la cazuela de hierro colado con la tapa puesta. No es necesario que la coloques sobre una piedra de hornear: el hierro colado tiene un efecto similar. Precaliéntala a 245 °C durante 45 minutos como mínimo. El objetivo es que cuando coloques la hogaza dentro de la cazuela esta haya retenido todo el calor posible en su interior.

Es importante que conozcas bien tu horno. En casa, la mayoría no marcan la temperatura real, sino que están algunos grados por encima o por debajo. El mío está unos 15 °C por debajo, por lo tanto, si lo pongo a 260 °C, en realidad está a 245 °C. Por supuesto, las temperaturas que se piden en las recetas son a las que se debe hornear el pan, por lo que te recomiendo que uses un termómetro para horno. Son baratos y te garantizan que estás trabajando a la temperatura correcta, lo que te permite seguir tranquilamente los tiempos que se indican.

Si tienes dos cazuelas de hierro colado y te caben ambas en el horno, puedes precalentarlas a la vez. Si solo tienes una, no pasa nada, en las recetas te indico qué has de hacer con la segunda hogaza mientras la primera se cuece. Normalmente, si están a temperatura ambiente, has de poner la segunda en la nevera unos 15 o 20 minutos antes de empezar a hornear la primera. Si las has fermentado durante la noche dentro de la nevera, no tienes más que dejarla ahí dentro mientras la primera se cuece. En cuanto esté lista, vuelve a calentar la cazuela durante unos 5 minutos antes de hornear la segunda.

PASO 8: HORNEADO DE LAS HOGAZAS; MUCHO CUIDADO

Todos los panes de este libro se cuecen a 245 °C dentro de una cazuela de hierro colado tapada durante 30 minutos. Luego se retira la tapa para que el pan acabe de cocerse durante 15 o 20 minutos más. En cada receta se indican los tiempos concretos.

Cuando uses la cazuela de hierro colado, te recomiendo encarecidamente que te cubras las manos con guantes para el horno en lugar de con agarradores o con un trapo. Los guantes cubren el antebrazo, lo que te asegura una mayor protección contra el calor que desprende. Yo me siento más seguro con ellos y te animo a que los uses. Una vez la cazuela está fuera del horno, yo siempre los dejo sobre la tapa para que no se me olvide ponérmelos cuando tenga que introducirla de nuevo en el horno. Toda precaución es poca.

Para pasar la masa del cesto a la cazuela, primero dale la vuelta con cuidado sobre una superficie previamente espolvoreada. Recuerda que, a partir de este momento, la parte que quedará expuesta dentro de la cazuela es la que hasta ahora estaba en contacto con la superficie del cesto. Si la masa se pega a las paredes, sepárala con cuidado ayudándote de la mano y toma nota mentalmente de que a la próxima deberás espolvorearlo con más harina. Lo ideal es que la masa se deslice sobre la superficie por su propio peso, sin ayuda. Los cestos de mimbre nuevos suelen necesitar un poco más de harina que los que ya están más desgastados, y no es necesario limpiarlos después de usarlos. Los más experimentados os habréis dado cuenta de que todavía no he dicho nada de hacer cortes con una cuchilla sobre la superficie de la masa. Puesto que las hogazas se van a hornear con la parte de los pliegues mirando hacia arriba (la opuesta a la superficie sedosa que mostraba la hogaza ya formada sobre el cesto) y después de una buena fermentación, con el calor del horno el pan se abrirá y se formará una greña natural. Me encanta ese aspecto rústico que le dan al pan. Así se abren las chapatas en mi panadería.

A continuación, con mucho cuidado, coloca la hogaza dentro de la cazuela. Ya la tendrás sobre la encimera con los pliegues mirando hacia arriba, así que no tienes más que levantarla y colocarla dentro con mucho cuidado, sin darle la vuelta. Usa el dorso de las manos, sin las manoplas, cuando levantes la hogaza y la pases a la cazuela. No uses los dedos; en estos momentos la masa es muy delicada y es mejor repartir la presión por toda la superficie durante el traspaso. Ponte los guantes para tapar de nuevo la cazuela y meterla en el horno. Cuando la destapes 30 minutos más tarde, la hogaza debería haber subido hasta el total de su capacidad y deberías ver algunas escisiones en la superficie por donde la masa se ha hinchado. La corteza debería estar ligeramente dorada. Sigue el tiempo de horneado sin tapa que se indica en la receta, pero 5 minutos antes de que se acabe échale un vistazo para ver qué tal va. Hornéala hasta que esté bien tostada, hasta que la corteza se torne de color marrón tostado. A mí me gusta dejarla hasta que le salgan motitas de color marrón muy oscuro para obtener todos los matices de sabor posibles. Aunque sea una vez, tuéstala hasta casi quemarla. Me alucina el aspecto y lo bien que sabe el pan así de tostado.

Cuando ya esté en su punto, saca la cazuela del horno e inclínala para que salga la hogaza. Colócala sobre una rejilla para que se enfríe o ponla de lado para que el aire pueda circular a su alrededor. Deja que repose durante al menos 20 minutos antes de cortarla. Fuera del horno, la hogaza sigue cociéndose por dentro y necesita algo de tiempo para que la cocción llegue a su fin. Disfruta oyendo el crepitar de la corteza a medida que el pan se va enfriando.

CÓMO APROVECHAR UNA DE LAS MITADES PARA HACER PIZZA O FOCACCIA

Si no tienes ganas de hornear dos hogazas de pan, algunas masas se pueden aprovechar para hacer pizza o focaccia, tal y como se indica en las recetas. En mi opinión, todas las masas, incluso las de centeno, se pueden reaprovechar de este modo, pero en este recetario solo lo indico en aquellos casos que se adaptan mejor para este uso. Si quieres aprovechar la masa para hacer pizza, divídela en bolas de unos 340 gramos y sigue una de las recetas del capítulo 14. Si prefieres hacer una focaccia, sigue las instrucciones sobre la cantidad de masa y proceso de elaboración en la sección «Cómo hacer focaccia con masa para pan» (página 214). Da forma de bola a las porciones de masa y deja que reposen en la nevera entre un par de horas y un par de días.

CÓMO CONSERVAR EL PAN

Después de probar todas las alternativas posibles, hace años superé mi rechazo a guardar el pan en bolsas de plástico, ya que me di cuenta de que es la mejor manera de conservarlo. La corteza se ablandará un poco, pero el pan en sí no se secará. Un pan hecho con masa directa se mantendrá fresco durante dos o tres días. Los elaborados con un prefermento aguantarán un día más y los panes de masa madre de este libro mantienen su frescura entre cinco y seis días; ¡eso si no te los comes antes!

MASAS DIRECTAS

PAN BLANCO PARA HACER LOS SÁBADOS

PAN 75 % INTEGRAL PARA HACER UN SÁBADO

PAN BLANCO FERMENTADO POR LA NOCHE

PAN 40 % INTEGRAL FERMENTADO POR LA NOCHE

De izquierda a derecha: Multivarietal #2 (página 158), Pan blanco para hacer los sábados (página 81), Pan de masa madre cubierto con salvado (página 147).

PAN BLANCO PARA HACER LOS SÁBADOS

Esta receta está pensada para aquellos que quieran tener listo en tan solo un día un pan blanco crujiente y delicioso. Preparas la masa temprano por la mañana, das forma a las hogazas unas cinco horas después y las cueces a media tarde para tenerlas listas a la hora de cenar. También es muy apropiada para empezar a familiarizarte con mis técnicas para trabajar la masa, las cuales se van a repetir a lo largo de todo el libro. Con esta receta podrás saborear los matices que aporta una fermentación de duración media en un pan delicioso y versátil que puedes servir en la mesa, pero que también es estupendo para preparar sándwiches y tostadas.

A veces uso un 10 por ciento de harina integral, porque me gusta el sabor redondo y rústico que le aporta. Si quieres probar esta combinación, no tienes más que usar 900 gramos de harina panificable y 100 de integral.

En esta receta puedes hornear una o dos hogazas. Si te decides por hacer solo una, puedes dividir la otra mitad en dos o tres porciones para hacer pizza o focaccia en una sartén de hierro colado; dales forma de bola y guárdalas en la nevera para usarlas cuando quieras en un plazo máximo de dos o tres días. A mí me encanta la focaccia con aceite de oliva, sal, pimienta y, a veces, con un toque de hierbas aromáticas por encima. La corto en trocitos pequeños y los sirvo a mis invitados para picar antes de comer o cenar, o los guardo como tentempié. (En el capítulo 14 tienes recetas específicas para hacer pizza y focaccia, y en la página 214 te doy instrucciones para reaprovechar la masa del pan para hacer focaccia).

CON ESTA RECETA SE OBTIENEN 2 HOGAZAS, CADA UNA DE UNOS 700 GRAMOS, Y SE PUEDE APROVECHAR LA MASA PARA HACER PIZZA O FOCACCIA.

FERMENTACIÓN EN BLOQUE: Unas 5 horas

FERMENTACIÓN EN PIEZA: Sobre 1 hora y 15 minutos

HORARIO DE MUESTRA: Empieza a las 9:30, acaba de preparar la masa final a las 10, da forma a las hogazas a las 15 h y hornéalas a las 16:15.

El pan estará saliendo del horno a las 17.

INGREDIENTE	CANTIDAD		PORCENTAJE PANADERO
Harina panificable	1000 g	7¾ tazas	100 %
Agua	720 g, entre 32 °C y 35 °C	3⅛ tazas	72 %
Sal marina fina	21 g	1 cda. + 1 cdta. rasa	2.1 %
Levadura seca instantánea	4 g	1 cdta.	0.4 %

CONTINÚA>>

En el apartado «Ingredientes» del capítulo 3 se dan consejos sobre qué tipo de harina usar. No te recomiendo las que tienen un alto contenido en proteína (a veces se presentan bajo el nombre de «harina con alto contenido en gluten»). Para este libro, la mejor es la panificable. Recuerda que siempre ha de estar a temperatura ambiente.

Si esta es la primera receta de este libro que pones en práctica, por favor, echa un vistazo al capítulo 4, «Proceso básico para hacer pan», donde encontrarás información detallada sobre el amasado, los pliegues, el formado de las hogazas y el horneado.

1. Empieza con la autolisis. En un recipiente redondo de 10 litros o similar, junta los 1000 gramos de harina con los 720 de agua entre 32 °C y 35 °C. Mezcla a mano ambos ingredientes. Tapa el recipiente y deja que repose entre 20 y 30 minutos.

2. Prepara la masa final. Espolvorea sobre la masa los 21 gramos de sal y los 4 de levadura (una cucharadita de medir). Humedece la mano para que no se te pegue la masa y empieza a mezclar. No pasa nada si la vuelves a humedecer hasta dos o tres veces durante el proceso. Desliza la mano por debajo de la masa, como si fuera una pala, y agarra un cuarto aproximadamente. Con cuidado, estírala y pliégala sobre sí misma hasta alcanzar el otro extremo, como si estuvieras doblando un folio por la mitad. Repite este proceso otras tres veces con el resto de los extremos, hasta que la sal y la levadura de la superficie estén completamente envueltas por la masa.

Usa la técnica del pinzado para mezclar bien todos los ingredientes. Haz unos cinco cortes a lo largo de la masa. A continuación, pliégala sobre sí misma unas cuantas veces. Repite el proceso alternando el corte de la masa con los pliegues hasta que todo esté bien mezclado y notes un poco de tensión en la superficie. Deja que repose unos minutos y, a continuación, aplica pliegues durante otros 30 segundos o hasta que la masa esté tirante. Este paso debería llevarte unos 5 minutos en total. Al acabar, la masa debería estar entre 25 °C y 26 °C. Tapa el recipiente y deja que suba con la fermentación.

3. Aplica los pliegues. A esta masa hay que aplicarle dos tandas de pliegues (tienes las instrucciones precisas en las páginas 69-71). Si los aplicas durante la primera hora y media después de mezclar la masa final, te resultará más fácil. Aplica la primera tanda pasados 10 minutos y la segunda durante la hora siguiente (cuando veas que la masa se esparce sobre la superficie del recipiente es que está lista para la siguiente tanda). Si fuera necesario, puedes aplicarlos más tarde. Recuerda no tocarla durante la última hora de la fermentación en bloque.

Cuando la masa haya triplicado el volumen, unas 5 horas después de mezclar la masa final, estará lista para dividir las hogazas.

4. Divide la masa. Espolvorea con un poco de harina una superficie de trabajo de unos 60 centímetros de ancho. Enharínate las manos y las paredes del recipiente. Inclínalo un poco y, con cuidado, separa la masa de la base con la mano enharinada. Suavemente, vuélcala sobre la superficie de trabajo sin estirarla ni desgarrarla.

Con las manos enharinadas, levanta la masa y vuelve a colocarla sobre la encimera de manera que tenga una forma más o menos uniforme. Espolvoréala con harina por el centro, justo por la zona donde harás la incisión. Córtala por la mitad con una rasqueta metálica o de plástico.

CONTROLA EL HORNO

Te recomiendo que uses un termómetro de horno para asegurarte de que si lo pones a 245 °C este alcanza la temperatura exacta. Algunos no están bien calibrados y oscilan algunos grados al alza o a la baja. El mío, por ejemplo, suele estar unos 15 °C por debajo de lo que indica, así que, si quiero trabajar a 245 °C, he de ponerlo a 260 °C.

¿QUÉ PASA SI LA MASA NO LLEGA A LA TEMPERATURA INDICADA?

Si la masa final está más fría de lo indicado, no te preocupes, tardará un poco más en fermentar por completo (en este caso, en triplicar el volumen). Si en la cocina hay algún rincón donde la temperatura sea un poco más cálida, puedes ponerla ahí para que suba. Si estaba a más temperatura de la indicada triplicará el volumen antes de lo que aquí se indica. La próxima vez que hagas esta receta usa agua más o menos fría para ajustar la temperatura final.

5. Da forma a las hogazas. Espolvorea con harina dos cestos. Da forma de bola a cada mitad siguiendo las instrucciones de las páginas 72-73. Colócalas en el cesto con los pliegues mirando hacia abajo.

6. Fermentación en pieza. Espolvorea las hogazas por encima con un poco de harina. Coloca un cesto al lado del otro y cúbrelos con un trapo, o mete cada uno dentro de una bolsa de plástico sin agujeros.

Organízate para hornear la primera hogaza una hora y cuarto más tarde, suponiendo que se encuentren a una temperatura ambiente de 21 °C. Si en tu cocina hace más calor, al cabo de una hora ya estarán bien fermentadas. Usa el dedo (página 74) para comprobar si ya están en su punto y listas para entrar en el horno. Haz la primera prueba al cabo de una hora. Con este tipo de pan, bastan 15 minutos para pasar de tener una masa perfectamente fermentada a que se te deshinche con tan solo tocarla.

7. Precalienta el horno y la cazuela. Mínimo 45 minutos antes de hornear las hogazas, dispón la rejilla del horno a media altura y coloca sobre esta dos cazuelas de hierro colado con sus respectivas tapas. Precalienta el horno a 245 °C.

Si solo tienes una cazuela, guarda la segunda hogaza en la nevera unos 20 minutos antes de hornear la primera. Cuece una después de la otra, pero antes de introducir la segunda en el horno recalienta la cazuela durante unos 5 minutos. Otra opción es dejar la segunda hogaza toda la noche en la nevera en un cesto dentro de una bolsa de plástico sin agujeros y hornearla al día siguiente a primera hora de la mañana. Si haces esto, guárdala en la nevera nada más darle forma.

CONTINÚA>>

8. Hornea. Para el siguiente paso te pido que lleves mucho cuidado y que no toques la cazuela, que estará ardiendo, con los dedos, la mano o el antebrazo.

Vuelca la hogaza ya fermentada sobre la superficie de trabajo previamente espolvoreada con harina. Recuerda que ahora la superficie lisa de la masa quedará abajo y los pliegues estarán expuestos durante la cocción. Ponte los guantes y saca la cazuela del horno. Destápala y, con cuidado, coloca dentro la hogaza con los pliegues mirando hacia arriba. Antes de tapar la cazuela, ponte los guantes y, a continuación, métela de nuevo en el horno. Mantén la temperatura de 245 °C.

Hornea la hogaza durante 30 minutos. A continuación, retira la tapa y mantén la cocción otros 20 minutos más, hasta que toda la corteza se torne de color marrón tostado. A los 15 minutos, echa un vistazo por si acaso tu horno calienta más de lo indicado.

Saca la cazuela del horno e inclínala con cuidado para que salga la hogaza. Colócala sobre una rejilla para que se enfríe o ponla de lado para que el aire pueda circular a su alrededor. Deja que repose durante al menos 20 minutos antes de cortarla.

PAN 75 % INTEGRAL PARA HACER UN SÁBADO

Si te apetece un pan fácil, lleno de sabor, con un alto contenido en fibra y que esté listo en un día, esta es tu receta. Si quieres seguir el horario que te propongo aquí y hacer algunos cambios para usar tu propia combinación de harinas, echa un vistazo a «Cómo hacer una masa que se adapte a tus gustos», en la página 190. El proceso y el horario para hacer este pan son los mismos que los de la receta Pan blanco para hacer los sábados (página 81), pero en este caso se usa más agua, ya que la harina integral tiene mayor capacidad de absorción que la panificable, menos levadura, porque el grano entero fomenta una fermentación más activa, y un poquito más de sal para que potencie el sabor.

Este pan contiene mucha más harina integral que la mayoría de los que se venden en los supermercados bajo la etiqueta «integral». También es más puro, ya que solo vamos a usar harina, agua, sal y levadura. Por suerte, aunque un 75 por ciento de la harina es integral, la hogaza adquiere suficiente volumen y cuenta con una textura razonablemente ligera. ¡No creas que va a parecer un ladrillo! En Francia, los panaderos lo llaman *pain de régime*, pan para régimen o para la dieta, por su alto contenido en fibra. A mí me gusta por su sabor.

CON ESTA RECETA SE OBTIENEN 2 HOGAZAS, DE UNOS 700 GRAMOS CADA UNA, Y SE PUEDE APROVECHAR LA MASA PARA HACER FOCACCIA.

FERMENTACIÓN EN BLOQUE: Unas 5 horas

FERMENTACIÓN EN PIEZA: Sobre 1 hora y 15 minutos

HORARIO DE MUESTRA: Empieza a las 9:30, acaba de preparar la masa final a las 10, da forma a las hogazas a las 15 y hornéalas a las 16:15.

El pan estará saliendo del horno a las 17.

INGREDIENTE	CANTIDAD		PORCENTAJE PANADERO
Harina integral	750 g	5¾ tazas + 1½ cdas.	75 %
Harina panificable	250 g	1¾ tazas + 3 cdas.	25 %
Agua	800 g, entre 32 °C y 35 °C	3½ tazas	80 %
Sal marina fina	22 g	1 cda. + 1 cdta.	2,2 %
Levadura seca instantánea	3 g	¾ de cdta.	0,3 %

CONTINÚA>>

1. Empieza con la autolisis. En un recipiente redondo de 10 litros o similar, mezcla con la mano los 750 gramos de harina integral y los 250 de harina panificable. Agrega los 800 gramos de agua a una temperatura entre 32 °C y 35 °C y remueve con la mano. Tapa el recipiente y deja que repose entre 20 y 30 minutos.

2. Prepara la masa final. Espolvorea sobre la masa los 22 gramos de sal y los 3 de levadura (¾ de una cucharadita). Humedece la mano para que no se te pegue la masa y empieza a mezclar. No pasa nada si la vuelves a humedecer hasta dos o tres veces durante el proceso. Desliza la mano por debajo de la masa, como si fuera una pala, y agarra un cuarto aproximadamente. Con cuidado, estírala y pliégala sobre sí misma hasta alcanzar el otro extremo, como si estuvieras doblando un folio por la mitad. Repite este proceso otras tres veces con el resto de los extremos, hasta que la sal y la levadura de la superficie estén completamente envueltas por la masa.

Usa la técnica del pinzado para mezclar bien todos los ingredientes. Con el pulgar y el índice haz unos cinco cortes a lo largo de la masa. A continuación, pliégala sobre sí misma unas cuantas veces. Repite el proceso alternando el pinzado de la masa con el plegado hasta que todo esté bien mezclado y notes un poco de tensión en la superficie. Deja que repose unos minutos y, a continuación, aplica pliegues durante otros 30 segundos o hasta que la masa esté tirante.

Al acabar, la masa debería estar entre 25 °C y 26 °C.

Tapa el recipiente y deja que suba con la fermentación.

3. Aplica los pliegues. A esta masa hay que aplicarle tres tandas de pliegues suaves (tienes las instrucciones precisas en las páginas 69-71). La masa integral no es tan elástica como la que se hace con harina panificable, así que no te pases estirando. Si los aplicas durante la primera hora y media después de mezclar la masa final te resultará más fácil. Aplica la primera tanda pasados 10 minutos y las otras dos durante la hora siguiente (cuando veas que la masa se esparce sobre la superficie del recipiente es que está lista para la siguiente tanda de pliegues). Si fuera necesario, puedes aplicarlos más tarde. Recuerda no tocarla durante la última hora de la fermentación en bloque.

Cuando la masa haya triplicado el volumen, unas 5 horas después de mezclar la masa final, estará lista para dividir las hogazas.

CONTINÚA>>

4. Divide la masa. Espolvorea con un poco de harina una superficie de trabajo de unos 60 centímetros de ancho. Enharínate las manos y las paredes del recipiente. Inclínalo un poco y, con cuidado, separa la masa de la base con la mano enharinada. Suavemente, vuélcala sobre la superficie de trabajo sin estirarla ni desgarrarla.

Con las manos enharinadas, levanta la masa y vuelve a colocarla sobre la encimera de manera que tenga una forma más o menos uniforme. Espolvoréala con harina por el centro, justo por la zona donde harás la incisión. Córtala por la mitad con una rasqueta metálica o de plástico.

5. Da forma a las hogazas. Espolvorea con harina dos cestos. Da forma de bola a cada mitad siguiendo las instrucciones de las páginas 72-73. Colócalas en el cesto con los pliegues mirando hacia abajo.

6. Fermentación en pieza. Espolvorea las hogazas por encima con un poco de harina. Coloca un cesto al lado del otro y cúbrelos con un trapo, o mete cada uno dentro de una bolsa de plástico sin agujeros.

Organízate para hornear la primera hogaza una hora y cuarto más tarde, suponiendo que se encuentren a una temperatura ambiente de 21 °C. Si en tu cocina hace más calor, al cabo de una hora ya estarán bien fermentadas. Usa el dedo (página 74) para comprobar si ya están en su punto y listas para entrar en el horno.

7. Precalienta el horno y la cazuela. Mínimo 45 minutos antes de hornear las hogazas, dispón la rejilla del horno a media altura y coloca sobre esta dos cazuelas de hierro colado con sus respectivas tapas. Precalienta el horno a 245 °C.

Si solo tienes una cazuela, guarda la segunda hogaza en la nevera unos 20 minutos antes de hornear la primera. Cuece una después de la otra, pero antes de introducir la segunda en el horno recalienta la cazuela durante unos 5 minutos. Otra opción es dejar la segunda hogaza toda la noche en la nevera en un cesto dentro de una bolsa de plástico sin agujeros y hornearla al día siguiente a primera hora de la mañana. Si haces esto, guárdala en la nevera nada más darle forma.

8. Hornea. Para el siguiente paso te pido que lleves mucho cuidado y que no toques la cazuela, que estará ardiendo, con los dedos, la mano o el antebrazo.

Vuelca la hogaza ya fermentada sobre la superficie de trabajo previamente espolvoreada con harina. Recuerda que ahora la superficie lisa de la masa quedará abajo y los pliegues estarán expuestos durante la cocción. Ponte los guantes y saca la cazuela del horno. Destápala y, con cuidado, coloca dentro la hogaza con los pliegues mirando hacia arriba. Antes de tapar la cazuela, ponte los guantes y, a continuación, métela de nuevo en el horno. Mantén la temperatura de 245 °C.

Hornea la hogaza durante 30 minutos. A continuación, retira la tapa y mantén la cocción otros 20 minutos más, hasta que toda la corteza se torne de color marrón tostado. A los 15 minutos echa un vistazo por si acaso tu horno calienta más de lo indicado.

Saca la cazuela del horno e inclínala con cuidado para que salga la hogaza. Colócala sobre una rejilla para que se enfríe o ponla de lado para que el aire pueda circular a su alrededor. Deja que repose durante al menos 20 minutos antes de cortarla.

PAN BLANCO FERMENTADO POR LA NOCHE

Este es un pan blanco crujiente y muy alveolado con un sabor riquísimo. Me dan ganas de cortar un par de rebanadas y ponerles por encima un poco de tomate maduro de temporada, regarlo con un buen chorretón de aceite de oliva y parar unos minutos a disfrutar de la vida. Para aquellos que hayan usado la receta de Jim Lahey en la que no se amasa, la planificación de esta les resultará muy familiar. No obstante, no tiene nada que ver la una con la otra. En esta el agua tiene que estar unos 17 °C por encima y solo se usa un tercio de levadura. También se sigue el proceso de autolisis y hay que aplicar un par de tandas de amasado mediante pliegues a la masa final. El resultado son dos panes con sabores y texturas muy diferentes, y es una manera estupenda de demostrar que dos recetas que a simple vista parecen idénticas pueden dar dos resultados completamente distintos.

Esta masa se fermenta durante la noche y gracias a una fermentación en bloque tan prolongada los sabores adquieren nuevos matices que dan al pan una mayor complejidad en comparación con las recetas de panes para hacer los sábados (páginas 81 y 85). Una vez cocidas, las hogazas deberían tener grandes alveolos en el interior y una corteza crujiente. Eso sí, hay que dejarlas bien tostadas. Este pan se puede utilizar de mil maneras y se acaba en un periquete.

CON ESTA RECETA SE OBTIENEN 2 HOGAZAS, DE UNOS 700 GRAMOS CADA UNA, Y SE PUEDE APROVECHAR LA MASA PARA HACER FOCACCIA O PIZZA EN UNA SARTÉN DE HIERRO COLADO.

FERMENTACIÓN EN BLOQUE: Entre 12 y 14 horas

FERMENTACIÓN EN PIEZA: Sobre 1 hora y 15 minutos

HORARIO DE MUESTRA: Prepara la masa a las 19 h, da forma a las hogazas a las 8 de la mañana siguiente y hornéalas a las 9:15. El pan estará saliendo del horno a las 10.

INGREDIENTE	CANTIDAD		PORCENTAJE PANADERO
Harina panificable	1000 g	7¾ tazas	100 %
Agua	780 g, entre 32 °C y 35 °C	3½ tazas	78 %
Sal marina fina	22 g	1 cda. + 1 cdta.	2,2 %
Levadura seca instantánea	0,8 g	¼ escaso de cdta.	0,08 %

CONTINÚA>>

1. Empieza con la autolisis. En un recipiente redondo de 10 litros o similar, junta los 1000 gramos de harina con los 780 de agua entre 32 °C y 35 °C. Mezcla a mano ambos ingredientes. Tapa el recipiente y deja que repose entre 20 y 30 minutos.

2. Prepara la masa final. Espolvorea sobre la masa los 22 gramos de sal y los 0,8 de levadura (¼ escaso de una cucharadita). Humedece la mano para que no se te pegue la masa y empieza a mezclar. No pasa nada si la vuelves a humedecer hasta dos o tres veces durante el proceso. Desliza la mano por debajo de la masa, como si fuera una pala, y agarra un cuarto aproximadamente. Con cuidado, estírala y pliégala sobre sí misma hasta alcanzar el otro extremo, como si estuvieras doblando un folio por la mitad. Repite este proceso otras tres veces con el resto de los extremos, hasta que la sal y la levadura de la superficie estén completamente envueltas por la masa.

Usa la técnica del pinzado para mezclar bien todos los ingredientes. Con el pulgar y el índice haz unos cinco cortes a lo largo de la masa. A continuación, pliégala sobre sí misma unas cuantas veces. Repite el proceso alternando el corte de la masa con los pliegues hasta que todo esté bien mezclado y notes un poco de tensión en la superficie. Deja que repose unos minutos y, a continuación, aplica pliegues durante otros 30 segundos o hasta que la masa esté tirante. Al acabar, la masa debería estar entre 25 °C y 26 °C. Tapa el recipiente y deja que suba con la fermentación.

3. Aplica los pliegues. A esta masa hay que aplicarle dos o tres tandas de pliegues (tienes las instrucciones precisas en las páginas 69-71). Tres es mejor para una mayor retención de gases y que la hogaza tenga más cuerpo, pero si solo tienes tiempo para aplicar dos, no pasa nada. Si los aplicas durante la primera hora y media después de mezclar la masa final, te resultará más fácil. Después de aplicar la última tanda de pliegues, tapa el recipiente y deja que continúe la fermentación a temperatura ambiente durante toda la noche.

Cuando la masa haya aumentado entre 2½ y 3 veces su volumen, unas 12 o 14 horas después de mezclar la masa final, estará lista para dividir las hogazas.

4. Divide la masa. Espolvorea con un poco de harina una superficie de trabajo de unos 60 centímetros de ancho. Enharínate las manos y las paredes del recipiente. Inclínalo un poco y, con cuidado, separa la masa de la base con la mano enharinada. Suavemente, vuélcala sobre la superficie de trabajo sin estirarla ni desgarrarla.

Con las manos enharinadas, levanta la masa y vuelve a colocarla sobre la encimera de manera que tenga una forma más o menos uniforme. Espolvoréala con harina por el centro, justo por la zona donde harás la incisión. Córtala por la mitad con una rasqueta metálica o de plástico.

5. Da forma a las hogazas. Espolvorea con harina dos cestos. Da forma de bola a cada mitad siguiendo las instrucciones de las páginas 72-73. Colócalas en el cesto con los pliegues mirando hacia abajo.

6. Fermentación en pieza. Espolvorea las hogazas por encima con un poco de harina. Coloca un cesto al lado del otro y cúbrelos con un trapo, o mete cada uno dentro de una bolsa de plástico sin agujeros.

Organízate para hornear la primera hogaza una hora y cuarto más tarde, suponiendo que se encuentren a una temperatura ambiente de 21 °C. Si en tu cocina hace más calor, al cabo de una hora ya estarán bien fermentadas. Usa el dedo (página 74) para comprobar si ya están en su punto y listas para entrar en el horno. Haz la primera prueba al cabo de una hora. Con este tipo de pan, bastan 15 minutos para pasar de tener una masa perfectamente fermentada a que se te deshinche con tan solo tocarla.

7. Precalienta el horno y la cazuela. Mínimo 45 minutos antes de hornear las hogazas, dispón la rejilla del horno a media altura y coloca sobre esta dos cazuelas de hierro colado con sus respectivas tapas. Precalienta el horno a 245 °C.

Si solo tienes una cazuela, guarda la segunda hogaza en la nevera unos 20 minutos antes de hornear la primera. Cuece una después de la otra, pero antes de introducir la segunda en el horno recalienta la cazuela durante unos 5 minutos.

8. Hornea. Para el siguiente paso te pido que lleves mucho cuidado y que no toques la cazuela, que estará ardiendo, con los dedos, la mano o el antebrazo.

Vuelca la hogaza ya fermentada sobre la superficie de trabajo previamente espolvoreada con harina. Recuerda que ahora la superficie lisa de la masa quedará abajo y los pliegues estarán expuestos durante la cocción. Ponte los guantes y saca la cazuela del horno. Destápala y, con cuidado, coloca dentro la hogaza con los pliegues mirando hacia arriba. Antes de tapar la cazuela, ponte los guantes y, a continuación, métela de nuevo en el horno. Mantén la temperatura de 245 °C.

Hornea la hogaza durante 30 minutos. A continuación, retira la tapa y mantén la cocción 20 o 30 minutos más, hasta que toda la corteza se torne de color marrón tostado. A los 15 minutos, echa un vistazo por si acaso tu horno calienta más de lo indicado.

Saca la cazuela del horno e inclínala con cuidado para que salga la hogaza. Colócala sobre una rejilla para que se enfríe o ponla de lado para que el aire pueda circular a su alrededor. Deja que repose durante al menos 20 minutos antes de cortarla.

VARIACIÓN: PAN BLANCO FERMENTADO POR LA NOCHE ENTRE SEMANA

Es posible ajustar el horario de esta receta para poder hacerla entre semana. Síguela hasta el paso 3. A continuación, a la mañana siguiente, antes de irte al trabajo, reserva entre 5 y 10 minutos para dividir y dar forma a las hogazas con la masa que dejaste preparada la noche anterior. Mete los cestos en bolsas de plástico y deja que fermenten poco a poco en la nevera mientras estás trabajando.

Cuando llegues a casa, sácalas de la nevera y deja que reposen a temperatura ambiente para que acaben de fermentarse mientras precalientas las cazuelas. Si llegas a casa a las 18 h, por ejemplo, a las 19:30 tendrás el pan recién hecho en tu cocina. Ten en cuenta que, en esta versión de la receta, la fermentación en bloque es de entre 12 y 14 horas, y la segunda de unas 10 (dependiendo de a qué hora llegues a casa).

PAN 40 % INTEGRAL FERMENTADO POR LA NOCHE

Mi proporción preferida de harina panificable e integral en panes no blancos es de 30 y 40 por ciento respectivamente. A veces uso un 75 por ciento de harina integral por el extra de fibra que aporta, pero, desde un punto de vista puramente gastronómico, con esta proporción de 30 y 40 por ciento se obtienen los sabores y la textura que más me gustan. Con esta combinación, el pan tiene mucho cuerpo y una textura ligera y alveolada, además de ese sabor más intenso con notas a frutos secos que caracteriza a la harina integral.

En esta receta las hogazas ya formadas se dejan toda la noche en la nevera para que fermenten poco a poco. Esto les permite desarrollar más matices de sabores que aportan complejidad al pan. Esta es la técnica que usamos para muchos de los panes que preparamos en Ken's Artisan Bakery, sobre todo en aquellos hechos con masa madre, aunque también va muy bien para masas directas como esta. El horario de esta receta te permite tener pan recién hecho a la mañana siguiente. Despertar poco a poco mientras la casa empieza a llenarse con el delicioso aroma a pan recién hecho es una forma muy agradable de empezar el día (a no ser que seas de Eugene).

Me gusta usar este pan prácticamente para todo: para sándwiches, como picatoste, a la parrilla, tostado o, sencillamente, lo sirvo en la mesa sin más. También puedes aprovecharlo cuando ya no esté tierno para hacer postres como el pudín de pan o en platos como la *panzanella*, una ensalada con trozos de pan duro.

Puedes usar el horario y la cantidad de levadura que se indican en esta receta como punto de partida para personalizarlo usando otras combinaciones de harina. Si te animas a experimentar con diferentes proporciones en la combinación de harinas, recuerda que cuanta más pongas de la integral, más agua tendrás que añadir para que la masa tenga la misma consistencia.

CON ESTA RECETA SE OBTIENEN 2 HOGAZAS, DE UNOS 700 GRAMOS CADA UNA, Y SE PUEDE APROVECHAR LA MASA PARA HACER FOCACCIA.

FERMENTACIÓN EN BLOQUE: Unas 5 horas

FERMENTACIÓN EN PIEZA: Entre 12 y 14 horas

HORARIO DE MUESTRA: Prepara la masa a las 13 h, da forma a las hogazas a las 18, déjalas toda la noche en la nevera para que fermenten lentamente y horneálas la mañana siguiente a las 8. El pan estará saliendo del horno a las 8:45.

INGREDIENTE	CANTIDAD		PORCENTAJE PANADERO
Harina panificable	600 g	4⅔ tazas	60 %
Harina integral	400 g	3 tazas + 2 cdas.	40 %
Agua	800 g, entre 32 °C y 35 °C	3½ tazas	80 %
Sal marina fina	22 g	1 cda. + 1 cdta.	2,2 %
Levadura seca instantánea	3 g	¾ de cdta.	0,3 %

CONTINÚA>>

1. Empieza con la autolisis. En un recipiente redondo de 10 litros o similar, mezcla con la mano los 600 gramos de harina panificable y los 400 de harina integral. Agrega los 800 gramos de agua a una temperatura entre 32 °C y 35 °C y remueve con la mano. Tapa el recipiente y deja que repose entre 20 y 30 minutos.

2. Prepara la masa final. Espolvorea sobre la masa los 22 gramos de sal y los 3 de levadura (¾ de una cucharadita). Humedece la mano para que no se te pegue la masa y empieza a mezclar. No pasa nada si la vuelves a humedecer hasta dos o tres veces durante el proceso. Desliza la mano por debajo de la masa, como si fuera una pala, y agarra un cuarto aproximadamente. Con cuidado, estírala y pliégala sobre sí misma hasta alcanzar el otro extremo, como si estuvieras doblando un folio por la mitad. Repite este proceso otras tres veces con el resto de los extremos, hasta que la sal y la levadura de la superficie estén completamente envueltas por la masa.

Usa la técnica del pinzado para mezclar bien todos los ingredientes. Con el pulgar y el índice haz unos cinco cortes a lo largo de la masa. A continuación, pliégala sobre sí misma unas cuantas veces. Repite el proceso alternando el corte de la masa con los pliegues hasta que todo esté bien mezclado y notes un poco de tensión en la superficie. Deja que repose unos minutos y, a continuación, aplica pliegues durante otros 30 segundos o hasta que la masa esté tirante. Al acabar, la masa debería estar entre 25 °C y 26 °C. Tapa el recipiente y deja que suba con la fermentación.

3. Aplica los pliegues. A esta masa hay que aplicarle tres o cuatro tandas de pliegues (tienes las instrucciones precisas en las páginas 69-71). Te aconsejo que las apliques durante las 2 primeras horas después de mezclar la masa final.

Cuando la masa haya triplicado el volumen, unas 5 horas después de mezclar la masa final, estará lista para dividir las hogazas.

4. Divide la masa. Espolvorea con un poco de harina una superficie de trabajo de unos 60 centímetros de ancho. Enharínate las manos y las paredes del recipiente. Inclínalo un poco y, con cuidado, separa la masa de la base con la mano enharinada. Suavemente, vuélcala sobre la superficie de trabajo sin estirarla ni desgarrarla.

Con las manos enharinadas, levanta la masa y vuelve a colocarla sobre la encimera de manera que tenga una forma más o menos uniforme. Espolvoréala con harina por el centro, justo por la zona donde harás la incisión. Córtala por la mitad con una rasqueta metálica o de plástico.

5. Da forma a las hogazas. Espolvorea con harina dos cestos. Da forma de bola a cada mitad siguiendo las instrucciones de las páginas 72-73. Colócalas en el cesto con los pliegues mirando hacia abajo.

6. Fermentación en pieza. Introduce los cestos en sendas bolsas de plástico sin agujeros y déjalos en la nevera toda la noche.

A la mañana siguiente, entre 12 y 14 horas después, deberían haber subido, pero sin llegar a sobresalir. En teoría, habría unas dos horas de margen en las que las hogazas frías, aún dentro de la nevera, se mantienen en el punto óptimo de fermentación. Las puedes pasar directamente de la nevera al horno. No es necesario atemperarlas, ni tampoco mejor.

7. Precalienta el horno y la cazuela. Mínimo 45 minutos antes de hornear las hogazas, dispón la rejilla del horno a media altura y coloca sobre esta dos cazuelas de hierro colado con sus respectivas tapas. Precalienta el horno a 245 °C. Puedes meter las hogazas en el horno recién salidas de la nevera. No es necesario que las atemperes.

Si solo tienes una cazuela, guarda la segunda hogaza en la nevera unos 20 minutos antes de hornear la primera. Cuece una después de la otra, pero antes de introducir la segunda en el horno recalienta la cazuela durante unos 5 minutos.

8. Hornea. Para el siguiente paso te pido que lleves mucho cuidado y que no toques la cazuela, que estará ardiendo, con los dedos, la mano o el antebrazo.

Vuelca la hogaza ya fermentada sobre la superficie de trabajo previamente espolvoreada con harina. Recuerda que ahora la superficie lisa de la masa quedará abajo y los pliegues estarán expuestos durante la cocción. Ponte los guantes y saca la cazuela del horno. Destápala y, con cuidado, coloca dentro la hogaza con los pliegues mirando hacia arriba. Antes de tapar la cazuela ponte los guantes y, a continuación, métela de nuevo en el horno. Mantén la temperatura de 245 °C.

Hornea la hogaza durante 30 minutos. A continuación, retira la tapa y continúa la cocción 20 o 25 minutos más, hasta que toda la corteza se torne de un color marrón ligeramente tostado. A los 15 minutos, echa un vistazo por si acaso tu horno calienta más de lo indicado.

Saca la cazuela del horno e inclínala con cuidado para que salga la hogaza. Colócala sobre una rejilla para que se enfríe o ponla de lado para que el aire pueda circular a su alrededor. Deja que repose durante al menos 20 minutos antes de cortarla.

MASAS CON PREFERMENTOS

PAN BLANCO CON POOLISH

PAN CAMPESTRE CON POOLISH

PAN BLANCO CON 80 % DE BIGA

PAN 50 % INTEGRAL CON BIGA

Izquierda: Pan blanco con 80 % de biga (página 106)
Derecha: Multivarietal #2 (página 158).

PAN BLANCO CON POOLISH

Con esta receta se obtiene un pan fresco y ligeramente mantecoso de corteza fina y crujiente. Es muy versátil, lo puedes usar para hacer sándwiches, tostadas, para servir en la mesa o como más te apetezca. También se pueden hacer *baguettes*, focaccias y pizzas de excelente calidad. Si tienes una piedra de hornear y sabes cómo dar forma de barrote a la masa, usa esta receta para hacer una barra de pan.

Esta receta empieza la noche anterior mezclando el poolish, que no es más que harina y agua con un poquito de levadura. Esto no lleva más de unos minutos. A la mañana siguiente estará lleno de burbujas y gases (me encanta su textura viscosa), listo para añadir al resto de los ingredientes. En este caso no hay autolisis porque, una vez se ha preparado el poolish, queda tan poca agua para mezclar con el resto de la harina que se forman unos grumos enormes y no se pueden deshacer a mano.

A esta masa me gusta darle la forma que se conoce como *fendue*. Para ello, hay que colocar un rodillo fino en el centro (a lo largo) de la hogaza ya fermentada y previamente enharinada, y hacer un poco de presión para formar una hendidura que llegue hasta abajo del todo (consulta la foto de la página 99). El resultado es un pan de aspecto muy bonito, con una greña que atraviesa la barra de principio a fin.

CON ESTA RECETA SE OBTIENEN 2 HOGAZAS, DE UNOS 700 GRAMOS CADA UNA, Y SE PUEDE APROVECHAR LA MASA PARA HACER PIZZA O FOCACCIA.

FERMENTACIÓN DEL POOLISH: Entre 12 y 14 horas

FERMENTACIÓN EN BLOQUE: Entre 2 y 3 horas

FERMENTACIÓN EN PIEZA: Sobre 1 hora

HORARIO DE MUESTRA: Prepara el poolish a las 6 de la tarde, mezcla la masa final a las 8 de la mañana siguiente, da forma a las hogazas a las 11 y hornéalas a mediodía.

Poolish

INGREDIENTE	CANTIDAD	
Harina panificable	500 g	3¾ de taza + 2 cdas.
Agua	500 g, a 27 °C	2¼ tazas
Levadura seca instantánea	0,4 g	⅛ escaso de cdta.

Masa final / Fórmula del panadero

INGREDIENTE	CANTIDAD PARA LA MASA FINAL		CANTIDAD EN EL POOLISH	CANTIDAD TOTAL DE LA RECETA	PORCENTAJE PANADERO
Harina panificable	500 g	3¾ de taza + 2 cdas.	500 g	1000 g	100 %
Agua	250 g, a 41 °C	1⅛ tazas	500 g	750 g	75 %
Sal marina fina	21 g	1 cda. + 1 cdta. rasa	0	21 g	2,1 %
Levadura seca instantánea	3 g	¾ de cdta.	0,4 g	3,4 g	0,34 %
Poolish	1000 g	Las indicadas en la tabla anterior			50 %*

** El porcentaje panadero para el poolish se refiere a la cantidad de harina que contiene este prefermento expresada como porcentaje sobre el total de la harina que se utiliza en la receta.*

CONTINÚA>>

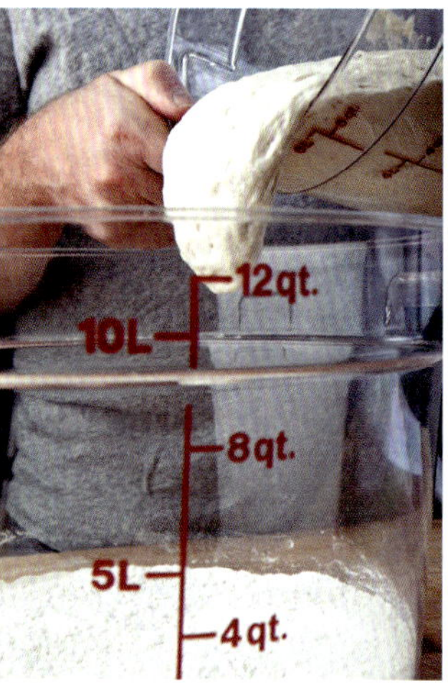

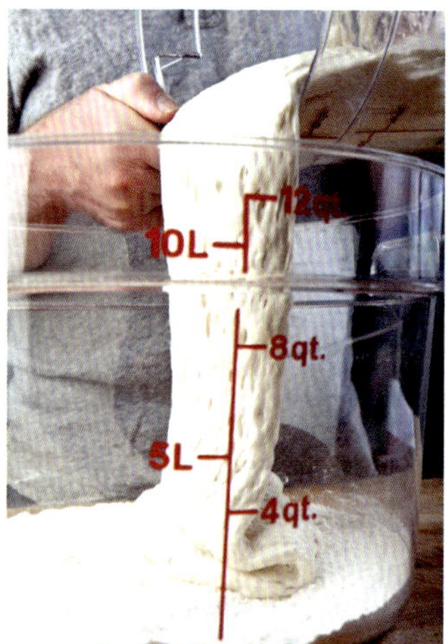

Vertido del poolish sobre la mezcla para la masa final.

1. Prepara el poolish. Cuando quieras hacer este pan, la noche anterior mezcla a mano 500 gramos de harina y 0,4 gramos (⅛ escaso de cucharadita) de levadura en un recipiente redondo de 5 litros. Agrega 500 gramos de agua a 27 °C y remueve con la mano hasta que todo esté bien mezclado. Tapa el recipiente y déjalo toda la noche a temperatura ambiente. El horario de esta receta se ha calculado en función de una temperatura de entre 18 °C y 21 °C durante la noche.

Una vez alcanzado el punto óptimo de actividad, entre 12 y 14 horas más tarde, el poolish debería haber triplicado el volumen y deberían poder verse burbujas que suben a la superficie y explotan cada pocos segundos. Esta actividad se mantendrá así durante unas 2 horas, a no ser que haga calor y en casa estés a unos 24 °C, por ejemplo, en cuyo caso se reducirá a una hora más o menos. Llegados a este punto, ya puedes preparar la masa final.

2. Incorpora el resto de los ingredientes. Pesa 500 gramos de harina dentro de un recipiente redondo de 10 litros. Añade los 21 gramos de sal, 3 de levadura (¾ de cucharadita) y mezcla con la mano.

Vierte los 250 gramos de agua a 41 °C alrededor del poolish para que se separe del recipiente en el que está reposando. Ahora pasa estos dos al que contiene la harina.

Humedece la mano para que no se te pegue la masa y empieza a mezclar. No pasa nada si la vuelves a humedecer hasta dos o tres veces durante el proceso. Alterna el corte mediante pinzado (página 68) y el plegado para que todos los ingredientes se integren bien. La mayoría ya están en el poolish, el cual se halla a temperatura ambiente, por lo que la temperatura de la masa final depende de este. Si durante la noche ha estado a unos 19 °C, la temperatura final seguramente rondará los 23 °C o 24 °C.

3. Aplica los pliegues. A esta masa hay que aplicarle dos o tres tandas de pliegues (tienes las instrucciones precisas en las páginas 69-71). Si los aplicas durante la primera hora después de mezclar la masa final, te resultará más fácil.

Cuando la masa haya aumentado 2½ veces su volumen, unas 2 o 3 horas más tarde, estará lista para dividir las hogazas.

4. Divide la masa. Con las manos enharinadas, vuelca con cuidado la masa sobre la superficie de trabajo previamente espolvoreada con harina. Aún con las manos enharinadas, levántala y vuelve a colocarla sobre la encimera de manera que tenga una forma más o menos uniforme. Espolvorea con un poco de harina la zona por la que vas a hacer la incisión y, a continuación, divide la masa en dos con una rasqueta metálica o de plástico.

5. Da forma a las hogazas. Espolvorea con harina dos cestos. Da forma de bola a cada mitad siguiendo las instrucciones de las páginas 72-73. Colócalas en el cesto con los pliegues mirando hacia abajo.

6. Fermentación en pieza. Espolvorea las hogazas por encima con un poco de harina. Coloca un cesto al lado del otro y cúbrelos con un trapo, o mete cada uno dentro de una bolsa de plástico sin agujeros. En este caso, la fermentación solo va a durar una hora más o menos, así que no te olvides de precalentar el horno para que esté listo a tiempo. Usa el dedo (página 74) para comprobar si ya están en su punto.

7. Precalienta el horno y la cazuela. Mínimo 45 minutos antes de hornear las hogazas, dispón la rejilla del horno a media altura y coloca sobre esta dos cazuelas de hierro colado con sus respectivas tapas. Precalienta el horno a 245 °C.

Si solo tienes una cazuela, guarda la segunda hogaza en la nevera unos 20 minutos antes de hornear la primera. Cuece una después de la otra, pero antes de introducir la segunda en el horno recalienta la cazuela durante unos 5 minutos.

8. Hornea. Para el siguiente paso te pido que lleves mucho cuidado y que no toques la cazuela, que estará ardiendo, con los dedos, la mano o el antebrazo.

Vuelca la hogaza ya fermentada sobre la superficie de trabajo previamente espolvoreada con harina (con poca cantidad si vas a darle forma de *fendue*). Ahora la superficie lisa de la masa está abajo y los pliegues quedarán expuestos durante la cocción. Para el formado *fendue* (que es opcional), espolvorea un poco de harina a lo largo de la hogaza, por el centro, y usa un rodillo fino de unos 2,5 centímetros de diámetro para presionar la masa hacia abajo hasta llegar a la superficie de trabajo. Rueda un poquito el rodillo para que la hendidura mida unos 2,5 centímetros de ancho, justo en el centro de la hogaza.

Saca la cazuela del horno, destápala y, con cuidado, coloca dentro la hogaza con los pliegues mirando hacia arriba. Vuelve a taparla y hornea durante 30 minutos. A continuación, retira la tapa y mantén la cocción 20 o 30 minutos más, hasta que toda la corteza se torne de color marrón tostado. A los 15 minutos, echa un vistazo por si acaso tu horno calienta más de lo indicado.

Saca la cazuela del horno e inclínala con cuidado para que salga la hogaza. Colócala sobre una rejilla para que se enfríe o ponla de lado para que el aire pueda circular a su alrededor. Deja que repose al menos 20 minutos antes de cortarla.

PAN CAMPESTRE CON POOLISH

En esta receta se usa un 10 por ciento de harina integral, además de germen de trigo y un poco de salvado. El resultado es un pan aromático que me recuerda a los trigales durante la cosecha. Si quieres, puedes echar salvado al cesto para fermentar antes de colocar la hogaza ya formada. El salvado se adherirá a la masa y, tras el horneado, el pan tendrá un punto extra de textura crujiente. También puedes hacer esta masa sin nada de salvado. En ambos casos el poolish imparte un sabor lácteo delicioso que combina de maravilla con el resto de los ingredientes.

CON ESTA RECETA SE OBTIENEN 2 HOGAZAS, DE UNOS 700 GRAMOS CADA UNA, Y SE PUEDE APROVECHAR LA MASA PARA HACER FOCACCIA

FERMENTACIÓN DEL POOLISH: Entre 12 y 14 horas

FERMENTACIÓN EN BLOQUE: Entre 2 y 3 horas

FERMENTACIÓN EN PIEZA: Sobre 1 hora

HORARIO DE MUESTRA: Prepara el poolish a las 6 de la tarde, mezcla la masa final a las 8 de la mañana siguiente, da forma a las hogazas a las 11 y hornéalas a mediodía.

Poolish

INGREDIENTE	CANTIDAD	
Harina panificable	500 g	3¾ de taza + 2 cdas.
Agua	500 g, a 27 °C	2¼ tazas
Levadura seca instantánea	0,4 g	⅛ escaso de cdta.

Masa final / Fórmula del panadero

INGREDIENTE	CANTIDAD PARA LA MASA FINAL		CANTIDAD EN EL POOLISH	CANTIDAD TOTAL DE LA RECETA	PORCENTAJE PANADERO
Harina panificable	400 g	3¾ de taza + 2 cdas.	500 g	1000 g	100 %
Harina integral	100 g	¾ de taza + ½ cda.	0	100 g	10 %
Agua	280 g, a 41 °C	1¼ tazas	500 g	780 g	78 %
Sal marina fina	21 g	1 cda. + 1 cdta. rasa	0	21 g	2,1 %
Levadura seca instantánea	3 g	¾ de cdta.	0,4 g	3,4 g	0,34 %
Germen de trigo	50 g	⅔ (escasos) de taza	0	50 g	5 %
Salvado de trigo	20 g	⅓ de taza + 1 cda.	0	20 g	2 %
Poolish	1000 g	Las indicadas en la tabla anterior			50 %*

** El porcentaje panadero para el poolish se refiere a la cantidad de harina que contiene este prefermento expresada como porcentaje sobre el total de la harina que se utiliza en la receta.*

CONTINÚA>>

1. Prepara el poolish. Cuando quieras hacer este pan, la noche anterior mezcla a mano 500 gramos de harina panificable y 0,4 gramos (⅛ escaso de cucharadita) de levadura en un recipiente redondo de 5 litros. Agrega 500 gramos de agua a 27 °C y remueve con la mano hasta que todo esté bien mezclado. Tapa el recipiente y déjalo toda la noche a temperatura ambiente. El horario de esta receta se ha calculado en función de una temperatura de entre 18 °C y 21 °C durante la noche.

Una vez alcanzado el punto óptimo de actividad, entre 12 y 14 horas más tarde, el poolish debería haber triplicado el volumen y deberían poder verse burbujas que suben a la superficie y explotan cada pocos segundos. Esta actividad se mantendrá así durante unas 2 horas, a no ser que haga calor y en casa estés a unos 24 °C, por ejemplo, en cuyo caso se reducirá a una hora más o menos. Llegados a este punto, ya puedes preparar la masa final.

2. Incorpora el resto de los ingredientes. Pesa 400 gramos de harina panificable dentro de un recipiente redondo de 10 litros. Agrega los 100 gramos de harina integral, 50 de germen, 20 de salvado, 21 de sal y 3 de levadura (¾ de cucharadita), y mezcla todo con la mano.

Vierte los 280 gramos de agua a 41 °C alrededor del poolish para que se separe del recipiente en el que está reposando. Ahora pasa estos dos al que contiene la harina.

Humedece la mano para que no se te pegue la masa y mezcla. Ten en cuenta que con el germen y el salvado se te pegará más de lo habitual. No te agobies. Escurre la masa dentro del recipiente con la otra mano y ya está. No pasa nada si la vuelves a humedecer hasta dos o tres veces durante el proceso.

Alterna el corte mediante pinzado (página 68) y el plegado para que todos los ingredientes se integren bien. La mayoría ya están en el poolish, el cual está a temperatura ambiente, por lo que la temperatura de la masa final depende de este. Si durante la noche ha estado a unos 19 °C, la temperatura final seguramente rondará los 23 °C o 24 °C.

3. Aplica los pliegues. A esta masa solo hay que aplicarle dos tandas de pliegues (tienes las instrucciones precisas en las páginas 69-71). Si los aplicas durante la primera hora después de mezclar la masa final, te resultará más fácil. Cuando la masa haya aumentado 2½ veces su volumen, unas 2 o 3 horas más tarde, estará lista para dividir las hogazas.

4. Divide la masa. Con las manos enharinadas, vuelca con cuidado la masa sobre la superficie de trabajo previamente espolvoreada con harina. Aún con las manos enharinadas, levántala y vuelve a colocarla sobre la encimera de manera que tenga una forma más o menos uniforme. Espolvorea con un poco de harina la zona por la que vas a hacer la incisión y, a continuación, divide la masa en dos con una rasqueta metálica o de plástico.

5. Da forma a las hogazas. Espolvorea con harina dos cestos. Da forma de bola a cada mitad siguiendo las instrucciones de las páginas 72-73. Colócalas en el cesto con los pliegues mirando hacia abajo.

Si quieres cubrir la corteza del pan con salvado, usa unos 10 gramos por hogaza (si usas más no se pegará) y espárcela de manera uniforme dentro del cesto después de haberlo espolvoreado con harina. Antes de pasar la masa al cesto, dale la vuelta para que los pliegues queden expuestos y rocíala por ese lado con un poco de agua. Esto ayudará a que el salvado se pegue a la superficie. Si no tienes un pulverizador, puedes esparcir una fina película de agua sobre la superficie de la hogaza con la mano. Pásala al cesto con los pliegues mirando hacia abajo, como siempre. Durante la fermentación, el salvado se pegará a la masa.

6. Fermentación en pieza. Espolvorea las hogazas por encima con un poco de harina. Coloca un cesto al lado del otro y cúbrelos con un trapo, o mete cada uno dentro de una bolsa de plástico sin agujeros. En este caso, la fermentación solo va a durar una hora más o menos, así que no te olvides de precalentar el horno para que esté listo a tiempo. Usa el dedo (página 74) para comprobar si ya están en su punto.

7. Precalienta el horno y la cazuela. Mínimo 45 minutos antes de hornear las hogazas, dispón la rejilla del horno a media altura y coloca sobre esta dos cazuelas de hierro colado con sus respectivas tapas. Precalienta el horno a 245 °C.

Si solo tienes una cazuela, guarda la segunda hogaza en la nevera unos 20 minutos antes de hornear la primera. Cuece una después de la otra, pero antes de introducir la segunda en el horno recalienta la cazuela durante unos 5 minutos.

8. Hornea. Para el siguiente paso te pido que lleves mucho cuidado y que no toques la cazuela, que estará ardiendo, con los dedos, la mano o el antebrazo.

Vuelca la hogaza ya fermentada sobre la superficie de trabajo previamente espolvoreada con harina. Recuerda que ahora la superficie lisa de la masa quedará abajo y los pliegues estarán expuestos durante la cocción.

Saca la cazuela del horno, destápala y, con cuidado, coloca dentro la hogaza con los pliegues mirando hacia arriba. Vuelve a taparla y hornea durante 30 minutos. A continuación, retira la tapa y mantén la cocción 20 minutos más, hasta que toda la corteza se torne de color marrón tostado. Si has cubierto la hogaza con salvado y ves que empieza a tostarse y se vuelve muy oscuro, no te preocupes; hay que hornear el pan todo el tiempo posible para que la corteza quede bien crujiente. A los 15 minutos, echa un vistazo por si acaso tu horno calienta más de lo indicado.

Saca la cazuela del horno e inclínala con cuidado para que salga la hogaza. Colócala sobre una rejilla para que se enfríe o ponla de lado para que el aire pueda circular a su alrededor. Deja que repose durante al menos 20 minutos antes de cortarla.

PAN BLANCO CON 80 % DE BIGA

¡Un ochenta por ciento de la harina de esta receta se fermenta previamente! ¿A que mola? Sobre todo a la mañana siguiente, cuando vas a hacer la mezcla para la masa final y no tienes que usar más que 200 gramos de harina, un poco de agua, sal y levadura, y luego añades la biga, que en ese momento será muy aromática y estará llena de gas. Seguro que pensarás: «¿En serio esto va a salir bien?». Es normal. Se trata de una manera muy divertida de experimentar a la hora de hacer pan.

La biga aporta al pan un sabor de fondo muy característico, pero ¿qué pasa si quieres acentuarlo más? Esta receta es la respuesta. Es un ejemplo muy sabroso de cómo puedes llevar al límite el uso de un prefermento en una masa. Ten en cuenta que esta biga es bastante rígida, así que a la hora de mezclar la masa final tendrás que trabajarla un poco más, pero no te llevará mucho tiempo.

Te animo a que cuezas una de las hogazas de esta receta y que uses el resto para hacer pizza o focaccia. Tiene un sabor redondo que va genial como base para todo tipo de ingredientes. Si quieres hacer pizza, divide en dos porciones la masa que te haya sobrado y sigue una de las recetas del capítulo 14. Si prefieres hacer focaccia, sigue las instrucciones sobre la cantidad de masa y métodos de elaboración en la

CON ESTA RECETA SE OBTIENEN 2 HOGAZAS, CADA UNA DE UNOS 700 GRAMOS, Y SE PUEDE APROVECHAR LA MASA PARA HACER PIZZA O FOCACCIA.

FERMENTACIÓN DE LA BIGA: Entre 12 y 14 horas

FERMENTACIÓN EN BLOQUE: Entre 2½ y 3½ horas.

FERMENTACIÓN EN PIEZA: Sobre 1 hora

HORARIO DE MUESTRA: Prepara la biga a las 6 de la tarde, mezcla la masa final a las 8 de la mañana siguiente, da forma a las hogazas a las 11 y hornéalas a mediodía más o menos.

Biga

INGREDIENTE	CANTIDAD	
Harina panificable	500 g	6¼ tazas
Agua	544 g, a 27 °C	2⅓ tazas
Levadura seca instantánea	0,64 g	3/16 de cdta.

Masa final / Fórmula del panadero

INGREDIENTE	CANTIDAD PARA LA MASA FINAL		CANTIDAD EN EL POOLISH	CANTIDAD TOTAL DE LA RECETA	PORCENTAJE PANADERO
Harina panificable	200 g	1½ tazas + 1 cda.	800 g	1000 g	100 %
Agua	206 g, a 41 °C	⅞ de taza	544 g	750 g	75 %
Sal marina fina	22 g	1 cda. + 1 cdta.	0	22 g	2,2 %
Levadura seca instantánea	2 g	½ cdta.	0,64 g	2,64 g	0,26 %
Biga	1345 g	Las indicadas en la tabla anterior			80 %*

** El porcentaje panadero para la biga se refiere a la cantidad de harina que contiene este prefermento expresada como porcentaje sobre el total de la harina que se utiliza en la receta.*

sección «Cómo hacer focaccia con la masa del pan» (páginas 214-215). Da forma de bola a las porciones de masa y deja que reposen en la nevera entre un par de horas y un par de días.

1. Prepara la biga. Cuando quieras hacer este pan, la noche anterior pon 500 gramos de harina en un recipiente de 5 litros. En otro recipiente vierte 544 gramos de agua a 27 °C. En otro de menor tamaño pesa 0,64 gramos de levadura (3/16 de cucharadita) y añádele unas 3 cucharadas del agua a 27 °C. Deja que la mezcla repose durante unos minutos y, a continuación, remuévela con el dedo; puede que no se hayan disuelto todos los granos, pero ya estará en marcha.

Vierte la levadura disuelta al recipiente que contiene la harina. Añade unas cuantas cucharadas más del agua a 27 °C en el recipiente donde la has disuelto, remueve un poco para rescatar los restos que se hayan podido quedar y viértela a la harina junto al resto del agua.

Mezcla a mano alternando el corte mediante pinzado (página 68) con los pliegues para que todos los ingredientes se integren bien. Tapa el recipiente y déjalo toda la noche a temperatura ambiente. El horario de esta receta se ha calculado en función de una temperatura de entre 18 °C y 21 °C durante la noche.

Una vez haya llegado al punto óptimo de actividad, entre 12 y 14 horas más tarde, la superficie de la biga se habrá ahuecado como una bóveda, la masa habrá triplicado su volumen, se habrá llenado de burbujas por el gas y desprenderá un olor intenso a alcohol. Llegados a este punto, ya puedes preparar la masa final.

2. Incorpora el resto de los ingredientes. Pesa 200 gramos de harina dentro de un recipiente redondo de 10 litros, añade 22 gramos de sal y 2 de levadura (½ cucharadita), y mezcla con la mano. Vierte los 206 gramos de agua a 41 °C y mézclala con el resto de los ingredientes para que se integren bien. Añade toda la biga ayudándote de la mano para sacarla del recipiente.

Humedece la mano para que no se te pegue la masa y empieza a mezclar. No pasa nada si la vuelves a humedecer hasta dos o tres veces durante el proceso. Alterna el corte mediante pinzado (página 68) y el plegado para que todos los ingredientes se integren bien. La mayor parte de la masa es la biga en sí, la cual está a temperatura ambiente, por lo que la temperatura de la masa final depende de esta.

Si durante la noche ha estado a unos 19 °C, la temperatura final seguramente no superará los 23 °C. En este caso no pasa nada, aunque lo ideal es que la masa final esté entre 26 °C y 27 °C. Si está a unos 23 °C, la fermentación en bloque llevará unas 3½ horas. En el caso de que alcance los 26 °C o 27 °C, seguramente necesitará entre 2½ y 3 horas.

3. Aplica los pliegues. A esta masa hay que aplicarle dos o tres tandas de pliegues (tienes las instrucciones precisas en las páginas 69-71). Si los aplicas durante la primera hora y media después de mezclar la masa final, te resultará más fácil. Cuando la masa casi haya triplicado su volumen, unas 2½ o 3 horas más tarde, estará lista para dividir las hogazas.

4. Divide la masa. Con las manos enharinadas, vuelca con cuidado la masa sobre la superficie de trabajo previamente espolvoreada con harina. Aún con las manos enharinadas, levántala y vuelve a colocarla sobre la encimera de manera que tenga una forma más o menos uniforme. Espolvorea con un poco de harina la zona por la que vas a

CONTINÚA>>

hacer la incisión y, a continuación, divide la masa en dos con una rasqueta metálica o de plástico.

5. Da forma a las hogazas. Espolvorea con harina dos cestos. Da forma de bola a cada mitad siguiendo las instrucciones de las páginas 72-73. Colócalas en el cesto con los pliegues mirando hacia abajo.

6. Fermentación en pieza. Espolvorea las hogazas por encima con un poco de harina. Coloca un cesto al lado del otro y cúbrelos con un trapo, o mete cada uno dentro de una bolsa de plástico sin agujeros. En este caso, la fermentación solo va a durar una hora más o menos, así que no te olvides de precalentar el horno para que esté listo a tiempo. Usa el dedo (página 74) para comprobar si ya están en su punto.

7. Precalienta el horno y la cazuela. Mínimo 45 minutos antes de hornear las hogazas, dispón la rejilla del horno a media altura y coloca sobre esta dos cazuelas de hierro colado con sus respectivas tapas. Precalienta el horno a 245 °C.

Si solo tienes una cazuela, guarda la segunda hogaza en la nevera unos 20 minutos antes de hornear la primera. Cuece una después de la otra, pero antes de introducir la segunda en el horno recalienta la cazuela durante unos 5 minutos.

8. Hornea. Para el siguiente paso te pido que lleves mucho cuidado y que no toques la cazuela, que estará ardiendo, con los dedos, la mano o el antebrazo.

Vuelca la hogaza ya fermentada sobre la superficie de trabajo previamente espolvoreada con harina. Recuerda que ahora la superficie lisa de la masa quedará abajo y los pliegues estarán expuestos durante la cocción.

Saca la cazuela del horno, destápala y, con cuidado, coloca dentro la hogaza con los pliegues mirando hacia arriba. Vuelve a taparla y hornea durante 30 minutos. A continuación, retira la tapa y mantén la cocción 20 o 30 minutos más, hasta que toda la corteza se torne de color marrón tostado. A los 15 minutos, echa un vistazo por si acaso tu horno calienta más de lo indicado.

Saca la cazuela del horno e inclínala con cuidado para que salga la hogaza. Colócala sobre una rejilla para que se enfríe o ponla de lado para que el aire pueda circular a su alrededor. Deja que repose durante al menos 20 minutos antes de cortarla.

PAN 50 % INTEGRAL CON BIGA

En esta receta vamos a utilizar biga para hacer pan integral. Me encanta lo bien que se complementa el sabor profundo de este prefermento con el del salvado y el germen que podemos encontrar en la harina integral. Además, tiene mucha fibra. Es un pan estupendo para hacer sándwiches. También va muy bien para hacer tostadas y picatostes. Personalmente, me gusta mucho con un poco de queso fresco o con mantequilla y miel. O untado con un poco de paté o foie, y con un poquito de mermelada de albaricoque por encima. Si tienes, echa también unos cuantos pistachos machacados. ¡Para chuparse los dedos!

CON ESTA RECETA SE OBTIENEN 2 HOGAZAS, DE UNOS 700 GRAMOS CADA UNA, Y SE PUEDE APROVECHAR LA MASA PARA HACER FOCACCIA.

FERMENTACIÓN DE LA BIGA: Entre 12 y 14 horas

FERMENTACIÓN EN BLOQUE: Entre 3 y 4 horas

FERMENTACIÓN EN PIEZA: Sobre 1 hora

HORARIO DE MUESTRA: Prepara la biga a las 6 de la tarde, mezcla la masa final a las 8 de la mañana siguiente, da forma a las hogazas a las 11 y hornéalas a mediodía.

Biga

INGREDIENTE	CANTIDAD	
Harina panificable	500 g	3¾ de taza + 2 cdas.
Agua	340 g, a 27 °C	1½ tazas
Levadura seca instantánea	0,4 g	⅛ escaso de cdta.

Masa final / Fórmula del panadero

INGREDIENTE	CANTIDAD PARA LA MASA FINAL		CANTIDAD EN EL POOLISH	CANTIDAD TOTAL DE LA RECETA	PORCENTAJE PANADERO
Harina panificable	0	0	500 g	500 g	50 %
Harina integral	500 g	3¾ de taza + 2 cdas.	0 g	500 g	50 %
Agua	460 g, a 38 °C	2 tazas	340 g	800 g	80 %
Sal marina fina	22 g	1 cda. + 1 cdta.	0	22 g	2,2 %
Levadura seca instantánea	3 g	¾ de cdta.	0,4 g	3,4 g	0,34 %
Biga	840 g	Las indicadas en la tabla anterior			50 %*

** El porcentaje panadero para la biga se refiere a la cantidad de harina que contiene este prefermento expresada como porcentaje sobre el total de la harina que se utiliza en la receta.*

CONTINÚA>>

1. Prepara la biga. Cuando quieras hacer este pan, la noche anterior pon 500 gramos de harina en un recipiente de 5 litros. En otro recipiente vierte 340 gramos de agua a 27 °C. En otro de menor tamaño, pesa 0,4 gramos de levadura (⅛ escaso de cucharadita) y añádele unas 3 cucharadas del agua a 27 °C. Deja que la mezcla repose durante unos minutos y, a continuación, remuévela con el dedo; puede que no se hayan disuelto todos los granos, pero ya estará en marcha.

Vierte la levadura disuelta al recipiente que contiene la harina. Añade unas cuantas cucharadas más del agua a 27 °C en el recipiente donde la has disuelto, remueve un poco para rescatar los restos que se hayan podido quedar y viértela a la harina junto al resto del agua.

Mezcla a mano alternando el corte mediante pinzado (página 68) con el plegado para que todos los ingredientes se integren bien. Tapa el recipiente y déjalo toda la noche a temperatura ambiente. El horario de esta receta se ha calculado en función de una temperatura de entre 18 °C y 21 °C durante la noche.

Una vez haya llegado al punto óptimo, entre 12 y 14 horas más tarde, la superficie de la biga se habrá ahuecado como una bóveda, la masa habrá triplicado su volumen, estará llena de burbujas por el gas y desprenderá un olor intenso a alcohol. Llegados a este punto, ya puedes preparar la masa final.

2. Incorpora el resto de los ingredientes. Pesa 500 gramos de harina integral dentro de un recipiente redondo de 10 litros. Añade los 22 gramos de sal, 3 de levadura (¾ de cucharadita) y mezcla con la mano. Vierte los 460 gramos de agua a 38 °C y mézclala a mano con el resto de los ingredientes para que se integren bien. Añade la biga ayudándote de la mano para sacarla del recipiente.

Humedece la mano para que no se te pegue la masa y empieza a mezclar. No pasa nada si la vuelves a humedecer hasta dos o tres veces durante el proceso. Alterna el corte mediante pinzado (página 68) y el plegado para que todos los ingredientes se integren bien. Al acabar, la masa debería tener 27 °C de temperatura.

3. Aplica los pliegues. A esta masa hay que aplicarle tres o cuatro tandas de pliegues (tienes las instrucciones precisas en las páginas 69-71). Si los aplicas durante la primera hora y media después de mezclar la masa final, te resultará más fácil.

Cuando la masa casi haya triplicado su volumen, entre 3 y 4 horas más tarde, estará lista para dividir las hogazas.

4. Divide la masa. Con las manos enharinadas, vuelca con cuidado la masa sobre la superficie de trabajo previamente espolvoreada con harina. Aún con las manos enharinadas, levántala y vuelve a colocarla sobre la encimera de manera que tenga una forma más o menos uniforme. Espolvorea con un poco de harina la zona por la que vas a hacer la incisión y, a continuación, divide la masa en dos con una rasqueta metálica o de plástico.

5. Da forma a las hogazas. Espolvorea con harina dos cestos. Da forma de bola a cada mitad siguiendo las instrucciones de las páginas 72-73. Colócalas en el cesto con los pliegues mirando hacia abajo.

6. Fermentación en pieza. Espolvorea las hogazas por encima con un poco de harina. Coloca un cesto al lado del otro y cúbrelos con un trapo, o mete cada uno dentro de una bolsa de plástico sin agujeros. En este caso, la fermentación solo va a durar una hora más o menos, así que no te olvides de precalentar el horno para que esté listo a tiempo. Usa el dedo (página 74) para comprobar si ya están en su punto.

7. Precalienta el horno y la cazuela. Mínimo 45 minutos antes de hornear las hogazas, dispón la rejilla del horno a media altura y coloca sobre esta dos cazuelas de hierro colado con sus respectivas tapas. Precalienta el horno a 245 °C.

Si solo tienes una cazuela, guarda la segunda hogaza en la nevera unos 20 minutos antes de hornear la primera. Cuece una después de la otra, pero antes de introducir la segunda en el horno recalienta la cazuela durante unos 5 minutos.

8. Hornea. Para el siguiente paso te pido que lleves mucho cuidado y que no toques la cazuela, que estará ardiendo, con los dedos, la mano o el antebrazo.

Vuelca la hogaza ya fermentada sobre la superficie de trabajo previamente espolvoreada con harina. Recuerda que ahora la superficie lisa de la masa quedará abajo y los pliegues estarán expuestos durante la cocción.

Saca la cazuela del horno, destápala y, con cuidado, coloca dentro la hogaza con los pliegues mirando hacia arriba. Vuelve a taparla y hornea durante 30 minutos. A continuación, retira la tapa y mantén la cocción 20 o 25 minutos más, hasta que toda la corteza se torne de color marrón tostado. A los 15 minutos, echa un vistazo por si acaso tu horno calienta más de lo indicado.

Saca la cazuela del horno e inclínala con cuidado para que salga la hogaza. Colócala sobre una rejilla para que se enfríe o ponla de lado para que el aire pueda circular a su alrededor. Deja que repose durante al menos 20 minutos antes de cortarla.

La mañana del panadero

Durante los primeros años de vida de la panadería, tres o cuatro días a la semana mis mañanas eran como la que aquí describo. Los otros días trabajaba en el turno de tarde, lo que significa que me encargaba de preparar las masas finales con la masa madre, hornear las *baguettes* y los *brioches* de la tarde, dividir y dar forma a los panes de masa madre para cocerlos a la mañana siguiente, preparar los prefermentos (poolish y biga) para hacer *baguettes* y chapatas al día siguiente, refrescar la masa madre y, por último, barrer todo y cerrar. Además de trabajar en el turno de la mañana o de la tarde, también repartía el pan los domingos y los lunes, y siempre estaba localizable para lo que pudiera surgir. Algunos días tenía que hornear la bollería o hacer la masa para los *croissants* y despachaba en el mostrador cuando había mucha gente esperando en la cola. Por si fuera poco, tenía que sacar tiempo para las tareas administrativas: organizar los horarios, gestionar las cuentas de mayoristas, llevar la contabilidad y organizar al equipo. Una vez al mes me acercaba a la otra punta de la ciudad, donde se encuentra la fábrica de cervezas Hair of the Dog, para recoger un balde de bagazo, que es un subproducto de la cebada con la que se elabora la cerveza y que se usa en panadería como, por ejemplo, en mi pan de centeno, y, de paso, aprovechaba para tomarme una cervecita con el propietario de la fábrica y cervecero, Alan Sprints. Era un no parar. A veces tenía que hacer malabares para poder sacar 20 o 30 minutos para algún recado. ¿La vida no viene con botón de pausa?

Una vez la panadería empezó a ir bien, me pude permitir contratar a más panaderos. Poco a poco pude relegar muchas de las tareas de la producción diaria gracias a un equipo capaz de sacar adelante todo el trabajo y, además, de mantener los estándares para ofrecer un producto de calidad. La mayor parte de mis empleados trabajan ocho horas seguidas, sin pausas excepto para fumar algún cigarro o comer algo rápido.

Aquí tienes el último horario que monté para el turno de la mañana. Como podrás comprobar, no se para de trabajar ni un momento, y el resto de los turnos siguen el mismo ritmo a lo largo del día.

3:30 A. M.: Llegada a la panadería. Encender el horno y ponerlo a 260 °C. Echar un vistazo a los recipientes donde tenemos el poolish y la biga para usar por la mañana, y comprobar si ya están en el punto óptimo y listos para usar.

Sacar de la nevera y del retardador las bandejas con los *croissants* y otros productos de bollería para hornearlos por la mañana. Preparar una bandeja para que los *croissants* acaben de fermentar y estén listos para que el equipo de pastelería los empiece a hornear sobre las 6 de la mañana. Si hace frío en la panadería, colocar la bandeja delante del horno.

Sacar del retardador los sacos de 20 kilos de harina, donde han pasado la noche reposando en frío para que la masa final tenga la temperatura adecuada a pesar del calor que hace en la panadería (la fricción del amasado mecánico también aporta calor a la masa).

4 A. M.: Autolisis de la masa para las *baguettes*. Pesar la harina, normalmente unos 60 u 80 kilos (dependiendo de lo que se especifique en la tabla de masas del día) y echarla a la amasadora. Llevar entre las piernas unos baldes enormes de agua fría (muy poco elegante) desde la nevera a la amasadora. Si hace calor, añadir un poco de hielo para evitar que la masa se caliente demasiado; en ese caso, picar el hielo con un cuchillo de acero. Pesar el hielo y el agua de acuerdo con la cantidad especificada en la tabla de masas y echarlo todo a la amasadora. En la panadería usamos recipientes con capacidad para más de 20 kilos de agua. Por muy dormido que esté, el panadero de turno se acaba acostumbrando a usarlos por tandas. Por ejemplo, si necesitamos 42,4 kilos de agua para la masa de las *baguettes*, se rellena dos veces el recipiente hasta los 20 kilos y, luego, se añaden los otros 2,4. Poner la amasadora a baja velocidad para que mezcle los ingredientes durante un minuto. A continuación, hacer que gire en dirección contraria unos 5 o 10 segundos para que recoja los restos de harina seca que se hayan podido quedar en la base del bol.

Parar la amasadora. Programar el temporizador para que suene a los 20 minutos. Ir al despacho a poner algo de música. Hacer café.

4:15 A. M.: Pesar la levadura y la sal para la masa de las *baguettes* y la de las chapatas. Echar el poolish, preparado la tarde anterior, en la amasadora. Dependiendo del día y de la cantidad de masa, se suelen echar entre tres y seis recipientes. A estas horas, el poolish ya debería estar en el punto óptimo de actividad: con un montón de burbujitas que recuerdan a la tapioca. Si lo miras atentamente, verás que de vez en cuando sale a la superficie alguna burbujita y, a continuación, explota. El método clásico para sacarlo del recipiente consiste en reservar un poco del agua de la masa para verterlo por las paredes de este, de manera que se separe solo. En mi opinión, esto no es necesario, ya que se desliza fácilmente, sobre todo si lo ayudas un poco con la mano y una rasqueta de plástico. Añadir la levadura fresca y la sal.

4:25 A. M.: Empezar a mezclar la masa para las *baguettes*. Seleccionar la velocidad mínima (normalmente marcada con un 1 en este tipo de amasadoras). Programar el temporizador para que suene a los 5 minutos. Llevar los recipientes donde teníamos el poolish al fregadero y lavarlos. Disponer unos cuantos recipientes vacíos y varios trapos sobre el banco de trabajo y engrasar tantos recipientes como sean necesarios para distribuir la masa de las *baguettes* una vez esté lista.

4:30 A. M.: Suena el temporizador. Aumentar la velocidad de la amasadora (al 2) y programar el temporizador para que suene a los 4 minutos.

4:35 A. M.: La masa para las *baguettes* ya está lista. Comprobar la temperatura: debería estar a unos 24 °C. Pasarla a los recipientes embadurnados con aceite, unos 14 kilos de masa por recipiente. Llevarlos al retardador. Estas son las *baguettes* que se hornearán por la tarde, de acuerdo con la tabla de masas del día. Anotar en la tabla la temperatura de la masa y la hora a la que se ha acabado de mezclar. Organizarse para empezar a dividir a las 6:15 la masa que se dejó lista para el turno de la mañana.

4:45 A. M.: Alimentar la masa madre, cuyo último refresco se hizo la tarde anterior y ahora debería estar llena de burbujas y desprender un olor ácido, curtido, que a menudo puede resultar desagradable. Primero, separar un trozo pequeño y desechar el resto del cultivo. Para refrescar debemos ponernos guantes aptos para alimentos, porque la acidez de la masa puede irritar algunas zonas sensibles de la mano (al principio, cada dos por tres me salían quemaduras en las puntas de los dedos y se me agrietaban). Parece imposible que tan solo un puñado de masa madre sea capaz de fermentar varios cientos de hogazas, pero lo es. Las levaduras van a tope. Añadir unos pocos kilos de harina, agua muy templada y mezclar todo a mano.

4:55 A. M.: Autolisis de la masa para las chapatas. Una vez más, transportar los cubos de agua fría de la nevera a la amasadora y los sacos de 20 kilos de harina fría que están en el retardador. Hacer como si estuviera escuchando a Rollie, el tipo de los lácteos que siempre se pasa a estas horas y empieza a contarme rollos cuando en realidad estoy cansado y lo único que quiero es concentrarme en lo que estoy haciendo. Pensar: «Es buena gente, pero ojalá se callara un rato». Pesar la harina y el agua de acuerdo con la fórmula que se indica en la tabla que se preparó el día anterior. Mezclarlos al 1 hasta que se hayan integrado bien.

5:00 A. M.: Empezar a hornear los panes de masa madre (pan rústico blanco e integral, las hogazas gigantes y el pan de nueces) a los que se les dio forma la tarde anterior y han pasado toda la noche fermentando lentamente en el retardador. Pasar los siguientes 20 minutos metiendo en el horno 144 hogazas del mismo tamaño.

5:25 A. M.: Hacer la masa para las chapatas. A la harina y al agua que estaban haciendo la autolisis, añadir varios recipientes llenos de biga, ese prefermento que aporta a las chapatas su delicioso sabor, además de la levadura seca y la sal. Poner la amasadora al 1. Programar el temporizador.

(Para las *baguettes* usamos levadura fresca y para las chapatas levadura seca instantánea de la marca SAF, en parte porque así evitamos que los panaderos de la mañana se confundan con tantos boles con diferentes tipos de levadura y sal, que se pesan antes, y que no se acuerden de cuál va con qué masa. No subestimemos el margen de error que puede tener un cerebro que se acaba de despertar. Tampoco hay mucho tiempo como para pararse a pensar).

Comprobar el pan que está en el horno. Bajar la temperatura a 245 °C.

Sacar del retardador la masa para el pan de nueces pecanas y pasas, y dividirla en unas veinticuatro porciones de 475 gramos cada una. Darles forma de barrote. Pasarlos a las bandejas para fermentar y colocarlos en un carro tapado.

Comprobar la masa de las chapatas, subir un poco la velocidad de la amasadora y reprogramar el temporizador. Embadurnar bien de aceite siete u ocho recipientes para colocar en ellos la masa de las chapatas, que es bastante húmeda y pegajosa, por lo que necesitará varias tandas de amasa-

do mediante pliegues durante la fermentación para darle tensión. Si nos quedamos cortos de aceite antes de pasar la masa, el panadero tendrá que vérselas con una masa que se pega todo el rato a las paredes del recipiente, lo cual es un problema gordo cuando trabajas a contra reloj.

Sacar el pan ya cocido de las dos bandejas superiores del horno.

5:45 A. M.: Dar forma a la masa para el pan de nueces pecanas y pasas.

6:00 A. M.: Comprobar el pan que queda en el horno. Acabar de preparar la masa de las chapatas y comprobar la temperatura.

Si las hogazas de la tercera y la cuarta bandejas del horno todavía no están del todo listas, sacar la masa de las chapatas de la amasadora, dividirla y pasarla a los recipientes engrasados para pesarla. Aunque esto no lleva más de 10 minutos, es mejor no parar cuando se hace, aunque a veces no es posible. Por eso, si veo que al pan que está en el horno todavía le quedan unos cinco minutos, me pongo a ello rápidamente. Para sacar esta masa de la amasadora primero me mojo el brazo izquierdo entero (hay un fregadero justo al lado), lo meto hasta el fondo del bol y la levanto, mientras que con la otra mano empuño un cuchillo con el que corto los restos que siguen pegados a las paredes. Todo esto con mucho cuidado de que no se desgarre. Distribuir en cada recipiente unos 7 kilos de masa (si ponemos más, cuando suba se saldrá por los lados, ya que tiene que triplicar el volumen). Apilar los recipientes en un carro que hay justo al lado del banco de trabajo. Normalmente me toca correr de un lado a otro: paso la masa de la amasadora al banco de trabajo, suena el temporizador y me toca parar para ir al horno y, si está listo, sacar el pan.

Se tiene que haber dejado en la amasadora suficiente masa de chapatas para hacer el pan multicereales, así que hay que añadir la mezcla de cereales y combinarlo todo. Pasar esta masa a otro recipiente previamente engrasado. Rascar el bol para que no queden restos en las paredes.

Volver a cargar el horno. Puesto que las *baguettes* no se esperan a que me venga bien meterlas en el horno, sino que tengo que hacerlo cuando estén listas, a veces la segunda tanda de horneado se tiene que hacer muy rápidamente. Entonces es cuando hay que darse caña. Si hay que ir contra reloj, se va.

6:15 A. M.: Empezar a dividir la masa de las *baguettes*. Esto se hace a mano. Se espolvorea con harina el banco de trabajo, se vuelca encima el recipiente con la masa y, con una rasqueta, se separa de las paredes para que no se pegue. Al lado de la masa hay una báscula. Retirar con un trapo el exceso de aceite que pueda haber sobre la masa, echar por encima un poco de harina, dividir con una rasqueta metálica y pesar cada porción. En muchas panaderías usan una especie de cortador gigante que automatiza este proceso, a menudo con muy buenos resultados, pero siempre me ha gustado dividirla y formarla de la manera tradicional: a mano.

6:45 A. M.: Aplicar una tanda de pliegues a la masa para las chapatas. Aplicar otra a la de los panes de masa madre.

Echar un vistazo al horno y sacar los panes de masa madre que ya hayan acabado de cocerse. A estas horas, este es el pan que ya debería estar listo: las hogazas redondas de 3 kilos de pan rústico, las de 2 kilos de pan rústico integral (reminiscencias del *pain Poilâne*), las barras tipo *bâtard* de pan rústico blanco e integral, las *baguettes* medianas de pan rústico para uno de nuestros restaurantes, el pan de nueces y las hogazas pequeñas de nueces, pan rústico blanco e integral.

6:55 A. M.: Empezar a dar forma a las *baguettes*. Un panadero experimentado puede cortar, reposar y dar forma como mínimo a cien hogazas en una hora. Aunque es una tarea en la que las manos han de trabajar de manera rápida e ininterrumpida, sin nada de pausas, es el primer momento del día en el que me puedo relajar un poco. Las mezclas de la mañana ya están todas listas, las masas están fermentando en sus correspondientes recipientes, el pan de masa madre ya está fuera del horno y, con suerte, no vamos retrasados. Me gusta ponerme a dar forma a las *baguettes* y no tener que hacer nada más durante un rato, sin tener que parar para encargarme de otra tarea paralela. Eso sí, hay que dar forma a cien *baguettes*.

7:45 A. M.: Refrescar la masa madre otra vez. Comprobar la producción del día para ver cuánta vamos a necesitar hoy. Pesarla, tirar lo que sobre y mezclarla en la amasadora. Aplicar otra tanda de pliegues a la masa para las chapatas.

7:55 A. M.: Empezar a hornear las *baguettes*, a ser posible un poco antes. Tienen que estar listas para los clientes más madrugadores y para el bocadillo de jamón cocido que vendemos y que se ha hecho muy famoso (con una finísima capa de mantequilla, un poco de jamón cocido y una loncha de un buen queso; buenísimo gracias a que los sabores de los ingredientes están bien equilibrados y el pan destaca, sobre todo si se come temprano, cuando todavía está fresco). Lo que más me estresa es sacar las *baguettes* a tiempo del horno para que se enfríen antes de meterlas en sacos y salir pitando por la puerta para hacer el primer reparto de la mañana. Si está caliente, no conviene meter el pan en bolsas o sacos, porque se echa a perder, ya que el vapor que desprende ablanda la corteza.

8:45 A. M.: Acabar de hornear las *baguettes*. Limpiar la zona del horno y sacudir las telas de lino para que se sequen. (Estas son unas telas que usamos para las piezas ya formadas que están fermentando: *baguettes*, hogazas redondas y *bâtards*. Absorben parte de la humedad de la masa y por eso conviene que se sequen bien antes de volver a usarlas).

9:00 A. M.: Cortar la masa de chapata (la que más me gusta trabajar y hornear) en hogazas y molletes. Ahora que la masa de 7 kilos ha triplicado su volumen, se habrá pegado a la tapa del recipiente en el que estaba fermentando. Volcarlo sobre el banco de trabajo espolvoreado con mucha harina. Puesto que lo hemos embadurnado con tanto aceite a las 5:40, la masa se deslizará sin problemas. Gracias a los pliegues que le he aplicado durante la fermentación, tendrá la forma del recipiente. Tiene una textura burbujeante, gaseosa, como si fuera gelatina. Cortarla en piezas de 15 centímetros de ancho y 40 de largo para vender a nuestros clientes, y de unos 75 de largo para los restaurantes. Ponerlas sobre los linos espolvoreados con harina para la fermentación en pieza.

9:30 A. M.: Barrer alrededor del banco de trabajo. Mezclar la masa del *brioche*.

10:15 A. M.: Empezar a hornear las chapatas a una temperatura muy alta, casi a 260 °C. Puesto que no les he hecho cortes en la superficie, la corteza se abrirá de manera natural por el calor y se agrietará, lo que le dará un aspecto muy natural.

11:15 A. M.: Una vez sacadas del horno, ya se puede oír el crepitar entrecortado de las chapatas que están reposando sobre las rejillas, como una batería que va marcando el ritmo.

Limpiar la zona del horno y dar la bienvenida al resto del día.

EL OBRADOR

Ken's Artisan Bakery tiene una cocina abierta de unos 100 metros cuadrados, un mostrador, la cafetería que mide unos 70 metros cuadrados, en la que caben diez mesas pequeñas y una de tamaño familiar grande, y una habitación de unos 2 por 2,5 metros que sirve de despacho, vestuario, almacén y cabina de sonido. Dentro hay una estantería, una silla, la caja fuerte, unos cuarenta pares de zapatos, mochilas, chaquetas, gorros, bufandas, mi biblioteca, ibuprofeno para todos, un botiquín con un montón de tiritas, una cajonera, la torre del ordenador y el monitor, la impresora, el adaptador para el iPod y un amplificador, papel para la impresora, bombillas de repuesto, una papelera y todo el vino de nuestra carta, que consiste en unas cinco cajas. Ah, y un calentador de agua.

En el obrador principal se encuentra el banco de trabajo, la amasadora, una pila para lavarnos las manos, montañas de sacos de harina y un soporte pegado a la pared para colocar ahí las fundas de plástico donde guardamos las tablas con los refrescos diarios de la masa madre, las masas que hay que preparar ese día y las fórmulas para los *croissants* y los *brioches*. Ver la amasadora en acción es algo mágico. Puede amasar hasta 135 kilos de masa de una sola vez. Al lado hay una mesa con ruedas sobre la que reposa la báscula, un cuchillo de sierra largo que usamos para cortar la masa cuando la sacamos de la amasadora y un par de rasquetas, una recta para dividir la masa y otra curva para rascar bien los restos que se quedan pegados a la amasadora.

El horno está al otro extremo de la panadería, a unos 15 pasos. Muchas mañanas las pasamos corriendo de un lado a otro, vigilando el pan que hay dentro del horno y la masa que hay en la amasadora, refrescando la masa madre, aplicando pliegues y aceptando pedidos para el tipo de los lácteos o la señora que nos vende los huevos, dejando un rastro de pisadas en el suelo cada vez que se nos cae un poco de harina.

3.ª PARTE
RECETAS PARA HACER PAN DE MASA MADRE

6 L
6 qt.
4 L
4 qt.
2 L
2 qt.

INTRODUCCIÓN A LA MASA MADRE

Las levaduras naturales, en todas sus variedades, básicamente se encuentran por todas partes: en el aire, en la tierra, en las plantas y, sobre todo, en entornos ricos en carbohidratos, como la piel de la fruta y la cáscara de los cereales. Viven adormecidas en la harina. La comercial, *Saccharomyces cerevisiae*, es un monocultivo: una cepa única que se cultiva con fines comerciales y se vende seca o fresca prensada en cubos.

Antes de que se empezaran a utilizar las levadura comerciales en la era moderna, todos los panes fermentados levaban de manera natural con las levaduras que se encontraban en la harina y el ambiente. Hoy en día, estos panes en Estados Unidos se conocen como *sourdough bread* (panes de masa agria). Así es como se fermentó el pan durante cinco mil años.

En inglés, también se usa el término francés *levain*, que viene del latín *levare* y significa subir, crecer o levar. También existen otros términos como *mother* y *chef,* que se refieren a lo mismo: un cultivo natural que usan los panaderos como agente leudante. Algunos profesionales y libros emplean un término diferente para cada fase en la que se aplica o encuentra dicho cultivo. También es posible que utilicen más de un cultivo y lo llamen de una manera determinada dependiendo de este (*levain* para las masas madres líquidas, por ejemplo, y *sourdough* para las más secas). *Chef* normalmente se refiere al cultivo principal que se va alimentando o refrescando por separado, mientras que *starter* suele ser esa porción de *chef* que se refresca un par de veces para añadirla después a la masa final*. Yo siempre trabajo con un único cultivo que alimento y conservo. Cuando necesito un poco, tomo la cantidad necesaria una vez que ha llegado al punto óptimo de actividad para fermen-

* Ambos casos en español se conocen normalmente como *masa madre*. En el glosario se pueden consultar estos términos. *(N. de la T.)*

tar la masa final. Normalmente, para todas las fases empleo el término *levain* («masa madre» en francés) para referirme a mi cultivo, y es el que uso en este libro. Cuando quiero decir que una masa leva o sube, uso el verbo *fermentar*.

No me gusta la palabra inglesa *sourdough* para describir mis panes, porque muchos la asocian con un sabor muy amargo (*sour* significa «agrio» en inglés), que en ocasiones deja un retrogusto fuerte y avinagrado. En Francia, un pan así podría considerarse un error de fermentación, mientras que a la gente de San Francisco le encanta. Aunque es posible que eso esté cambiando. Yo prefiero el sabor redondo y a la vez sutil que aportan los diferentes matices gustativos de los cereales y la fermentación, bien equilibrados y para nada amargos.

En la masa madre se pueden juntar diferentes tipos de cepas de levadura, lo que ofrece al panadero la oportunidad de crear un pan y otros productos de panadería y bollería con muchos matices aromáticos y gustativos. Además, este tipo de pan se mantiene fresco durante más tiempo que los elaborados con levadura comercial. Dentro de la masa madre hay una comunidad de millones y millones de levaduras que se reproducen a gran velocidad en organismos unicelulares, a la vez que van produciendo gases. Me encanta saber que puedo manipularlas para que hagan lo que yo quiera.

Los panaderos alimentan su masa madre desde una vez al día a cada pocas horas. A continuación, te voy a mostrar lo fácil que es elaborar una masa madre desde cero usando tan solo harina y agua, y refrescándola una vez al día. Luego te explicaré cómo refrescar una masa madre activa, cómo conservarla en la nevera en el que caso de que no vayas a usarla a diario y cómo reactivarla de cara al siguiente uso.

CÓMO ADAPTAR LOS SABORES

Trabajar con masa madre es un tipo de fermentación que se parece mucho a cómo se elabora el vino a partir de las uvas y sus levaduras naturales: en ambos casos se manipula el proceso fermentativo para crear un producto final con el perfil gustativo y nivel de complejidad deseados.

El pan fermentado de manera natural depende de unas cuantas variables: la cantidad de agua presente en el cultivo, la temperatura de esta cada vez que se añade para alimentarlo, el tipo de harina utilizada, la proporción de masa madre y harina nueva en cada refresco, el programa de refrescos diarios, la temperatura a la que se conserva, el estado de maduración y la cantidad que se usa en la masa final. El aroma, el sabor y el aspecto de los panes de masa madre y la capacidad de mantener la homogeneidad todos los días son muestras de la habilidad del panadero; en cierto modo se convierten en rasgos que lo identifican. Un panadero artesano de verdad es alguien que sabe cómo adaptar esa relativamente corta lista de variables (con las que se pueden obtener incontables resultados) para obtener exactamente el pan que desea. En este libro tienes instrucciones concretas para crear y usar un cultivo natural como hago yo. A continuación, te explicaré cómo ajustar esas variables para que se adapten a tus gustos. Los panes de masa madre tienen la capacidad necesaria para adaptarse y convertirse en el producto más personal que pueda hacer un panadero.

La complejidad de los sabores que caracterizan a los panes de masa madre procede de la comunidad de levaduras naturales y bacterias que se encuentran en el cultivo, los gases que se producen durante la fermentación, los ácidos lácticos y acéticos, y, por supuesto, el tiempo que necesitan todos estos elementos para agruparse. Sin duda, mi teoría de «menos levadura y más tiempo» se aplica también a estos panes. Alargar el tiempo de la fermentación de estas masas mediante el uso de temperaturas más frías mejora muchísimo el sabor. También es posible usar menos cantidad de masa madre y dejar que la masa fermente un buen rato a temperatura ambiente. La fermentación de las bacterias y la acidez aportan sabores y aromas agradables, pero solo si se da tiempo suficiente para que dichas reacciones bioquímicas tan complejas se puedan producir.

Los ácidos son responsables de aportar ese toque amargo de la masa madre. Ese ligero regusto avinagrado viene en gran parte del ácido acético. Los ácidos lácticos normalmente los encontramos en la leche y, de hecho, aportan al pan ese sabor lechoso o mantecoso que lo caracteriza. Ambos ácidos se suelen identificar como un retrogusto, a no ser que el perfil amargo sea excesivamente fuerte y pronunciado. Muchos panes fermentados de manera natural presentan un perfil gustativo que se acerca más a un extremo del rango acético-láctico que al otro. El famoso pan *sourdough* de San Francisco es un buen ejemplo del fuerte sabor a ácido acético, digamos «avinagrado». Los cultivos de masa madre que se conservan a baja temperatura tienden a adquirir ese sabor acético, al igual que las masas compactas. Un pan que se elabora con una masa madre más líquida, con la misma proporción de harina y agua (que parece como una sopa) presenta ese sabor característico que le confiere el ácido láctico. La masa madre que se encuentra a una temperatura más alta favorece la producción de ácido láctico y, al igual que esas cervezas de alta fermentación que algunos cerveceros mantienen a temperaturas más altas, el cultivo genera sabores afrutados, sobre todo cuando se encuentra en su punto más alto de actividad.

¿Te gustaría saber otra cosa más? Pues ahí va, sobre todo en reconocimiento a Teri Wadsworth y John Paul, de la bodega Cameron, en Dundee, Oregón. La masa madre es un cultivo simbiótico de bacterias ácido-lácticas y levaduras. Estas bacterias son una variedad que produce ácido láctico, dióxido de carbono y un poco de etanol, entre otros componentes volátiles, como resultado de la fermentación de los carbohidratos. Si se dan las condiciones correctas, estas bacterias también son capaces de producir ácido acético. En una masa madre, las bacterias que producen ácido láctico se alimentan sobre todo de los subproductos metabólicos de las levaduras. Al igual que sucede con la fermentación de las levaduras naturales, se necesita tiempo para que las bacterias crezcan y produzcan ácidos y otros componentes que aportan sabor. Las bacterias que producen ácido láctico son de vital importancia para un sinfín de productos fermentados, como el yogur, la cerveza, los encurtidos, el chucrut y el queso, y esa acidez que producen inhibe la proliferación de organismos que podrían estropearlos.

Podría seguir horas y horas hablando sobre cómo el alcohol puede convertirse en ácido acético cuando se produce un exceso de fermentación, pero no quiero desviarme, pues mi objetivo es explicar cómo se pueden adaptar las variables que entran en juego en la cocina a la hora de hacer pan de masa madre. Al final de este capítulo tienes una tabla titulada «Variables que afectan a los cultivos de masa madre», donde las resumo todas y muestro cómo afectan al sabor.

EVOLUCIÓN DEL CULTIVO

A medida que se cultiva una nueva masa madre, esta evoluciona a lo largo de los días y se puede apreciar en su aspecto, tacto y olor. Al principio, nada más crearla desde cero mezclando harina y agua, recuerda a una masa normal para hacer pan o incluso para rebozar, dependiendo de la cantidad de líquido que se haya utilizado. Al cabo de 48 horas, después de dos refrescos diarios, el cultivo empieza a tener un aspecto más gaseoso, crece hasta cuatro veces su tamaño original, pueden verse burbujas y se puede apreciar una estructura entramada por el gluten. A medida que madura, desarrolla una fragancia agradable, a veces punzante y algo alcohólica. En mi panadería usamos un poco de harina integral en la masa madre, y en este recetario te pediré que tú también lo hagas. Aporta un aroma alcohólico fuerte que recuerda al cuero. Ese olor es capaz de transportarme a un lugar indefinido, un sitio donde se para el tiempo y mi mirada se pierde en el horizonte.

Una célula o brote de levadura bien activa se puede multiplicar más de una docena de veces. En el entorno adecuado, esta capacidad de reproducción, sumada a la de los descendientes, se traduce en miles de millones de células de levadura, todas produciendo gas al mismo tiempo, lo que leva la masa y le confiere nuevos sabores. Cada vez que se alimenta una masa madre con harina y agua comienza un nuevo ciclo de reproducción para las levaduras y se produce la fermentación. Al acabar, tenemos una masa burbujeante con un gran potencial y lista para hacer más panes.

MITOS Y VERDADES SOBRE LA MASA MADRE

Existen muchos mitos sobre masas madres de una zona concreta o que se han conservado a lo largo del tiempo. Por ejemplo, muchos dicen que solo es posible elaborar en San Francisco su característico pan *sourdough*. Del mismo modo, algunos creen que sus masas madres son más especiales porque llevan años conservándolas o porque alguien les dio parte de la suya o la compraron por catálogo. Aunque existen unas pocas poblaciones de levadura y bacterias indígenas de áreas geográficas concretas, la flora principal siempre es la misma en las masas madres de todas partes. Un pan sabe como sabe no por una cuestión de origen, sino por cómo se elabora y con qué ingredientes.

Añadir fruta a la masa madre

Muchos creen que su masa madre tiene un perfil concreto por la manera en la que la cultivaron. Por ejemplo, echando un puñado de uvas a la masa de agua y harina. Yo no lo creo. Las levaduras presentes en las uvas están ahí porque ese es el entorno que mejor les sienta. Estas no proliferan en un entorno a base de harina. De nuevo, el sabor y el rendimiento de una masa madre no depende de qué se hizo cuando se cultivó. Lo importante es cómo se ha conservado. Al final, la selección natural será la que se imponga en ese entorno. Añadir uvas, manzana u otros ingredientes similares al comenzar una masa madre aporta azúcares para la fermentación y aromas efímeros. Con la malta se podría hacer lo mismo: es comida para las levaduras. Muchos de los microorganismos que participan en la creación de un cultivo no son capaces de sobrevivir a ese entorno a medida que este evoluciona; solo sobreviven aquellos capaces de proliferar en esas condiciones. Raymon Calvel, en su libro *El sabor del pan*, afirmaba: «Aquellas recetas en las que se añade al cultivo mosto, patatas, pasas, yogur, miel, etcétera para conseguir un sabor determinado llaman mucho la atención... Yo me limito a usar la harina más adecuada para mi pan».

Dicho esto, no tengo nada en contra de echar un trozo de una fruta de buena calidad a la masa madre cuando está activa y se va a usar inmediatamente. De hecho, conozco a un panadero que añade miel a una masa madre especial. Lo que pretendo con estas palabras es desmentir eso de que se pueden identificar rasgos del origen en el perfil gustativo. Personalmente, he hecho panes muy interesantes añadiendo fruta a la masa madre, pero justo al final, en el refresco antes de utilizarla. En la panadería, una vez hicimos un pan de manzana hidratando un poco de masa madre con sidra de manzana. Lo mejor fue cuando pillé un cubo lleno de puré de manzana de Steve McCarthy en la destilería Clear Creek y lo añadí a un poco de la masa madre que tenemos en la panadería y la usamos para hacer *baba*, un dulce muy esponjoso típico de Francia. Aquel *baba au pomme* ha sido uno de los mejores que he probado en mi vida.

EQUILIBRIO: LA RECOMPENSA DEL PANADERO

En mis panes fermentados de manera natural, mi objetivo es conseguir ese punto medio de ácidos lácticos y acéticos para obtener un aroma y un sabor suaves que no necesiten de nada más y, al mismo tiempo, sean el complemento estupendo para todo tipo de platos y vinos. Es la clase de pan que va bien con todo. Tiene un gran sabor, es crujiente y no te cansas de comerlo. De hecho, yo lo comería a diario.

En las recetas de masa madre de este libro pido una hidratación del 80 por ciento para el cultivo. O sea, la cantidad de agua es un 80 por ciento sobre el peso de la harina. Las masas madres pueden ser más secas, con hidrataciones tan bajas como un 60 o 65 por ciento, en cuyo caso tomarán forma de bola. También pueden ser más húmedas, con una hidratación de hasta el cien por cien. En realidad, se puede usar cualquier porcentaje, pero lo normal es moverse entre el 60 y el 100 por cien de hidratación.

En mi panadería usamos una masa madre con una hidratación similar a la de la masa final en la que se usará. Me parece más equilibrado que trabajar con porcentajes muy diferentes. A cambio obtengo un pan en el que se puede identificar el sabor del trigo, de la fermentación y una serie de matices secundarios muy sutiles y armoniosos sin que ninguno se imponga a los demás.

INGREDIENTES PARA LA MASA MADRE

En Ken's Artisan Bakery usamos harina integral y panificable en la masa madre. Aquí vamos a hacer lo mismo. La razón por la que uso esta combinación es porque quiero simular las excelentes harinas molidas a la piedra que se elaboran en algunos molinos artesanos de Francia. Todo empezó con mi deseo de recrear en la panadería esos panes rústicos integrales que elaboraban mis ídolos en París, o por lo menos poder hacer algo lo más parecido posible en Estados Unidos.

OBSESIÓN POR LA PUREZA LLEVADA AL EXTREMO

Durante los dos primeros años de la panadería, usamos sal gruesa de Guérande, que compraba en sacos de 20 kilos en los que al fondo había siempre como una especie de charco de agua marina. Teníamos que cribarla a mano cada mañana para eliminar todo rastro de impureza o algas (y espero que no hubiera nada de barro de las botas del encargado de rastrillarla). Eh, que cuando dije que quería trabajar como un artesano, ¡iba en serio! No obstante, al final acabé harto de tener que limpiar la sal todas las mañanas mientras me preguntaba si merecía la pena tanto esfuerzo. Un día, un cliente me devolvió una hogaza porque se había encontrado dentro un poco de barro. Eso sí, no era un barro cualquiera; ¡era barro francés! Ahora, en los panes de masa madre usamos sal marina gruesa de Sicilia que nos llega bien limpia.

Los panaderos a menudo complementan la masa madre natural añadiendo levadura comercial a la masa final. En muchas de las recetas para hacer panes de masa madre de este libro se añade un poco. Esto podría parecer contradictorio al espíritu purista del pan de masa madre. Al principio me pasó lo mismo. Cuando abrí la panadería, me propuse el objetivo idealizado de hacer pan de masa madre únicamente a partir de cultivos naturales, sin levadura comercial, y usando *sel de mer* de la costa bretona.

Era un buen pan. Ojalá pudiera comerme ahora un trocito de aquellas hogazas de nuestros primeros años de vida. No obstante, con el tiempo me di cuenta de que me apetecían también panes que tuvieran una corteza un pelín más ligera, con más volumen y una combinación de sabores más delicada y armoniosa. Para conseguirlo tenía que añadir un poco de levadura comercial. Gracias a esto, se genera más gas (y, por lo tanto, más volumen) y se contrarresta la acidez en la masa. Otra opción es preparar un poolish la misma mañana, después de refrescar la masa madre, y luego usar ambos tipos de prefermentos en la masa final. En verano de 2003, empecé a poner esto en práctica en la panadería: preparaba un poolish cinco horas antes de mezclar las masas finales para los panes de masa madre (pan rústico blanco e integral) y lo añadía para que subieran más. Los resultados eran buenos, pero, a decir verdad, apenas se notaba la diferencia entre un pan elaborado de esta manera y otro en el que simplemente añadía un poquito de levadura comercial, y esta última ha sido una práctica habitual en Francia durante más de cien años. Las recetas del capítulo 9, «Panes de masa híbrida», se fermentan con masa madre reforzada con un poco de levadura comercial, mientras que en el 10, «Panes de masa madre pura», solo uso masa madre.

REFRESCO DE LA MASA MADRE

En Ken's Artisan Bakery alimentamos la masa madre tres veces al día. Hay dos razones por las que he decidido no seguir esa rutina en este libro. En primer lugar, en la panadería normalmente hace más calor que en la cocina de casa, por lo que madura mucho más rápido y necesita más refrescos para que no se agríe. En segundo lugar, siempre hay panaderos durante la mayor parte del día. Mi objetivo es darte opciones para que puedas hacer un pan de masa madre estupendo sin tener que pasarte el día esclavizado, porque al final perderás el interés. Este libro está pensado para que lo uses una vez tras otra.

Por eso, solo pide un refresco diario de la masa madre por las mañanas, entre seis y nueve horas antes de mezclar la masa final. Puedes conservarla alimentándola solo una vez por las mañanas, o usarla para hacer un pan y luego guardar lo que te sobre en la nevera y volver a refrescarla la próxima vez que vayas a hacer pan de masa madre. Todo esto se explica detalladamente en el capítulo 8.

VARIABLES QUE AFECTAN A LOS CULTIVOS DE MASA MADRE

Hidratación

Cuanto más líquido se añade al cultivo, más ácido láctico se generará. Los menos hidratados presentan un sabor en el que predomina el ácido acético.

Temperatura

El calor, entre 26 °C y 32 °C, favorece la generación de ácido láctico. En cambio, el frío, entre 13 °C y 18 °C, favorece el ácido acético. Los cultivos que se encuentran a mayor temperatura se desarrollan más rápidamente.

Harina

Las harinas con una tasa alta de extracción (molidas con una mayor cantidad de grano entero que las blancas puras), integrales o de centeno, y con un alto porcentaje de cenizas (lo que se traduce en un alto contenido de minerales) contribuyen a que la fermentación sea más dinámica. También es posible que generen un cultivo más volátil, que requiere más refrescos para evitar problemas. Cada tipo de harina —panificable, integral, de centeno, etcétera— tiene su propia personalidad, al igual que cada combinación que se haga con ellas.

Sal

La sal retrasa la fermentación. Aunque algunos grandes panaderos la añaden a sus cultivos, yo prefiero no hacerlo, puesto que quiero una masa madre activa. (No obstante, es cierto que dependiendo del entorno o del horario a veces es necesario echar un poquito).

Levadura

La levadura comercial es más dinámica que las naturales, así que, si añades aunque sea una cantidad minúscula de esta para crear tu cultivo o darle un empujoncito, acabará dominando al resto y, con el tiempo, las matará de hambre. Conclusión: no uses levadura comercial en la masa madre ni para crearla ni para conservarla. Eso sí, no pasa nada por echar un poco en la masa final para reforzar la fermentación de la masa madre, siempre y cuando el cultivo original (el que no se haya mezclado con la masa final) permanezca separado de esta.

6L
4L
2L

ELABORACIÓN Y CUIDADOS DE LA MASA MADRE

En 1999 elaboré la masa madre que ahora usamos en la panadería. Fue durante un curso en el San Francisco Baking Institute y he estado conservándola desde entonces. En aquella clase cultivamos nuestras masas madres usando nada más que harina de centeno integral y agua. En los primeros refrescos añadíamos la misma cantidad de agua muy caliente (entre 29 °C y 35 °C) y harina de centeno integral, y nos salía una especie de papilla pringosa y pegajosa, cuya característica más destacable era que, una vez hecha la mezcla, resultaba dificilísimo deshacerse de la masa que se nos había quedado pegada a las manos. Dos veces al día tirábamos gran parte del cultivo, añadíamos más harina y agua, lo mezclábamos a mano, lo tapábamos y lo devolvíamos a la cámara donde se fermentaban las masas. Después nos pasábamos cinco minutos lavándonos las manos. Al principio no parecía que estuviera pasando gran cosa, pero a partir del cuarto refresco ya desprendía un agradable olor a fermentación un poco agrio, y a partir del tercer día el cultivo ya era capaz de ganar volumen y presentaba un aroma fuerte y ácido a fermentación y alcohol. ¡Estaba viva! Tú también vas a poder disfrutar de ese placer que comienza con un poquito de fe y acaba con un montón de ideas para usar el cultivo una vez esté activo.

Debes tener en cuenta dos cosas. Primero, se necesitan varios días para crear un buen cultivo que esté activo. Segundo, vas a necesitar un programa de mantenimiento para refrescar tu masa madre y mantenerla activa y lista para usar. En una panadería donde se hace pan a diario es fácil seguir siempre el mismo horario. Pero en casa, cuando solo vas a hacer pan una vez a la semana, tienes que establecer otra rutina para conservarla (la nevera es una buena opción) y despertarla para que se reactive a tiempo.

Lo mejor para elaborar una masa madre es usar harina integral, ya sea de trigo, de centeno o una combinación de ambas. Las de centeno son más pegajosas y con ellas es mucho más difícil enjuagarse las manos que con las de trigo, por lo que seguramente te resultará más fácil crearla con esta última. No obstante, si solo tienes harina de centeno o prefieres esta, no pasa nada. Siempre es preferible que sea integral, ya que el salvado y las capas externas del cereal contienen más levaduras y minerales que el endospermo.

GUÍA PASO A PASO PARA ELABORAR UNA MASA MADRE

Si pretendes tener siempre a mano una masa madre activa, además del recipiente transparente de 5 litros que estarás usando para el poolish y la biga, vas a necesitar otro igual (con tapa) para conservarla. Este será suficientemente grande para que quepa el cultivo cuando empieza a desarrollarse y ganar volumen. Cada vez que la refresques, usa el mismo recipiente sin lavarlo. La flora que se habrá generado dentro es segura y muy valiosa para activar la masa madre. Antes de empezar, anota el peso del recipiente vacío. A partir del cuarto día (y para el resto de la vida de la masa) vas a necesitar este dato cuando tengas que quedarte solo con 100 gramos para refrescarla. Si sabes el peso del recipiente, te resultará más fácil retirar el exceso de masa madre y quedarte solo con la porción a alimentar.

Durante los primeros días no es necesario que uses cantidades exactas, así que si te pido que uses 500 gramos de harina y 500 de agua, no pasa nada si oscilan un poco. Si, por ejemplo, sin querer echas 550 gramos de agua, no es necesario que lo compenses añadiendo más harina. No obstante, una vez el cultivo ya esté activo y pases a la rutina de mantenimiento, sí que tendrás que ser preciso con las cantidades, al igual que con la temperatura del agua, si quieres obtener resultados homogéneos. Tal y como se indica a continuación, se necesitan cinco días para elaborar una masa madre.

Día 1

ANTES DE MEDIODÍA: en un recipiente redondo de 5 litros, junta 500 gramos de harina integral de trigo con 500 de agua (32 °C) y mezcla a mano. Reposa esta especie de papilla sin tapar durante 1 o 2 horas, luego tápala y deja que siga reposando en un lugar tibio. Lo ideal sería a una temperatura entre 24 °C y 32 °C, pero si no es posible tampoco pasa nada.

Página siguiente: primeros pasos para elaborar una masa madre. Primera fila: día 1, justo después de mezclarla; 24 horas más tarde; tirando casi todo excepto un cuarto aproximadamente. Segunda fila: día 3 por la mañana (48 horas desde el inicio); día 3 por la mañana, visto desde arriba; textura de la masa madre en el día 3. Tercera fila: día 4 por la mañana (¡más burbujas!); día 4 por la mañana, visto de frente; textura de la masa madre en el día 4 por la mañana.

6L
6 qt.
4L
4 qt.
2L
2 qt.

Día 2

ANTES DE MEDIODÍA: tira unos tres cuartos de la masa inicial (puedes hacerlo a ojo). Deja el resto en el recipiente. Añade 500 gramos de harina integral de trigo con 500 de agua (32 °C) y mezcla a mano. Reposa esta especie de papilla sin tapar durante 1 o 2 horas, luego tápala y deja que siga reposando en un lugar tibio.

Hacia el final del día 2 la masa debería haber aumentado de volumen hasta llegar casi a la mitad del recipiente, con pequeñas burbujas a la vista.

Día 3

ANTES DE MEDIODÍA: ¡vida! La masa madre debería haber doblado su volumen con respecto al del día anterior. Seguramente, habrá un montón de burbujas y desprenderá un olor alcohólico y como a cuero. Una vez más, tira unos tres cuartos de la masa y deja el resto en el recipiente. Añade 500 gramos de harina integral de trigo con 500 de agua (32 °C) y mezcla a mano. Reposa esta especie de papilla sin tapar durante 1 o 2 horas, luego tápala y deja que siga reposando en un lugar tibio. Unas horas más tarde de ese mismo día, debería desprender un olor agrio y muy penetrante. Prueba a olerlo.

Día 4

ANTES DE MEDIODÍA: de nuevo, la masa debería haber subido hasta casi la mitad del recipiente y estar llena de burbujas. El cuarto día vas a quedarte con un poco menos de masa madre. Tira todo excepto unos 200 gramos. Ahora sí que hay que ser exactos con las cantidades, así que usa una báscula y ve sacando la masa a cucharadas hasta que en la pantalla el peso final sea el del recipiente más los 200 gramos que has de conservar. Añade 500 gramos de harina integral de trigo con 500 de agua (32 °C) y mezcla a mano. Tápala y deja que repose en un lugar tibio.

¡ACUÉRDATE DE PESAR EL RECIPIENTE CUANDO ESTÉ VACÍO!

Pesa el recipiente donde vas a conservar la masa madre cuando todavía esté vacío y anota el peso en algún sitio. Puedes escribirlo en un trozo de cinta de las que usan los pintores y pegarla en la cara externa del recipiente. Así, cuando vayas a alimentar la masa madre, es más fácil calcular el peso final del recipiente una vez hayas sacado la cantidad necesaria. Por ejemplo, el mío tiene un peso neto de 410 gramos. Por lo tanto, si tengo que quedarme con solo 100 gramos, he de quitar masa madre hasta que la báscula marque 510 gramos.

De izquierda a derecha: masa madre activa por la mañana antes de refrescarla; preparándome para dejar solo 100 gramos de masa madre activa; 100 gramos de masa madre dentro del recipiente y lista para el siguiente refresco; masa madre activa después de haberla refrescado.

Día 5

El cultivo debería estar lo suficientemente activo como para poder usarlo en una de las recetas de este libro para hacer pan o pizza. Para saber si la masa madre ya está activa, huélela pasadas 7 u 8 horas. Debería desprender un olor a fermentación un poco agrio y penetrante. Además, si te mojas la mano y estiras un trozo deberías notar los gases y sentir la resistencia de la estructura entramada que habrá empezado a formarse en su interior. Debería tener una textura pringosa y un poco viscosa. En cualquier caso, el quinto día pasarás de elaborar la masa madre a seguir una rutina de refrescos diarios usando un 80 por ciento de hidratación a una temperatura un poco más baja y una combinación de harina panificable e integral.

ENTRE LAS 7 Y LAS 9 DE LA MAÑANA: tira todo menos 150 gramos de masa madre. Ayúdate de la báscula para quitar masa hasta que marque 150 gramos más el peso neto del recipiente. Añade 400 gramos de harina panificable, 100 de integral de trigo, 400 de agua (29 °C) y mezcla a mano. Tápala y deja que repose en un lugar tibio. Hacia mediodía, la masa madre debería estar lista para usar, así que ahora tendrás que pasar a la siguiente sección, «Cómo usar la masa madre», para aprender a mantenerla activa, qué características ha de presentar y cómo la puedes conservar y refrescar si no vas a usarla a diario.

CÓMO USAR LA MASA MADRE

Cada vez que refresco la masa madre por las mañanas, me encanta comprobar cómo se ha llenado de gases y ha aumentado de volumen; a veces lo triplica o hasta cuadriplica si no la he usado desde la mañana anterior. Al destaparla, primero te golpea una bocanada de aire cálido con un aroma muy alcohólico. Una vez se haya disipado, mete la nariz en el recipiente e inspira fuerte. Acostúmbrate a oler la masa madre cuando se encuentra en esta fase y cuando te dispongas a separar la porción que vas a usar más tarde en el pan. Estas referencias —volumen y olor— son pistas que te ayudarán a hacerte una idea de cómo será el resultado final. Con el tiempo, la experiencia y la exposición a este proceso, cada vez confiarás más en tu criterio.

En las recetas de los capítulos 9 a 11, si sigues las instrucciones en cuanto a tiempos, temperatura del agua y cantidades, podrás trabajar tranquilo. La variable más incontrolable será la temperatura ambiente. Si en tu cocina hace bastante más calor o frío que en la mía, que normalmente está a unos 21 °C durante el día y por la noche baja a unos 18 °C, es posible que tengas que hacer algunos ajustes. Te recomiendo que prestes atención al olor de tu masa madre cuando la saques para usarla, pues ese olor pasará directamente al sabor del pan. Cuando lo pruebes, plantéate si te gusta cómo sabe. Si te parece demasiado ácido o amargo, a la próxima puedes rectificar usando agua un poco más fría cuando refresques la masa madre esa mañana o mezclando la masa final un poco antes, cuando no esté tan activa. Del mismo modo, si en tu cocina hay mucha humedad y hace más calor que en la mía, pongamos que 27 °C, es posible que te convenga más mezclar la masa final una o dos horas antes de lo que se indica en las recetas. Por otro lado, si hace calor, siempre puedes seguir el horario que te propongo y sorprenderte con lo mucho que te puede llegar a gustar un pan elaborado

---

CAMBIOS ESTACIONALES

He diseñado y probado todas las recetas de este libro en la cocina de mi casa y en cada una de las cuatro estaciones. Aquí, en Portland, los inviernos son relativamente fríos, aunque no tanto como para alcanzar temperaturas bajo cero, como, por ejemplo, en Minnesota. No obstante, me llamó la atención que, aunque en mi cocina siempre había más o menos la misma temperatura, en invierno solía estar más fría. Por lo tanto, el cultivo no estaba tan activo y las masas necesitaban un poco más de tiempo que en verano para desarrollarse. Tu experiencia dependerá del tipo de clima en el que vivas. En invierno, yo compensaba el frío añadiendo más masa madre que en verano a la masa final; unos 50 gramos más. En las recetas en las que se trabaja con masa madre doy indicaciones en este sentido ya que son las que más afectadas se ven por estos cambios.

Otro ajuste para el invierno, si está algo perezosa, es aumentar la cantidad a mantener en el refresco de la mañana, entre 30 y 50 gramos más de lo habitual, respetando las cantidades de harina y agua. En verano, si el pan sabe demasiado amargo, a veces hago lo contrario y reduzco la cantidad de masa madre en el refresco. La levadura comercial es mucho más dinámica que las que se encuentran en el cultivo, por lo que las masas híbridas (como las del capítulo 9) no se verán tan afectadas por los cambios estacionales.

con una masa madre superactiva, que normalmente suele tener un sabor más penetrante y amargo. Si hace mucho frío, ¡saca el jersey! Luego, puedes compensarlo usando agua a 35 °C cuando la refresques por la mañana. Después de alimentarla, lo ideal es que alcance una temperatura que oscile entre 26 °C y 27 °C.

En el libro hay recetas para hacer panes de masa madre que se pueden ajustar a diferentes horarios. En el capítulo 9, «Panes de masa híbrida», todas siguen el mismo horario. Refrescas la masa madre por la mañana, mezclas la masa final por la tarde, la divides y le das forma cinco horas más tarde, dejas que las hogazas fermenten lentamente en la nevera durante la noche y las cueces a la mañana siguiente. En estas también se usa un poco de levadura comercial (que se añade a la masa final, no a la madre) para que la corteza sea más ligera y el pan tenga más cuerpo, pero tanto el sabor como el carácter general dependen sobre todo de la masa madre. En las recetas del capítulo 10, por el contrario, solo se usa masa madre, sin levadura adicional, y siguen un horario diferente. Refrescas la masa madre por la mañana, mezclas la masa final a primera hora de la noche, dejas que haga la fermentación en bloque hasta la mañana siguiente, la divides, le das forma y cueces las hogazas unas horas más tarde. En ambos métodos se usa la misma rutina de refrescos para conservarla y reactivarla. De este modo, puedes hacer ajustes dependiendo de tu horario personal y el sabor que prefieras obtener.

Son panes cuyo esfuerzo merece mucho la pena, y una vez te acostumbres al proceso verás que tampoco es para tanto. El tiempo se encarga de la mayor parte del trabajo.

Los panes que se obtienen con estos dos métodos —con y sin levadura panadera— no son idénticos. Los que se hacen con masa híbrida tienen una textura más ligera, más volumen y una corteza más fina, mientras que los de masa madre pura son más rústicos y, por lo tanto, no tienen tanto cuerpo, sino que son ligeramente más pequeños y densos, y la corteza presenta más grietas y es más masticable (en el buen sentido). Si tuestas un pan de masa madre hasta que se chamusque un poco en algunas partes, el sabor tostado de la corteza penetrará hasta la miga. Estos panes, además, se notan más en el paladar, ya que tienen un sabor más fuerte, pero con suerte no demasiado, mientras que en los híbridos los matices son más delicados y están más equilibrados. Te recomiendo que pruebes ambos tipos de receta para que aprecies las maravillas de cada estilo y decidas cuál te gusta más.

CÓMO REFRESCAR LA MASA MADRE

En las recetas de masa madre de este libro se da por sentado que ya tienes un cultivo activo. Si vas a hacer pan de masa madre varios días a la semana, vas a necesitar mantener una rutina para alimentarla. Puedes hacerlo cada mañana, a ser posible siempre a la misma hora, aunque puede variar hora arriba o abajo sin que esto afecte a la masa. Cuando vayas a refrescar, usa la siguiente fórmula:

- 100 gramos de masa madre (o un poco más en invierno; echa un vistazo a «Cambios estacionales», en la página 134)
- 100 gramos de harina integral de trigo
- 400 gramos de harina panificable

- 400 gramos de agua, entre 29 °C y 32 °C, dependiendo de la estación del año (más caliente en invierno, más fría en verano)

La temperatura ideal que debe alcanzar la masa madre una vez refrescada es de 26 °C o 27 °C. Si no sabes a qué temperatura usar el agua, comprueba la de la masa madre cuando acabes y haz los ajustes necesarios al día siguiente. Entre un refresco y otro, tápala y deja que repose a temperatura ambiente.

Puedes reducir la cantidad de masa madre, harina y agua que vayas a usar al alimentarla siempre y cuando sigas siempre las mismas proporciones. Esta es la fórmula para conservar la mitad:

- 50 gramos de masa madre
- 50 gramos de harina integral de trigo
- 200 gramos de harina panificable
- 200 gramos de agua, entre 29 °C y 32 °C, dependiendo de la estación del año (más caliente en invierno, más fría en verano)

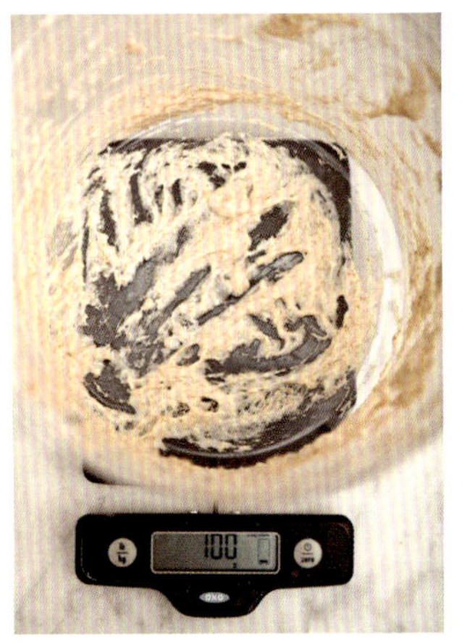

Cuando te quedes solo con los 50 gramos de masa madre del recipiente te dará la sensación de que no te has quedado más que con los restos. Puede que no parezca gran cosa, ¡pero en su interior hay mucho potencial!

Una vez te hayas quedado solo con 100 gramos de masa madre en el recipiente, pon a cero la báscula. Agrega la cantidad de harina indicada, a continuación el agua a la temperatura indicada y mezcla a mano. Un apunte para cuando vayas a trabajar la masa madre a mano: este tipo de cultivo es bastante ácido. Si vas a trabajar a menudo con masa madre y tienes la piel sensible, es posible que te convenga comprar guantes desechables de vinilo. Además, siempre vienen bien. Yo tengo una caja en la cocina y los uso mucho, como, por ejemplo, cuando quiero mezclar la ensalada.

Una vez hayas usado la masa madre en una receta, guarda lo que te sobre dentro de su recipiente a temperatura ambiente. A la mañana siguiente —a la hora a la que normalmente alimentas la masa madre— refresca como siempre lo que te haya sobrado.

CÓMO CONSERVAR Y REACTIVAR LA MASA MADRE

Si no vas a usar la masa madre todos los días o no te apetece estar refrescándola a diario, tendrás que aprender a conservarla y a reactivarla cuando la vayas a usar. Lo mejor es guardarla en la nevera. Una vez hayas usado la cantidad necesaria en una masa final, quédate con unos 300 gramos de lo que te haya sobrado, cúbrela con una película de agua y métela en una bolsa de plástico sin agujeros. Así aguantará en la nevera hasta un mes.

Cuando vayas a usarla otra vez, tendrás que planificarte con tiempo para despertarla y que esté bien activa. Este es el plan que te recomiendo:

PASO 1. DOS DÍAS ANTES DE HORNEAR EL PAN: saca la masa madre de la nevera y pasa 200 gramos al recipiente donde la vas a conservar (vacío). Tira el resto. A ser posible, deja que repose a temperatura ambiente entre 30 y 60 minutos para que se atempere. Añade 100 gramos de harina integral de trigo, 400 de harina panificable y 400 de agua a 35 °C y remueve con la mano. Tápala y deja que repose en un lugar tibio durante toda la noche.

PASO 2. LA MAÑANA ANTES DE HORNEAR EL PAN: refresca la masa madre de nuevo con las mismas cantidades del refresco diario: Tira todo menos 100 gramos de masa. Añade 100 gramos de harina integral de trigo, 400 de harina panificable y 400 de agua entre 29 °C y 32 °C, dependiendo de la estación del año. Mezcla a mano todos los ingredientes.

Llegados a este punto, habrás completado el primer paso de todas las recetas en las que se usa masa madre. Tápala y deja que repose en un sitio cálido hasta que llegue la hora de mezclar la masa final. Tras haber hecho la fermentación en bloque durante la noche, dependiendo de la receta, estarás preparado para hornear el pan al día siguiente.

HORARIO DE MUESTRA:

Si estás elaborando una masa madre nueva y quieres que esté lista para el domingo, por ejemplo, empieza con la rutina del día 1 del apartado «Guía paso a paso para elaborar una masa madre» (página 130) el martes anterior. Aunque se necesitan unos cinco días para cultivar una masa madre, el proceso diario no lleva más de unos pocos minutos.

Si tienes masa madre en la nevera, aquí tienes una rutina para reactivarla y que esté lista el domingo por la mañana:

1. El viernes por la mañana refresca la masa madre que tenías en la nevera siguiendo el paso 1 del apartado «Cómo conservar y reactivar la masa madre».
2. El sábado por la mañana, tira todo menos 100 gramos de la madre y prosigue con el paso 2 de la rutina de refresco.
3. El sábado por la tarde, mezcla la masa final siguiendo las indicaciones de la receta que quieras hacer.
4. En el caso de estar usando una masa híbrida (capítulo 9), el sábado por la noche divide y da forma a las hogazas para que fermenten en la nevera durante toda la noche. En el caso de las recetas de masa madre pura (capítulos 10 y 11), la fermentación en bloque es la que se hace durante la noche y, a la mañana siguiente, la masa se divide y se le da forma de hogaza.
5. Si son panes con masa híbrida, cuécelos el domingo por la mañana; los de masa madre pura, sobre el mediodía.

PANES DE MASA HÍBRIDA

PAIN DE CAMPAGNE

PAN DE MASA MADRE 75 % INTEGRAL

PAN DE MASA MADRE CUBIERTO CON SALVADO

PAN DE MASA MADRE CON NUECES

MULTIVARIETAL #1

MULTIVARIETAL #2

Pan de masa madre con nueces (página 151).

PAIN DE CAMPAGNE

Este Pain de campagne es un pan de tipo rústico. Tiene una miga de color dorado y un sabor redondo muy delicado gracias a la fermentación, y la corteza, además de deliciosa, tiene muy buena mordida. Este pan mejora con el tiempo; llega a su mejor momento a los dos días y se mantiene fresco hasta casi una semana. Esta receta incluye un poquito de harina integral tanto en la masa final como en la madre. Esto le da un buen empujón a la fermentación y aporta un sabor más profundo, con un suave toque de acidez. Hacer la fermentación en pieza durante la noche en la nevera le aporta complejidad. Una vez tengas una masa madre activa, este pan no te llevará demasiado trabajo, pero conseguirás un sabor y una textura buenísimos, igual que su aspecto.

Muchos panaderos franceses usan un poco de harina de centeno en este pan para que la miga tenga un tono más grisáceo y que le aporte algo de sabor, pero yo prefiero usar trigo integral. Atrévete a experimentar con diferentes combinaciones. Por ejemplo, en este caso me gusta mucho usar un 70 por ciento de harina panificable, 20 de integral y 10 de centeno integral. Si quieres saber más sobre cómo jugar con las combinaciones de harina, echa un vistazo a la página 190, donde encontrarás el texto «Cómo hacer una masa que se adapte a tus gustos». Simplemente recuerda que la cantidad total de harina que uses

en la masa final ha de ser la misma que en esta receta: 800 gramos, puesto que los otros 200 provienen de la masa madre.

Yo suelo usar mucho este pan para hacer picatostes ligeramente tostados para que queden crujientes y los echo a una vinagreta con mostaza para que se empapen bien. Así los uso en una ensalada con lechuga fresca y huevo duro. También es ideal para hacer la clásica sopa de cebolla francesa o ribollita, sopa típica de la Toscana en la que también se usa pan. Otra opción muy buena es usarlo para acompañar paté o para mojar en una salsa, por no mencionar lo bueno que está para sándwich o como tostada con mantequilla y mermelada. A veces lo tuesto un pelín y lo uso para la hamburguesa, en lugar del clásico mollete.

CON ESTA RECETA SE OBTIENEN 2 HOGAZAS DE UNOS 700 GRAMOS CADA UNA.

FERMENTACIÓN EN BLOQUE: Unas 5 horas

FERMENTACIÓN EN PIEZA: Entre 12 y 14 horas

HORARIO DE MUESTRA: Refresca la masa madre a las 8 de la mañana, mezcla la masa final a las 3 de la tarde, da forma a las hogazas a las 8, deja que fermenten por segunda vez en la nevera durante la noche y hornéalas a la mañana siguiente entre las 8 y las 10.

Masa madre

INGREDIENTE	CANTIDAD	
Masa madre activa	100 g	⅓ de taza + 1½ cdas.
Harina panificable	400 g	3 tazas + 2 cdas.
Harina integral	100 g	¾ de taza + ½ cda.
Agua	400 g, entre 29 °C y 32 °C	1¾ taza

Masa final / Fórmula del panadero

INGREDIENTE	CANTIDAD PARA LA MASA FINAL		CANTIDAD EN LA MASA MADRE	CANTIDAD TOTAL DE LA RECETA	PORCENTAJE PANADERO
Harina panificable	740 g	5¾ tazas	160 g	900 g	90 %
Harina integral	60 g	½ taza + ½ cda.	40 g	100 g	10 %
Agua	620 g, entre 32 °C y 35 °C	2¾ tazas	160 g	780 g	78 %
Sal marina fina	21 g	1 cda. + 1 cdta. rasa	0	21 g	2,1 %
Levadura seca instantánea	2 g	½ cdta.	0	2 g	0,2%
Masa madre	360 g	1⅓ tazas			20 %*

** El porcentaje panadero para la masa madre se refiere a la cantidad de harina que contiene este prefermento expresada como porcentaje sobre el total de la harina que se utiliza en la receta.*

CONTINÚA>>

1a. Refresca la masa madre. Unas 24 horas después de haber alimentado la masa madre, toma 100 gramos y deja el resto en el recipiente de 5 litros. Añade 400 gramos de harina panificable, 100 de integral y 400 de agua, entre 29 °C y 32 °C, y mezcla a mano. Cúbrela y deja que fermente a temperatura ambiente entre 6 y 8 horas antes de mezclar la masa final.

1b. Empieza con la autolisis. Pasadas entre 6 y 8 horas, en un recipiente redondo de 10 litros o similar, mezcla con la mano los 740 gramos de harina panificable y los 60 de integral. Agrega los 620 gramos de agua a una temperatura entre 32 °C y 35 °C y remueve con la mano. Tapa el recipiente y deja que repose entre 20 y 30 minutos.

2. Incorpora el resto de los ingredientes. Espolvorea sobre la masa los 21 gramos de sal y los 2 de levadura (½ cucharadita).

Coloca sobre la báscula un recipiente con un dedo de agua tibia para que te sea más fácil sacar la masa madre una vez la hayas pesado. Con las manos humedecidas, pasa 360 gramos de masa madre al recipiente.

A continuación, transfiérela al recipiente de 10 litros minimizando todo lo posible la cantidad de agua que pueda arrastrar. Humedece la mano para que no se te pegue la masa y empieza a mezclar. Alterna el corte mediante pinzado (página 68) y el plegado para que todos los ingredientes se integren bien. Al acabar, la masa debería estar entre 25 °C y 26 °C.

3. Aplica los pliegues. A esta masa hay que aplicarle tres o cuatro tandas de pliegues (tienes las instrucciones precisas en las páginas 69-71). Si los aplicas durante la primera 1½ o 2 horas después de mezclar la masa final, te resultará más fácil.

Cuando la masa haya aumentado 2½ veces su volumen, unas cinco horas más tarde, estará lista para dividir las hogazas.

4. Divide la masa. Con las manos enharinadas, vuelca con cuidado la masa sobre la superficie de trabajo previamente espolvoreada con harina. Aún con las manos enharinadas, levántala y vuelve a colocarla sobre la encimera de manera que tenga una forma más o menos uniforme. Espolvorea con un poco de harina la zona por la que vas a hacer la incisión y, a continuación, divide la masa en dos con una rasqueta metálica o de plástico.

¿QUÉ PASA SI LA MASA NO LLEGA A LA TEMPERATURA INDICADA?

Si la temperatura de la masa final está por debajo de los 25 °C, no te preocupes, simplemente tardará un poco más en aumentar de volumen. Colócala en un sitio cálido y la próxima vez usa agua más caliente. Si está por encima de los 26 °C, seguramente subirá antes, dependiendo de la temperatura de tu cocina. La próxima vez usa agua más fría.

5. Da forma a las hogazas. Espolvorea con harina dos cestos. Da forma de bola a cada mitad siguiendo las instrucciones de las páginas 72-73. Colócalas en el cesto con los pliegues mirando hacia abajo.

6. Fermentación en pieza. Introduce los cestos en sendas bolsas de plástico sin agujeros y déjalos en la nevera toda la noche.

A la mañana siguiente, entre 12 y 14 horas después, deberían estar listas para entrar en el horno directamente desde la nevera. No es necesario atemperarlas.

7. Precalienta el horno y la cazuela. Mínimo 45 minutos antes de hornear las hogazas, dispón la rejilla del horno a media altura y coloca sobre esta dos cazuelas de hierro colado con sus respectivas tapas. Precalienta el horno a 245 °C.

Si solo tienes una cazuela, deja la segunda hogaza en la nevera mientras horneas la primera. Cuece una después de la otra, pero antes de introducir la segunda en el horno recalienta la cazuela durante unos cinco minutos.

8. Hornea. Para el siguiente paso te pido que lleves mucho cuidado y que no toques la cazuela, que estará ardiendo, con los dedos, la mano o el antebrazo.

Vuelca la hogaza ya fermentada sobre la superficie de trabajo previamente espolvoreada con harina. Recuerda que ahora la superficie lisa de la masa quedará abajo y los pliegues estarán expuestos durante la cocción.

Saca la cazuela del horno, destápala y, con cuidado, coloca dentro la hogaza con los pliegues mirando hacia arriba. Vuelve a taparla y hornea durante 30 minutos. A continuación, retira la tapa y mantén la cocción unos 20 minutos más, hasta que toda la corteza se torne de color marrón tostado. A los 15 minutos, echa un vistazo por si acaso tu horno calienta más de lo indicado.

Saca la cazuela del horno e inclínala con cuidado para que salga la hogaza. Colócala sobre una rejilla para que se enfríe o ponla de lado para que el aire pueda circular a su alrededor. Deja que repose durante al menos 20 minutos antes de cortarla.

PAN DE MASA MADRE 75 % INTEGRAL

Una vez cocido este delicioso pan de alto contenido en fibra, su sabor sigue mejorando a lo largo de dos días. A mí me recuerda a la mantequilla de nueces y a los cereales de trigo Weetabix, y me encanta untado con una buena mantequilla o tostado sin más. También le sienta fenomenal un poco de queso italiano Robiola, mermelada de albaricoque o paté de pato.

Es posible que te llame la atención que en este caso usemos un poco menos de levadura en comparación con las otras recetas de este capítulo. Esto se debe a que la harina integral contiene más nutrientes a partir de los cuales se alimentan las levaduras naturales y, por lo tanto, la masa fermenta más rápido que si usáramos una harina panificable. El salvado del grano acorta las cadenas de gluten, por lo que la hogaza es más pequeña y densa. Pero ¿a quién le importa? Al fin y al cabo, tampoco es que sea un ladrillo. De hecho, tiene una textura y un volumen muy sorprendentes para la cantidad de harina integral con la que se hace. Me encanta este pan.

CON ESTA RECETA SE OBTIENEN 2 HOGAZAS DE UNOS 700 GRAMOS CADA UNA.

FERMENTACIÓN EN BLOQUE: Unas 5 horas

FERMENTACIÓN EN PIEZA: Entre 12 y 13 horas

HORARIO DE MUESTRA: Refresca la masa madre a las 8 de la mañana, mezcla la masa final a las 3 de la tarde, da forma a las hogazas a las 8, deja que fermenten por segunda vez en la nevera durante la noche y hornéalas a la mañana siguiente entre las 8 y las 9.

Masa madre

INGREDIENTE	CANTIDAD	
Masa madre activa	100 g	⅓ de taza + 1½ cdas.
Harina panificable	400 g	3 tazas + 2 cdas.
Harina integral	100 g	¾ de taza + ½ cda.
Agua	400 g, entre 29 °C y 32 °C	1¾ taza

Masa final / Fórmula del panadero

INGREDIENTE	CANTIDAD PARA LA MASA FINAL		CANTIDAD EN LA MASA MADRE	CANTIDAD TOTAL DE LA RECETA	PORCENTAJE PANADERO
Harina panificable	90 g	½ taza + 3 cdas.	160 g	250 g	25 %
Harina integral	710 g	5½ tazas + ½ cda.	40 g	750 g	75 %
Agua	660 g, entre 32 °C y 35 °C	2⅞ tazas	160 g	820 g	82 %
Sal marina fina	21 g	1 cda. + 1 cdta. rasa	0	21 g	2,1 %
Levadura seca instantánea	1,75 g	½ cdta. rasa	0	1,75 g	0,175 %
Masa madre	360 g	1⅓ tazas			20 %*

** El porcentaje panadero para la masa madre se refiere a la cantidad de harina que contiene este prefermento expresada como porcentaje sobre el total de la harina que se utiliza en la receta.*

1a. Refresca la masa madre. Unas 24 horas después de haber alimentado la masa madre, toma 100 gramos y deja el resto en el recipiente de 5 litros. Añade 400 gramos de harina panificable, 100 de integral y 400 de agua, entre 29 °C y 32 °C, y mezcla a mano. Cúbrela y deja que fermente a temperatura ambiente entre 6 y 8 horas antes de mezclar la masa final.

1b. Empieza con la autolisis. Pasadas entre 6 y 8 horas, en un recipiente redondo de 10 litros o similar, mezcla con la mano los 90 gramos de harina panificable y los 710 de integral. Agrega los 660 gramos de agua a una temperatura entre 32 °C y 35 °C y remueve con la mano. Tapa el recipiente y deja que repose entre 20 y 30 minutos.

2. Incorpora el resto de los ingredientes. Espolvorea sobre la masa los 21 gramos de sal y 1,75 de levadura (½ cucharadita rasa).

Coloca sobre la báscula un recipiente con un dedo de agua tibia para que te sea más fácil sacar la masa madre una vez la hayas pesado. Con las manos humedecidas, pasa 360 gramos de masa madre al recipiente.

A continuación, transfiérela al recipiente de 10 litros minimizando todo lo posible la cantidad de agua que pueda arrastrar. Humedece la mano para que no se te pegue la masa y empieza a mezclar. Alterna el corte mediante pinzado (página 68) y el plegado para que todos los ingredientes se integren bien. Al acabar, la masa debería estar entre 25 °C y 26 °C.

3. Aplica los pliegues. A esta masa hay que aplicarle dos o tres tandas de pliegues (tienes las instrucciones precisas en las páginas 69-71). Si los aplicas durante la primera 1½ o 2 horas después de mezclar la masa final, te resultará más fácil.

Cuando la masa haya aumentado 2½ veces su volumen, unas 5 horas más tarde, estará lista para dividir las hogazas.

4. Divide la masa. Con las manos enharinadas, vuelca con cuidado la masa sobre la superficie de trabajo previamente espolvoreada con harina. Aún con las manos enharinadas, levántala y vuelve a colocarla sobre la encimera de manera que tenga una forma más o menos uniforme. Espolvorea con un poco de harina la zona por la que vas a hacer la incisión y, a continuación, divide la masa en dos con una rasqueta metálica o de plástico.

5. Da forma a las hogazas. Espolvorea con harina dos cestos. Da forma de bola a cada mitad siguiendo las instrucciones de las páginas 72-73. Colócalas en el cesto con los pliegues mirando hacia abajo.

6. Fermentación en pieza. Introduce los cestos en sendas bolsas de plástico sin agujeros y déjalos en la nevera toda la noche.

A la mañana siguiente, entre 12 y 13 horas después, deberían estar listas para entrar en el horno directamente desde la nevera. No es necesario atemperarlas.

CONTINÚA>>

7. Precalienta el horno y la cazuela. Mínimo 45 minutos antes de hornear las hogazas, dispón la rejilla del horno a media altura y coloca sobre esta dos cazuelas de hierro colado con sus respectivas tapas. Precalienta el horno a 245 °C.

Si solo tienes una cazuela, deja la segunda hogaza en la nevera mientras horneas la primera. Cuece una después de la otra, pero antes de introducir la segunda en el horno recalienta la cazuela durante unos cinco minutos.

8. Hornea. Para el siguiente paso te pido que lleves mucho cuidado y que no toques la cazuela, que estará ardiendo, con los dedos, la mano o el antebrazo.

Vuelca la hogaza ya fermentada sobre la superficie de trabajo previamente espolvoreada con harina. Recuerda que ahora la superficie lisa de la masa quedará abajo y los pliegues estarán expuestos durante la cocción.

Saca la cazuela del horno, destápala y, con cuidado, coloca dentro la hogaza con los pliegues mirando hacia arriba. Vuelve a taparla y hornea durante 30 minutos. A continuación, retira la tapa y mantén la cocción unos 20 minutos más, hasta que toda la corteza se torne de un color marrón ligeramente tostado.

A los 15 minutos, echa un vistazo por si acaso tu horno calienta más de lo indicado.

Saca la cazuela del horno e inclínala con cuidado para que salga la hogaza. Colócala sobre una rejilla para que se enfríe o ponla de lado para que el aire pueda circular a su alrededor. Deja que repose durante al menos 20 minutos antes de cortarla.

PAN DE MASA MADRE CUBIERTO CON SALVADO

Al moler la harina, el germen y el salvado se separan del grano para trabajar solo con el endospermo, que es con lo que se elabora la harina panificable. El salvado representa el 14 por ciento del peso del grano aproximadamente, y el germen entre el 2,5 y el 3 por ciento. En esta receta devolvemos el germen a la masa y la hogaza se cubre con una fina capa de salvado. Si quieres echar más germen, adelante; puedes usar hasta unos 100 gramos. Aunque he visto recetas en las que se añade incluso más, creo que la miga queda demasiado densa. El salvado, que aguanta bien la temperatura a la que se hornea el pan, aporta un toque crujiente muy agradable a la corteza, además de un ligero sabor a fruto seco tostado. Eso sí, al cortar el pan, saldrá disparado por todas partes. *C'est la vie!* Echa un puñado de salvado al cesto para que se pegue a la masa mientras fermenta y así ya estará lista cuando vayas a hornearla.

CON ESTA RECETA SE OBTIENEN 2 HOGAZAS DE UNOS 700 GRAMOS CADA UNA.

FERMENTACIÓN EN BLOQUE: Unas 5 horas

FERMENTACIÓN EN PIEZA: Entre 12 y 14 horas

HORARIO DE MUESTRA: Refresca la masa madre a las 8 de la mañana, mezcla la masa final a las 3 de la tarde, da forma a las hogazas a las 8, deja que fermenten por segunda vez en la nevera durante la noche y hornéalas a la mañana siguiente entre las 8 y las 10.

Masa madre

INGREDIENTE	CANTIDAD	
Masa madre activa	100 g	⅓ de taza + 1½ cdas.
Harina panificable	400 g	3 tazas + 2 cdas.
Harina integral	100 g	¾ de taza + ½ cda.
Agua	400 g, entre 29 °C y 32 °C	1¾ tazas

CONTINÚA>>

Masa final			Fórmula del panadero		
INGREDIENTE	CANTIDAD PARA LA MASA FINAL		CANTIDAD EN LA MASA MADRE	CANTIDAD TOTAL DE LA RECETA	PORCENTAJE PANADERO
Harina panificable	800 g	6¼ tazas	160 g	960 g	96 %
Harina integral	0	0	40 g	40 g	4 %
Agua	620 g, entre 32 °C y 35 °C	2¾ tazas	160 g	780 g	78 %
Sal marina fina	21 g	1 cda. + 1 cdta. rasa	0	21 g	2,1 %
Levadura seca instantánea	2 g	½ cdta.	0	2 g	0,2 %
Germen de trigo	30 g	⅓ de taza + 1 cda.	0	30 g	3 %
Salvado de trigo	0	0	0	20 g	2 %
Masa madre	360 g	1⅓ tazas			20 %*

** El porcentaje panadero para la masa madre se refiere a la cantidad de harina que contiene este prefermento expresada como porcentaje sobre el total de la harina que se utiliza en la receta.*

1a. Refresca la masa madre. Unas 24 horas después de haber alimentado la masa madre, toma 100 gramos y deja el resto en el recipiente de 5 litros. Añade 400 gramos de harina panificable, 100 de integral y 400 de agua, entre 29 °C y 32 °C, y mezcla a mano. Cúbrela y deja que fermente entre 6 y 8 horas antes de mezclar la masa final.

1b. Empieza con la autolisis. Pasadas entre 6 y 8 horas, en un recipiente redondo de 10 litros o similar, mezcla con la mano los 800 gramos de harina panificable y los 30 de germen. Agrega los 620 gramos de agua a una temperatura entre 32 °C y 35 °C y remueve con la mano. Tapa el recipiente y deja que repose entre 20 y 30 minutos.

2. Incorpora el resto de los ingredientes. Espolvorea sobre la masa los 21 gramos de sal y los 2 de levadura (½ cucharadita).

Coloca sobre la báscula un recipiente con un dedo de agua tibia para que te sea más fácil sacar la masa madre una vez la hayas pesado. Con las manos humedecidas, pasa 360 gramos de masa madre al recipiente.

A continuación, transfiérela al recipiente de 10 litros minimizando todo lo posible la cantidad de agua que pueda arrastrar. Humedece la mano para que no se te pegue la masa y empieza a mezclar. Alterna el corte mediante pinzado (página 68) y el plegado para que todos los ingredientes se integren bien. Al acabar, la masa debería estar entre 25 °C y 26 °C.

3. Aplica los pliegues. A esta masa hay que aplicarle tres o cuatro tandas de pliegues (tienes las instrucciones precisas en las páginas 69-71). Si los aplicas durante la primera 1½ o 2 horas después de mezclar la masa final, te resultará más fácil.

CONTINÚA>>

Cuando la masa haya aumentado 2½ veces su volumen, unas 5 horas más tarde, estará lista para dividir las hogazas.

4. Divide la masa. Espolvorea con harina dos cestos y, a continuación, otros 10 gramos de salvado en cada uno.

Con las manos enharinadas, vuelca con cuidado la masa sobre la superficie de trabajo previamente espolvoreada con harina. Aún con las manos enharinadas, levántala y vuelve a colocarla sobre la encimera de manera que tenga una forma más o menos uniforme. Espolvorea con un poco de harina la zona por la que vas a hacer la incisión y, a continuación, divide la masa en dos con una rasqueta metálica o de plástico.

5. Da forma a las hogazas. Da forma de bola a cada mitad siguiendo las instrucciones de las páginas 72-73. Colócalas en el cesto con los pliegues mirando hacia abajo.

6. Fermentación en pieza. Introduce los cestos en sendas bolsas de plástico sin agujeros y déjalos en la nevera toda la noche.

A la mañana siguiente, entre 12 y 14 horas después, deberían estar listas para entrar en el horno directamente desde la nevera. No es necesario atemperarlas.

7. Precalienta el horno y la cazuela. Mínimo 45 minutos antes de hornear las hogazas, dispón la rejilla del horno a media altura y coloca sobre esta dos cazuelas de hierro colado con sus respectivas tapas. Precalienta el horno a 245 °C.

Si solo tienes una cazuela, deja la segunda hogaza en la nevera mientras horneas la primera. Cuece una después de la otra, pero antes de introducir la segunda en el horno recalienta la cazuela durante unos cinco minutos.

8. Hornea. Para el siguiente paso te pido que lleves mucho cuidado y que no toques la cazuela, que estará ardiendo, con los dedos, la mano o el antebrazo.

Vuelca la hogaza ya fermentada sobre la superficie de trabajo previamente espolvoreada con harina. Recuerda que ahora la superficie lisa de la masa quedará abajo y los pliegues estarán expuestos durante la cocción.

Saca la cazuela del horno, destápala y, con cuidado, coloca dentro la hogaza con los pliegues mirando hacia arriba. Vuelve a taparla y hornea durante 30 minutos. A continuación, retira la tapa y mantén la cocción unos 20 minutos más, hasta que toda la corteza se torne de un color marrón ligeramente tostado.

A los 15 minutos, echa un vistazo por si acaso tu horno calienta más de lo indicado.

Saca la cazuela del horno e inclínala con cuidado para que salga la hogaza. Colócala sobre una rejilla para que se enfríe o ponla de lado para que el aire pueda circular a su alrededor. Deja que repose durante al menos 20 minutos antes de cortarla.

PAN DE MASA MADRE CON NUECES

Desde que abrimos, en Ken's Artisan Bakery hemos hecho pan de nueces en diferentes tamaños y formatos, desde hogazas alargadas o redondas a molletes que la mayoría compran para el desayuno. Antes de añadir las nueces a la masa, las tostamos un poco. El pan está buenísimo tal cual, pero si lo tuestas y le untas un poco de mantequilla y miel, se vuelve sublime. A algunos restaurantes les servimos barras que cortan en rebanadas, las tuestan en la parrilla y las sirven con queso. En mi panadería lo usamos en un sándwich de queso blanco y peras Bosc que se cultivan en el condado de Hood River, en Oregón. A mi amigo Steve Jones, propietario de un bar de quesos de Portland, le encanta este pan con un poco de queso azul Oregon Blue o Caveman Blue, ambos de la quesería Rogue Creamery de Oregón. También está buenísimo untado con un poco de queso fresco de cabra. Lo que está claro es que hay que comerlo tostado.

CON ESTA RECETA SE OBTIENEN 2 HOGAZAS, DE UNOS 800 GRAMOS CADA UNA.

FERMENTACIÓN EN BLOQUE: Unas 5 horas

FERMENTACIÓN EN PIEZA: Entre 12 y 14 horas

HORARIO DE MUESTRA: Refresca la masa madre a las 8 de la mañana, mezcla la masa final a las 3 de la tarde, da forma a las hogazas a las 8, deja que fermenten por segunda vez en la nevera durante la noche y hornéalas a la mañana siguiente entre las 8 y las 10.

Masa madre

INGREDIENTE	CANTIDAD	
Masa madre activa	100 g	⅓ de taza + 1½ cdas.
Harina panificable	400 g	3 tazas + 2 cdas.
Harina integral	100 g	¾ de taza + ½ cda.
Agua	400 g, entre 29 °C y 32 °C	1¾ tazas

Masa final / Fórmula del panadero

INGREDIENTE	CANTIDAD PARA LA MASA FINAL		CANTIDAD EN LA MASA MADRE	CANTIDAD TOTAL DE LA RECETA	PORCENTAJE PANADERO
Harina panificable	740 g	5¾ tazas	160 g	900 g	90 %
Harina integral	60 g	½ taza + 1 cda.	40 g	100 g	10 %
Agua	620 g, entre 32 °C y 35 °C	2¾ tazas	160 g	780 g	78 %
Sal marina fina	22 g	1 cda. + 1 cdta.	0	22 g	2,2 %
Levadura seca instantánea	2 g	½ cdta.	0	2 g	0,2 %
Nueces partidas por la mitad o en trocitos	225 g	Unas 2 tazas	0	225 g	22,5 %
Masa madre	360 g	1⅓ tazas			20 %*

** El porcentaje panadero para la masa madre se refiere a la cantidad de harina que contiene este prefermento expresada como porcentaje sobre el total de la harina que se utiliza en la receta.*

CONTINÚA>>

1a. Refresca la masa madre. Unas 24 horas después de haber alimentado la masa madre, toma 100 gramos y deja el resto en el recipiente de 5 litros. Añade 400 gramos de harina panificable, 100 de integral y 400 de agua, entre 29 °C y 32 °C, y mezcla a mano. Cúbrela y deja que fermente a temperatura ambiente entre 6 y 8 horas antes de mezclar la masa final.

1b. Tuesta las nueces. Al menos una hora antes de la autolisis, precalienta el horno a 205 °C. Reparte las nueces en una sartén o bandeja apta para el horno y ásalas durante unos 12 minutos, hasta que se tuesten ligeramente. Deja que se enfríen a temperatura ambiente.

1c. Empieza con la autolisis. Entre 6 y 8 horas después de haber alimentado la masa madre, en un recipiente redondo de 10 litros o similar, mezcla con la mano los 740 gramos de harina panificable y los 60 de integral. Agrega los 620 gramos de agua a una temperatura entre 32 °C y 35 °C y remueve con la mano. Tapa el recipiente y deja que repose entre 20 y 30 minutos.

2. Incorpora el resto de los ingredientes. Espolvorea sobre la masa los 22 gramos de sal y los 2 de levadura (½ cucharadita).

Coloca sobre la báscula un recipiente con un dedo de agua tibia para que te sea más fácil sacar la masa madre una vez la hayas pesado. Con las manos humedecidas, pasa 360 gramos de masa madre al recipiente.

A continuación, transfiérela al recipiente de 10 litros minimizando todo lo posible la cantidad de agua que pueda arrastrar. Humedece la mano para que no se te pegue la masa y empieza a mezclar. Alterna el corte mediante pinzado (página 68) y el plegado para que todos los ingredientes se integren bien. Al acabar, la masa debería estar entre 25 °C y 26 °C.

Deja que la masa repose durante 10 minutos y, a continuación, reparte por encima las nueces ya atemperadas. Mézclalas con la masa usando de nuevo el pinzado y los pliegues hasta que se hayan repartido uniformemente.

3. Aplica los pliegues. A esta masa hay que aplicarle tres tandas de pliegues (tienes las instrucciones precisas en las páginas 69-71). Si los aplicas durante la primera 1½ o 2 horas después de mezclar la masa final, te resultará más fácil.

Cuando la masa haya aumentado 2½ veces su volumen, unas 5 horas más tarde, estará lista para dividir las hogazas.

4. Divide la masa. Con las manos enharinadas, vuelca con cuidado la masa sobre la superficie de trabajo previamente espolvoreada con harina. Aún con las manos enharinadas, levántala y vuelve a colocarla sobre la encimera de manera que tenga una forma más o menos uniforme. Espolvorea con un poco de harina la zona por la que vas a hacer la incisión y, a continuación, divide la masa en dos con una rasqueta metálica o de plástico.

5. Da forma a las hogazas. Espolvorea con harina dos cestos. Da forma de bola a cada mitad siguiendo las instrucciones de las páginas 72-73. Colócalas en el cesto con los pliegues mirando hacia abajo.

6. Fermentación en pieza. Introduce los cestos en sendas bolsas de plástico sin agujeros y déjalos en la nevera toda la noche.

CONTINÚA>>

A la mañana siguiente, entre 12 y 14 horas después, deberían estar listas para entrar en el horno directamente desde la nevera. No es necesario atemperarlas.

7. Precalienta el horno y la cazuela. Mínimo 45 minutos antes de hornear las hogazas, dispón la rejilla del horno a media altura y coloca sobre esta dos cazuelas de hierro colado con sus respectivas tapas. Precalienta el horno a 245 °C.

Si solo tienes una cazuela, deja la segunda hogaza en la nevera mientras horneas la primera. Cuece una después de la otra, pero antes de introducir la segunda en el horno recalienta la cazuela durante unos cinco minutos.

8. Hornea. Para el siguiente paso te pido que lleves mucho cuidado y que no toques la cazuela, que estará ardiendo, con los dedos, la mano o el antebrazo.

Vuelca la hogaza ya fermentada sobre la superficie de trabajo previamente espolvoreada con harina. Recuerda que ahora la superficie lisa de la masa quedará abajo y los pliegues estarán expuestos durante la cocción.

Saca la cazuela del horno, destápala y, con cuidado, coloca dentro la hogaza con los pliegues mirando hacia arriba. Vuelve a taparla y hornea durante 30 minutos. A continuación, retira la tapa y mantén la cocción unos 20 minutos más, hasta que toda la corteza se torne de un color marrón ligeramente tostado.

A los 15 minutos, echa un vistazo por si acaso tu horno calienta más de lo indicado.

Saca la cazuela del horno e inclínala con cuidado para que salga la hogaza. Colócala sobre una rejilla para que se enfríe o ponla de lado para que el aire pueda circular a su alrededor. Deja que repose durante al menos 20 minutos antes de cortarla.

MULTIVARIETAL #1

Para esta receta he tomado prestado el término enológico «multivarietal», que, como bien indica la palabra, se refiere a la mezcla de varias uvas cultivadas en un mismo viñedo para producir un vino único. Esta es una práctica que se ha seguido durante muchísimo tiempo en Alsacia, entre otras regiones. Aquí lo uso para referirme a esos panes elaborados con harina de trigo panificable, integral y blanca de centeno, que también se conoce como «harina refinada de centeno» y no es más que harina de centeno sin el salvado ni el germen (como la de trigo). Este pan tiene una variedad de matices muy amplia y característica: con un agradable sabor a centeno muy marcado, pero no exagerado, que no pierde la ligereza de los panes que se elaboran principalmente con harina de trigo. El pan de la siguiente receta, Multivarietal #2 (página 158), es más oscuro y de sabor más rústico, ya que se usa una mayor cantidad de harina integral de trigo y o bien integral de centeno, o bien pumpernickel de centeno (un tipo de harina alemana en el que el centeno se muele poco), en lugar de harina blanca o refinada.

Es un pan estupendo para preparar sándwiches. También es ideal para realzar los sabores ahumados, como el de la sal ahumada, el salmón y carnes ahumadas. Si tuviera que preparar el típico sándwich de Nueva York de pastrami con pan de centeno, optaría por este Multivarietal y le echaría unas cuantas semillas de comino a la masa.

CON ESTA RECETA SE OBTIENEN 2 HOGAZAS, DE UNOS 700 GRAMOS CADA UNA.

FERMENTACIÓN EN BLOQUE: Unas 5 horas

FERMENTACIÓN EN PIEZA: Unas 12 horas

HORARIO DE MUESTRA: Refresca la masa madre a las 8 de la mañana, mezcla la masa final a las 3 de la tarde, da forma a las hogazas a las 8, deja que fermenten por segunda vez en la nevera durante la noche y hornéalas a las 8 de la mañana siguiente.

Masa madre

INGREDIENTE	CANTIDAD	
Masa madre activa	100 g	⅓ de taza + 1½ cdas.
Harina panificable	400 g	3 tazas + 2 cdas.
Harina integral	100 g	¾ de taza + ½ cda.
Agua	400 g, entre 29 °C y 32 °C	1¾ tazas

CONTINÚA>>

Masa final			Fórmula del panadero		
INGREDIENTE	CANTIDAD PARA LA MASA FINAL		CANTIDAD EN LA MASA MADRE	CANTIDAD TOTAL DE LA RECETA	PORCENTAJE PANADERO
Harina panificable	590 g	4½ tazas + 2 cdas.	160 g	750 g	75 %
Harina integral	60 g	½ taza + ½ cda.	40 g	100 g	10 %
Harina blanca de centeno	150 g	1½ tazas	0	150 g	15 %
Agua	590 g, entre 32 °C y 35 °C	2⅔ tazas	160 g	750 g	75 %
Sal marina fina	21 g	1 cda. + 1 cdta. rasa	0	21 g	2,1 %
Levadura seca instantánea	2 g	½ cdta.	0	2 g	0,2 %
Masa madre	360 g	1⅓ tazas			20 %*

** El porcentaje panadero para la masa madre se refiere a la cantidad de harina que contiene este prefermento expresada como porcentaje sobre el total de la harina que se utiliza en la receta.*

1a. Refresca la masa madre. Unas 24 horas después de haber alimentado la masa madre, toma 100 gramos y deja el resto en el recipiente de 5 litros. Añade 400 gramos de harina panificable, 100 de integral y 400 de agua, entre 29 °C y 32 °C, y mezcla a mano. Cúbrela y deja que fermente a temperatura ambiente entre 6 y 8 horas antes de mezclar la masa final.

1b. Empieza con la autolisis. Pasadas entre 6 y 8 horas, en un recipiente redondo de 10 litros o similar, mezcla con la mano los 590 gramos de harina panificable, los 60 de integral de trigo y los 150 de blanca de centeno. Agrega los 590 gramos de agua a una temperatura entre 32 °C y 35 °C y remueve con la mano. Tapa el recipiente y deja que repose entre 20 y 30 minutos.

Esta masa es un poco más pegajosa de lo habitual por la harina de centeno.

2. Incorpora el resto de los ingredientes. Espolvorea sobre la masa los 21 gramos de sal y los 2 de levadura (½ cucharadita).

Coloca sobre la báscula un recipiente con un dedo de agua tibia para que te sea más fácil sacar la masa madre una vez la hayas pesado. Con las manos humedecidas, pasa 360 gramos de masa madre al recipiente.

A continuación, transfiérela al recipiente de 10 litros minimizando todo lo posible la cantidad de agua que pueda arrastrar. Humedece la mano para que no se te pegue la masa y empieza a mezclar. Alterna el corte mediante pinzado (página 68) y el plegado para que todos los ingredientes se integren bien. Al acabar, la masa debería estar entre 25 °C y 26 °C.

3. Aplica los pliegues. A esta masa hay que aplicarle tres o cuatro tandas de pliegues (tienes las instrucciones precisas en las páginas 69-71). Si los aplicas durante la primera 1½ o 2 horas después de mezclar la masa final, te resultará más fácil.

Cuando la masa haya aumentado 2½ veces su volumen, unas 5 horas más tarde, estará lista para dividir las hogazas.

4. Divide la masa. Con las manos enharinadas, vuelca con cuidado la masa sobre la superficie de trabajo previamente espolvoreada con harina. Aún con las manos enharinadas, levántala y vuelve a colocarla sobre la encimera de manera que tenga una forma más o menos uniforme. Espolvorea con un poco de harina la zona por la que vas a hacer la incisión y, a continuación, divide la masa en dos con una rasqueta metálica o de plástico.

5. Da forma a las hogazas. Las masas hechas con harina de centeno son más pegajosas y necesitan un poco más de tensión que las otras. Para compensar esto, hay que «preformarlas» primero. Espolvorea un poco de harina por encima de cada mitad, luego dales la vuelta para que la cara espolvoreada quede mirando hacia abajo y pliega la masa deslizando la mano por debajo y estirándola para doblarla sobre sí misma, de manera que la cara más pegajosa quede cubierta. A continuación, dale forma de bola a cada una siguiendo las instrucciones de las páginas 72-73. Colócalas sobre la encimera con los pliegues mirando hacia abajo y deja que reposen durante unos 15 minutos.

Después de este paso, espolvorea con harina dos cestos. Una vez más, da forma de bola a cada mitad. Colócalas en el cesto con los pliegues mirando hacia abajo.

6. Fermentación en pieza. Introduce los cestos en sendas bolsas de plástico sin agujeros y déjalos en la nevera toda la noche.

A la mañana siguiente, unas 12 horas después, deberían estar listas para entrar en el horno directamente desde la nevera. No es necesario atemperarlas.

7. Precalienta el horno y la cazuela. Mínimo 45 minutos antes de hornear las hogazas, dispón la rejilla del horno a media altura y coloca sobre esta dos cazuelas de hierro colado con sus respectivas tapas. Precalienta el horno a 245 °C.

Si solo tienes una cazuela, deja la segunda hogaza en la nevera mientras horneas la primera. Cuece una después de la otra, pero antes de introducir la segunda en el horno recalienta la cazuela durante unos cinco minutos.

8. Hornea. Para el siguiente paso te pido que lleves mucho cuidado y que no toques la cazuela, que estará ardiendo, con los dedos, la mano o el antebrazo.

Vuelca la hogaza ya fermentada sobre la superficie de trabajo previamente espolvoreada con harina. Recuerda que ahora la superficie lisa de la masa quedará abajo y los pliegues estarán expuestos durante la cocción.

Saca la cazuela del horno, destápala y, con cuidado, coloca dentro la hogaza con los pliegues mirando hacia arriba. Vuelve a taparla y hornea durante 30 minutos. A continuación, retira la tapa y mantén la cocción unos 20 minutos más, hasta que toda la corteza se torne de color marrón tostado. A los 15 minutos, echa un vistazo por si acaso tu horno calienta más de lo indicado.

Saca la cazuela del horno e inclínala con cuidado para que salga la hogaza. Colócala sobre una rejilla para que se enfríe o ponla de lado para que el aire pueda circular a su alrededor. Deja que repose durante al menos 20 minutos antes de cortarla.

MULTIVARIETAL #2

He incluido este segundo multivarietal en el libro por dos razones: primero, porque tiene una personalidad diferente, gracias al uso de harina integral de centeno o pumpernickel en lugar de la blanca de centeno que se usa en el primer multivarietal; y segundo, porque es un ejemplo estupendo de cómo se puede jugar con las harinas en estas recetas para crear una combinación nueva con los porcentajes que prefieras.

Cuando compres la harina, ten presente que la integral de centeno a veces también se conoce como «negra». La pumpernickel, como ya hemos visto, es harina integral de centeno poco molido.

El resultado es un pan un poco más oscuro y algo más rústico en cuanto a sabor en comparación con el Multivarietal #1 (página 155). En ambas recetas se usa la misma cantidad total de harina, como en el

resto del libro: 1000 gramos. La masa madre aporta 200 y los 800 restantes, en la masa final, se pueden adaptar «a gusto del consumidor».

A mí la combinación de esta receta me gusta mucho. Incluye la harina de centeno justa para que se note en el pan, pero sin perder la textura y el volumen del trigo.

CON ESTA RECETA SE OBTIENEN 2 HOGAZAS, DE UNOS 700 GRAMOS CADA UNA, Y SE PUEDE APROVECHAR LA MASA PARA HACER FOCACCIA.

FERMENTACIÓN EN BLOQUE: Unas 5 horas

FERMENTACIÓN EN PIEZA: Entre 11 y 12 horas

HORARIO DE MUESTRA: Refresca la masa madre a las 8 de la mañana, mezcla la masa final a las 3 de la tarde, da forma a las hogazas a las 8, deja que fermenten por segunda vez en la nevera durante toda la noche y hornéalas a la mañana siguiente entre las 7 y las 8.

Masa madre

INGREDIENTE	CANTIDAD	
Masa madre activa	100 g	⅓ de taza + 1½ cdas.
Harina panificable	400 g	3 tazas + 2 cdas.
Harina integral de trigo	100 g	¾ de taza + ½ cda.
Agua	400 g, entre 29 °C y 32 °C	1¾ tazas

Masa final / Fórmula del panadero

INGREDIENTE	CANTIDAD PARA LA MASA FINAL		CANTIDAD EN LA MASA MADRE	CANTIDAD TOTAL DE LA RECETA	PORCENTAJE PANADERO
Harina panificable	540 g	4 tazas + 3 cdas.	160 g	700 g	70 %
Harina integral de centeno	175 g	1¾ tazas	0	175 g	17,5 %
Harina integral de trigo	85 g	⅔ de taza	40 g	125 g	12,5 %
Agua	620 g, entre 32 °C y 35 °C	2¾ tazas	160 g	780 g	78 %
Sal marina fina	21 g	1 cda. + 1 cdta. rasa	0	21 g	2,1 %
Levadura seca instantánea	2 g	½ cdta.	0	2 g	0,2 %
Masa madre	360 g	1⅓ tazas			20 %*

** El porcentaje panadero para la masa madre se refiere a la cantidad de harina que contiene este prefermento expresada como porcentaje sobre el total de la harina que se utiliza en la receta.*

CONTINÚA>>

1a. Refresca la masa madre. Unas 24 horas después de haber alimentado la masa madre, toma 100 gramos y deja el resto en el recipiente de 5 litros. Añade 400 gramos de harina panificable, 100 de integral de trigo y 400 de agua, entre 29 °C y 32 °C, y mezcla a mano. Cúbrela y deja que fermente a temperatura ambiente entre 6 y 8 horas antes de mezclar la masa final.

1b. Empieza con la autolisis. Pasadas entre 6 y 8 horas, en un recipiente redondo de 10 litros o similar, mezcla con la mano los 540 gramos de harina panificable, los 85 de integral de trigo y los 175 de integral de centeno. Agrega los 620 gramos de agua a una temperatura entre 32 °C y 35 °C y remueve con la mano. Tapa el recipiente y deja que repose entre 20 y 30 minutos.

Esta masa es un poco más pegajosa de lo habitual por la harina de centeno.

2. Incorpora el resto de los ingredientes. Espolvorea sobre la masa los 21 gramos de sal y los 2 de levadura (½ cucharadita).

Coloca sobre la báscula un recipiente con un dedo de agua tibia para que te sea más fácil sacar la masa madre una vez la hayas pesado. Con las manos humedecidas, pasa 360 gramos de masa madre al recipiente.

A continuación, transfiérela al recipiente de 10 litros minimizando todo lo posible la cantidad de agua que pueda arrastrar. Humedece la mano para que no se te pegue la masa y empieza a mezclar. Alterna el corte mediante pinzado (página 68) y el plegado para que todos los ingredientes se integren bien. Al acabar, la masa debería estar entre 25 °C y 26 °C.

3. Aplica los pliegues. A esta masa hay que aplicarle tres o cuatro tandas de pliegues (tienes las instrucciones precisas en las páginas 69-71). Si los aplicas durante la primera 1½ o 2 horas después de mezclar la masa final, te resultará más fácil.

Cuando la masa haya aumentado 2½ veces su volumen, unas 5 horas más tarde, estará lista para dividir las hogazas.

4. Divide la masa. Con las manos enharinadas, vuelca con cuidado la masa sobre la superficie de trabajo previamente espolvoreada con harina. Aún con las manos enharinadas, levántala y vuelve a colocarla sobre la encimera de manera que tenga una forma más o menos uniforme. Espolvorea con un poco de harina la zona por la que vas a hacer la incisión y, a continuación, divide la masa en dos con una rasqueta metálica o de plástico.

5. Da forma a las hogazas. Las masas hechas con harina de centeno son más pegajosas y necesitan un poco más de tensión que las otras. Para compensar esto, hay que «preformarlas» primero. Espolvorea un poco de harina por encima de cada mitad, luego dales la vuelta para que la cara espolvoreada quede mirando hacia abajo y pliega la masa deslizando la mano por debajo y estirándola para doblarla sobre sí misma, de manera que la cara más pegajosa quede cubierta. A continuación, dale forma de bola a cada una siguiendo las instrucciones de las páginas 72-73. Colócalas sobre la encimera con los pliegues mirando hacia abajo y deja que reposen durante unos 15 minutos.

Después de este paso, espolvorea con harina dos cestos. Una vez más, da forma de bola a cada mitad. Colócalas en el cesto con los pliegues mirando hacia abajo.

6. Fermentación en pieza. Introduce los cestos en sendas bolsas de plástico sin agujeros y déjalos en la nevera toda la noche.

A la mañana siguiente, entre 11 y 12 horas después, deberían estar listas para entrar en el horno directamente desde la nevera. No es necesario atemperarlas.

7. Precalienta el horno y la cazuela. Mínimo 45 minutos antes de hornear las hogazas, dispón la rejilla del horno a media altura y coloca sobre esta dos cazuelas de hierro colado con sus respectivas tapas. Precalienta el horno a 245 °C.

Si solo tienes una cazuela, deja la segunda hogaza en la nevera mientras horneas la primera. Cuece una después de la otra, pero antes de introducir la segunda en el horno recalienta la cazuela durante unos cinco minutos.

8. Hornea. Para el siguiente paso te pido que lleves mucho cuidado y que no toques la cazuela, que estará ardiendo, con los dedos, la mano o el antebrazo.

Vuelca la hogaza ya fermentada sobre la superficie de trabajo previamente espolvoreada con harina. Recuerda que ahora la superficie lisa de la masa quedará abajo y los pliegues estarán expuestos durante la cocción.

Saca la cazuela del horno, destápala y, con cuidado, coloca dentro la hogaza con los pliegues mirando hacia arriba. Vuelve a taparla y hornea durante 30 minutos. A continuación, retira la tapa y mantén la cocción unos 20 minutos más, hasta que toda la corteza se torne de color marrón tostado. A los 15 minutos, echa un vistazo por si acaso tu horno calienta más de lo indicado.

Saca la cazuela del horno e inclínala con cuidado para que salga la hogaza. Colócala sobre una rejilla para que se enfríe o ponla de lado para que el aire pueda circular a su alrededor. Deja que repose durante al menos 20 minutos antes de cortarla.

Tres kilos de pan

Es miércoles y esta hogaza enorme y redonda de masa madre que salió del horno el lunes está posiblemente en su mejor punto. Tiene unos 40 centímetros de diámetro y pesa 3 kilos. Como todas las hogazas grandes elaboradas con masa madre, esta mejora con el tiempo, a medida que van pasando los días. Es asombroso comprobar cómo se van desarrollando los sabores de estos panes. Se van asentando y afinando con el paso de los días, la miga se mantiene tierna y la corteza firme pero flexible. Me encanta la combinación de texturas de este monstruo. El sabor mantecoso, rústico y a veces algo amargo por la corteza me fascina y me recuerda a los campos de los que procede el trigo. ¿Qué ingredientes lleva? Harina, agua, sal y levadura. Seguro que te lo imaginabas.

El uso de este tamaño se remonta a cuando el pan fresco solo se podía conseguir una o dos veces a la semana y, por lo tanto, se necesitaban hogazas lo suficientemente grandes para subsistir hasta la siguiente hornada. Esto sucedía en las aldeas europeas, cuando el pan era un alimento básico en el sentido más literal. Muchos poblados no eran lo suficientemente grandes como para tener una panadería que abriera a diario. En algunos había un horno de leña comunitario que se encendía una vez a la semana. El pan tenía que durar de una hornada a la siguiente, así que se necesitaban hogazas grandes. Pero bien grandes. Tengo libros en los que hay fotos antiguas de hogazas que debían de medir como mínimo 90 centímetros de largo. Antes del siglo XX, este alimento representaba un porcentaje muy alto de las calorías que se consumían en las dietas europeas. Por aquel entonces, el pan y su elaboración tenían una importancia difícil de entender en la actualidad.

Hoy en día quedan algunas panaderías, como la mía, que siguen horneando hogazas de gran tamaño para aquellos que no pueden ir a diario a comprar el pan o que saben que así se obtiene un producto de mayor calidad. En mi caso, casi todas estas hogazas gigantes van a parar a un buen grupo de restaurantes de Portland.

Me siento orgulloso de estos panes por su vínculo con la historia de la panadería que tanto inspira mi trabajo. Además, creo que el pan rústico de 3 kilos es mi receta más personal. La receta del Pan rústico integral que hacemos en la panadería surgió porque quería emular el trabajo de los panaderos franceses que admiro —Poilâne, Poujauran, Kamir, Saibron y otros tantos excelentes panaderos de París—, a pesar de las diferencias entre las harinas que se venden en Estados Unidos y Francia. Es uno de mis preferidos, como lo son todas las hogazas redondas de 1,75 kilos que vendemos; pero el de 3 kilos es fruto directo de mi inspiración y por eso lo siento más mío, no una versión del pan que hace otra persona.

En 2004, pasé en París mis primeras vacaciones desde que abrí Ken's Artisan Bakery. Quería volver a visitar las *boulangeries* que me inspiraron para convertirme en panadero y también necesitaba unos días para meditar sobre lo que estábamos haciendo en Portland. Quería hacer algunos cambios en el pan rústico que elaborábamos por aquel entonces, y durante un largo paseo por el Sena me puse a reflexionar sobre dos principios: por un lado, el hecho de que las hogazas más grandes casi siempre sabían mejor que las pequeñas; por otro lado, mi mantra de «menos levadura y más tiempo», que se podría aplicar para hacer una versión con sabores más delicados y redondos al mismo tiempo. También quería adoptar una práctica común entre muchos de los mejores panaderos franceses: usar un poco de harina de centeno para aportar un sabor más rústico y nuevos matices al pan.

Cuando regresé a casa empecé a jugar con las proporciones de harina (por aquel entonces usaba cuatro tipos diferentes en la masa para el pan rústico), la cantidad de masa madre y de levadura, los tiempos, las temperaturas y la hidratación. Mientras tanto, también experimenté con diferentes tamaños, hasta alcanzar los 4 kilos de masa cruda, para llegar a la conclusión de que la hogaza redonda de 3 kilos era el peso ideal por varias razones, una de ellas, y decisiva, que todo lo que superara ese tamaño no cabría en los sacos de reparto.

En la panadería, horneamos este pan rústico enorme hasta tostarlo mucho; a veces lo alargamos lo justo para no quemarlo, para que la corteza adquiera ese extra de sabor que lo caracteriza. Si se fermenta y se hornea por completo, esta hogaza adquiere tonos ámbar y carmín muy oscuros que no se suelen ver en la paleta de colores de las panaderías de Estados Unidos. ¡Pero qué sabor! Madre mía. Además, el contraste de elementos gustativos y de texturas presentes en la corteza y la miga ligeramente alveolada es una maravilla.

Pronto empecé a pasear estas hogazas gigantescas de pan rústico por los restaurantes de algunos amigos en Portland y antes de que me diera cuenta ya estábamos repartiendo entre 10 y 15 ejemplares al día de estos mamotretos a restaurantes de toda la ciudad. Convencer a los clientes de la panadería para que los compraran ya fue otra historia. Muchos no comen tanto pan, así que lo que hacemos es cortarlos en cuartos.

En Francia, este tipo de hogazas grandes y redondas se conocen como *miche* o *boule* (de ahí la palabra *boulangerie).* La manera de utilizar este pan cambia con el tiempo y algunas familias no lo tocan hasta el segundo día. Las comidas de la semana a menudo dependen, en parte al menos, del número de días que ha pasado desde que se horneó. En los primeros días se puede comer solo o acompañando otras comidas. En cualquier momento de su ciclo vital es una maravilla tostado, lo que le aporta un toque crujiente extra, para combinarlo con algún ingrediente más bien tierno en un sándwich. No obstante, como más me gusta es a medida que envejece, ya que se puede usar en platos salados y dulces, como uno de mis postres favoritos que se hace en verano con frutos del bosque frescos y *crème fraîche* o nata montada por encima; o cortado en rebanadas o trozos que se tuestan y se usan como base de una sopa o un guiso; rallado para echar por encima de algún plato, como relleno o para rebozar antes de freír; o, para los más ambiciosos, en invierno se puede echar por encima de un *cassoulet*. Por supuesto, se puede usar también como picatostes o como tosta coronada con todo lo que puedas imaginar. Hace poco descubrí una receta italiana en la que se preparan unas bolas de pan que tiene muy buena pinta: se pone a remojo pan duro con leche durante toda la noche, al día siguiente se escurre y se mezcla con leche o crema a base de leche, huevos, parmesano rallado y salvia picada; por último se hacen pelotitas con esta masa y se fríen. ¡Riquísimo! La cocina tradicional está llena de recetas magníficas para aprovechar el pan duro y sacarle todo el partido. ¡No se desperdicia nada!

Hace poco me fui de vacaciones a Montana y alquilé una finca en Centennial Valley. Me llevé dos hogazas grandes de pan rústico, una para regalar a los propietarios y otra para alimentarme durante una semana. Siete días después de haberlo horneado, todavía estaba disfrutándolo en tostadas, picatostes y de otras mil maneras. Lo cortaba en trozos, lo sumergía en nata y azúcar, y le echaba por encima frutos del bosque para comerlo como postre.

Si en alguna ocasión tienes la suerte de hacerte con un pan de este tamaño, seguramente te preguntarás cuál es la mejor manera de conservarlo. Lo mejor es dejar que repose durante un día, luego cortarlo en cuartos y conservarlo a temperatura ambiente dentro de bolsas de plástico hasta agotar su ciclo vital: unos ocho días como máximo. Si quieres probar a hacer la versión casera de este pan de 3 kilos, la hogaza de 1,8 kilos, echa un vistazo a la variación de la receta Pan rústico fermentado por la noche de la página 172, la cual también se puede aplicar al Pan rústico integral fermentado por la noche (página 173).

PANES DE MASA MADRE PURA

PAN RÚSTICO FERMENTADO POR LA NOCHE

PAN RÚSTICO INTEGRAL FERMENTADO POR LA NOCHE

PAIN AU BACON

Pain au bacon (177).

PAN RÚSTICO FERMENTADO POR LA NOCHE

Este es un pan de masa madre pura en el que no se usa nada de levadura comercial. Se trata de una hogaza muy natural y deliciosa, con un toque de acidez muy sutil. Basta un poco de masa madre y una fermentación en bloque lenta a lo largo de la noche para que a la mañana siguiente la masa esté hinchada por el gas y haya triplicado su volumen. Una vez se les da forma, las hogazas se dejan reposar de nuevo durante unas cuatro horas. Los aromas y los sabores de este pan estarán marcados por el carácter de tu masa madre. Además, durante un par de días seguirán afinándose y la acidez acabará por suavizarse.

En Ken's Artisan Bakery hacemos una versión de esta masa un poco diferente. Allí empezamos refrescando la masa madre a las 3:30 de la madrugada. Creo que ya sabes por qué he decidido adaptarla un poco aquí. Aunque esta es una receta estupenda para hacer una versión a escala reducida de mi pan de 3 kilos, descrito en la página 162, no creo que una hogaza de 1,8 kilos en total (usando toda la masa de la receta) quepa fácilmente en un horno casero.

Asegúrate de que el pan se cuece por completo, hasta que esté bien tostado, a punto de quemarse. Si quieres que la corteza tenga aún más mordida, deja las hogazas en el horno con la puerta un poco entreabierta durante unos minutos después de haberlo apagado.

Una vez domines la técnica para hacer este pan, te animo a que uses diferentes combinaciones de harina en la masa final; solo debes tener en cuenta que la cantidad total de harina fresca es de 880 gramos para complementar los 120 que hay dentro de la masa madre. Otra opción es incorporar 225 gramos de aceitunas, frutos secos u otros ingredientes, tal y como se muestra en la receta de Pain au bacon (página 177).

CON ESTA RECETA SE OBTIENEN 2 HOGAZAS, DE UNOS 700 GRAMOS CADA UNA, O UNA HOGAZA GIGANTE (VARIACIÓN DE LA RECETA EN LA PÁGINA 172).

FERMENTACIÓN EN BLOQUE: Entre 12 y 15 horas

FERMENTACIÓN EN PIEZA: Unas 4 horas

HORARIO DE MUESTRA: Refresca la masa madre a las 9 de la mañana, mezcla la masa final a las 5 de la tarde, da forma a las hogazas a las 8 de la mañana del día siguiente y hornéalas a mediodía.

Masa madre

INGREDIENTE	CANTIDAD	
Masa madre activa	100 g	⅓ de taza + 1½ cdas.
Harina panificable	400 g	3 tazas + 2 cdas.
Harina integral de trigo	100 g	¾ de taza + ½ cda.
Agua	400 g, entre 29 °C y 32 °C	1¾ tazas

CONTINÚA>>

Masa final			Fórmula del panadero		
INGREDIENTE	CANTIDAD PARA LA MASA FINAL		CANTIDAD EN LA MASA MADRE	CANTIDAD TOTAL DE LA RECETA	PORCENTAJE PANADERO
Harina panificable	804 g	6¼ tazas	96 g	900 g	90 %
Harina integral de trigo	26 g	3 cdas.	24 g	50 g	5 %
Harina de centeno	50 g	⅓ de taza + 1 cda.	0	50 g	5 %
Agua	684 g, entre 32 °C y 35 °C	3 tazas rasas	96 g	780 g	78 %
Sal marina fina	22 g	1 cda. + 1 cdta.	0	22 g	2,2%
Masa madre	216 g**	¾ de taza + 1 cda.			12 %*

** El porcentaje panadero para la masa madre se refiere a la cantidad de harina que contiene este prefermento expresada como porcentaje sobre el total de la harina que se utiliza en la receta.*
*** Si tu cocina está a menos de 21 °C, usa más masa madre, unos 250 o 275 gramos.*

1a. Refresca la masa madre. Unas 24 horas después de haber alimentado la masa madre, toma 100 gramos y deja el resto en el recipiente de 5 litros. Añade 400 gramos de harina panificable, 100 de integral de trigo y 400 de agua, entre 29 °C y 32 °C, y mezcla a mano. Cúbrela y deja que fermente a temperatura ambiente entre 7 y 9 horas antes de mezclar la masa final.

1b. Empieza con la autolisis. Pasadas entre 7 y 9 horas, en un recipiente redondo de 10 litros o similar, mezcla con la mano los 804 gramos de harina panificable, los 50 de harina de centeno y los 26 de integral de trigo. Agrega los 684 gramos de agua a una temperatura entre 32 °C y 35 °C y remueve con la mano. Tapa el recipiente y deja que repose entre 20 y 30 minutos.

2. Incorpora el resto de los ingredientes. Espolvorea sobre la masa los 22 gramos de sal.

Coloca sobre la báscula un recipiente con un dedo de agua tibia para que te sea más fácil sacar la masa madre una vez la hayas pesado. Con las manos humedecidas, pasa los 216 gramos de masa madre (o más si en tu cocina hace frío; echa un vistazo a lo explicado en «Cambios estacionales», en la página 134) al recipiente.

A continuación, transfiérela al recipiente de 10 litros minimizando todo lo posible la cantidad de agua que pueda arrastrar. Humedece la mano para que no se te pegue la masa y empieza a mezclar. Alterna el corte mediante pinzado (página 68) y el plegado para que todos los ingredientes se integren bien. Al acabar, la masa debería estar entre 25 °C y 26 °C.

3. Aplica los pliegues. A esta masa hay que aplicarle tres o cuatro tandas de pliegues (tienes las instrucciones precisas en las páginas 69-71). Puesto que la masa madre sube muy lentamente, puedes aplicar los pliegues cuando mejor te venga antes de irte a la cama. Puedes aplicar los dos o tres primeros durante la primera hora y el último en cualquier momento que te venga bien antes de acostarte.

Cuando la masa casi haya triplicado su volumen, o puede que un poco menos si es invierno, entre 12 y 15 horas más tarde, estará lista para dividir las hogazas.

4. Divide la masa. Con las manos enharinadas, vuelca con cuidado la masa sobre la superficie de trabajo previamente espolvoreada con harina. Aún con las manos enharinadas, levántala y vuelve a colocarla sobre la encimera de manera que tenga una forma más o menos uniforme. Espolvorea con un poco de harina la zona por la que vas a hacer la incisión y, a continuación, divide la masa en dos con una rasqueta metálica o de plástico.

5. Da forma a las hogazas. Espolvorea con harina dos cestos. Da forma de bola a cada mitad siguiendo las instrucciones de las páginas 72-73. Colócalas en el cesto con los pliegues mirando hacia abajo.

6. Fermentación en pieza. Coloca un cesto al lado del otro y cúbrelos con un trapo, o mete cada uno dentro de una bolsa de plástico sin agujeros. La fermentación en pieza debería durar unas 4 horas, suponiendo que se encuentren a una temperatura ambiente de 21 °C. Usa el dedo (página 74) para comprobar si ya están en su punto y listas para entrar en el horno.

7. Precalienta el horno y la cazuela. Mínimo 45 minutos antes de hornear las hogazas, dispón la rejilla del horno a media altura y coloca sobre esta dos cazuelas de hierro colado con sus respectivas tapas. Precalienta el horno a 245 °C.

Si solo tienes una cazuela, guarda la segunda hogaza en la nevera unos 20 minutos antes de hornear la primera. Cuece una después de la otra, pero antes de introducir la segunda en el horno recalienta la cazuela durante unos 5 minutos.

8. Hornea. Para el siguiente paso te pido que lleves mucho cuidado y que no toques la cazuela, que estará ardiendo, con los dedos, la mano o el antebrazo.

CONTINÚA>>

FERMENTACIÓN EN PIEZA DE HOGAZAS DE MASA MADRE

Después de tres horas y cuarto, comprueba con el dedo si la masa ya está lista (echa un vistazo a la página 74). En mi casa, que se encuentra normalmente a 21 °C, la masa se mantiene en el punto óptimo de fermentación entre 3½ y 4¼ horas. Al principio cocía el pan al cabo de tres horas con muy buenos resultados, pero luego probé a dejarla fermentar durante cuatro horas y me di cuenta de que el sabor mejoraba y la masa no se deshinchaba.

Vuelca la hogaza ya fermentada sobre la superficie de trabajo previamente espolvoreada con harina. Recuerda que ahora la superficie lisa de la masa quedará abajo y los pliegues estarán expuestos durante la cocción.

Saca la cazuela del horno, destápala y, con cuidado, coloca dentro la hogaza con los pliegues mirando hacia arriba. Vuelve a taparla y hornea durante 30 minutos. A continuación, retira la tapa y mantén la cocción 20 o 25 minutos más, hasta que toda la corteza esté entre tostada y muy tostada. A los 15 minutos, echa un vistazo por si acaso tu horno calienta más de lo indicado.

Saca la cazuela del horno e inclínala con cuidado para que salga la hogaza. Colócala sobre una rejilla para que se enfríe o ponla de lado para que el aire pueda circular a su alrededor. Deja que repose durante al menos 20 minutos antes de cortarla.

VARIACIÓN: HOGAZA DE 1,8 KILOS

Si quieres hacer una versión reducida de mi pan de 3 kilos, da forma a toda la masa de la receta (unos 1,8 kilos) para hacer una hogaza redonda usando la misma técnica de siempre (páginas 72–73). Esta tendrá el mismo tamaño que el *miche* de Poilâne.

Espolvorea un poco de harina sobre un trapo de cocina sin pelusas de entre 35 y 40 centímetros de ancho, o un par de trapos de cocina solapados si no tuvieras uno tan grande. Coloca encima la masa con los pliegues mirando hacia abajo, espolvorea la superficie con harina y tápala atando las puntas opuestas del trapo, como si hicieras un hatillo. De esta manera la tendrás totalmente cubierta, pero sin demasiada tensión alrededor. Procura dejar un par de centímetros para que pueda subir bien. Deja que haga la fermentación en pieza a temperatura ambiente durante 4½ o 5 horas.

Mínimo 45 minutos antes de hornear las hogazas, dispón en el horno una rejilla a media altura y otra debajo de esta, cerca de la base. Coloca una piedra de hornear sobre la que se encuentra a media altura y precalienta el horno a 260 °C. Sumerge una segunda piedra de hornear en agua caliente, también durante 45 minutos; si flota, dale la vuelta al cabo de unos 20 minutos. Unos 5 minutos antes de meter la hogaza en el horno, coloca la piedra mojada sobre la rejilla de abajo para generar vapor.

No es necesario que cortes la superficie de la hogaza, pero es recomendable, así que si tienes una cuchilla marca un cuadrado alrededor del perímetro de la masa con trazos que se solapen. Usa una pala para pizzas previamente espolvoreada con harina para pasar la hogaza a la piedra de hornear seca y precalentada, con los pliegues mirando hacia arriba. Pasados 5 minutos, baja la temperatura a 245 °C. Hornéala entre 35 y 40 minutos, pero échale un vistazo a los 30, por si acaso tu horno calienta de más. (Cuando lo abras saldrá todo el vapor de golpe, ten cuidado.) El pan estará listo cuando la corteza se torne de color marrón tostado. Apaga el horno, abre la puerta unos centímetros y deja que repose dentro durante unos minutos para que la corteza acabe de cocerse por completo. Como siempre, antes de cortarla deja que se enfríe del todo sobre una rejilla o colocándola de lado.

PAN RÚSTICO INTEGRAL FERMENTADO POR LA NOCHE

Esta receta es una adaptación del pan rústico que al principio horneábamos a diario en Ken's Artisan Bakery. Es una buena manera de aprender a hacer un pan de masa madre con una fermentación larga en el que se entremezclan sabores suaves con un ligero toque de acidez (sin llegar a ser amargo), un aspecto rústico muy apetecible y que, además, está riquísimo. La corteza tiene muy buena mordida y está repleta de sabores que calan en la miga. Eso sí, para conseguirlo tienes que tostarla hasta que adquiera un color avellanado por toda la superficie.

Si quieres probar a hacer este pan con un tamaño, color y estilo similar al de Poilâne, hornea los 1,8 kilos de masa en una sola hogaza siguiendo las instrucciones de la variación de la receta Pan rústico fermentado por la noche de la página 172.

CON ESTA RECETA SE OBTIENEN 2 HOGAZAS, DE UNOS 700 GRAMOS CADA UNA, O UNA HOGAZA GIGANTE (VARIACIÓN DE LA RECETA EN LA PÁGINA 172).

FERMENTACIÓN EN BLOQUE: Entre 12 y 15 horas

FERMENTACIÓN EN PIEZA: Unas 4 horas

HORARIO DE MUESTRA: Refresca la masa madre a las 9 de la mañana, mezcla la masa final a las 5 de la tarde, da forma a las hogazas a las 8 de la mañana del día siguiente y hornéalas a mediodía.

CONTINÚA>>

Masa madre

INGREDIENTE	CANTIDAD	
Masa madre activa	100 g	⅓ de taza + 1½ cdas.
Harina panificable	400 g	3 tazas + 2 cdas.
Harina integral	100 g	¾ de taza + ½ cda.
Agua	400 g, entre 29 °C y 32 °C	1¾ tazas

Masa final / Fórmula del panadero

INGREDIENTE	CANTIDAD PARA LA MASA FINAL		CANTIDAD EN LA MASA MADRE	CANTIDAD TOTAL DE LA RECETA	PORCENTAJE PANADERO
Harina panificable	604 g	4⅔ tazas	96 g	700 g	70 %
Harina integral	276 g	2 tazas + 2 cdas.	24 g	300 g	30 %
Agua	684 g, entre 32 °C y 35 °C	3 tazas rasas	96 g	780 g	78 %
Sal marina fina	22 g	1 cda. + 1 cdta.	0	22 g	2,2 %
Masa madre	216 g**	¾ de taza + 1 cda.			12 %*

** El porcentaje panadero para la masa madre se refiere a la cantidad de harina que contiene este prefermento expresada como porcentaje sobre el total de la harina que se utiliza en la receta.*
*** Si tu cocina está a menos de 21 °C, usa más masa madre, unos 250 o 275 gramos.*

1a. Refresca la masa madre. Unas 24 horas después de haber alimentado la masa madre, toma 100 gramos y deja el resto en el recipiente de 5 litros. Añade 400 gramos de harina panificable, 100 de integral y 400 de agua, entre 29 °C y 32 °C, y mezcla a mano. Cúbrela y deja que fermente a temperatura ambiente entre 7 y 9 horas antes de mezclar la masa final.

1b. Empieza con la autolisis. Pasadas entre 7 y 9 horas, en un recipiente redondo de 10 litros o similar, mezcla con la mano los 604 gramos de harina panificable y los 276 de integral. Agrega los 684 gramos de agua a una temperatura entre 32 °C y 35 °C y remueve con la mano. Tapa el recipiente y deja que repose entre 20 y 30 minutos.

2. Incorpora el resto de los ingredientes. Espolvorea sobre la masa los 22 gramos de sal.

Coloca sobre la báscula un recipiente con un dedo de agua tibia para que te sea más fácil sacar la masa madre una vez la hayas pesado. Con las manos humedecidas, pasa los 216 gramos de masa madre (o más si en tu cocina hace frío; echa un vistazo a lo explicado en «Cambios estacionales», en la página 134) al recipiente.

A continuación, transfiérela al recipiente de 10 litros minimizando todo lo posible la cantidad de agua que pueda arrastrar. Humedece la mano para que no se te pegue la masa y empieza a mezclar. Alterna el corte mediante pinzado (página 68) y el plegado para que todos los ingredientes se integren bien. Al acabar, la masa debería estar entre 25 °C y 26 °C.

3. Aplica los pliegues. A esta masa hay que aplicarle tres o cuatro tandas de pliegues (tienes las instrucciones precisas en las páginas 69-71). Puesto que la masa madre sube muy lentamente, puedes aplicar los pliegues cuando mejor te venga antes de irte a la cama. Puedes aplicar los dos o tres primeros durante la primera hora y el último en cualquier momento que te venga bien antes de acostarte.

Cuando la masa casi haya triplicado su volumen, o puede que un poco menos si es invierno, entre 12 y 15 horas más tarde, estará lista para dividir las hogazas.

4. Divide la masa. Con las manos enharinadas, vuelca con cuidado la masa sobre la superficie de trabajo previamente espolvoreada con harina. Aún con las manos enharinadas, levántala y vuelve a colocarla sobre la encimera de manera que tenga una forma más o menos uniforme. Espolvorea con un poco de harina la zona por la que vas a hacer la incisión y, a continuación, divide la masa en dos con una rasqueta metálica o de plástico.

5. Da forma a las hogazas. Espolvorea con harina dos cestos. Da forma de bola a cada mitad siguiendo las instrucciones de las páginas 72-73. Colócalas en el cesto con los pliegues mirando hacia abajo.

6. Fermentación en pieza. Coloca un cesto al lado del otro y cúbrelos con un trapo, o mete cada uno dentro de una bolsa de plástico sin agujeros. La fermentación en pieza debería durar unas 4 horas, suponiendo que se encuentren a una temperatura ambiente de 21 °C. Usa el dedo (página 74) para comprobar si ya están en su punto y listas para entrar en el horno.

7. Precalienta el horno y la cazuela. Mínimo 45 minutos antes de hornear las hogazas, dispón la rejilla del horno a media altura y coloca sobre esta dos cazuelas de hierro colado con sus respectivas tapas. Precalienta el horno a 245 °C.

Si solo tienes una cazuela, guarda la segunda hogaza en la nevera unos 20 minutos antes de hornear la primera. Cuece una después de la otra, pero antes de introducir la segunda en el horno recalienta la cazuela durante unos 5 minutos.

8. Hornea. Para el siguiente paso te pido que lleves mucho cuidado y que no toques la cazuela, que estará ardiendo, con los dedos, la mano o el antebrazo.

Vuelca la hogaza ya fermentada sobre la superficie de trabajo previamente espolvoreada con harina. Recuerda que ahora la superficie lisa de la masa quedará abajo y los pliegues estarán expuestos durante la cocción.

Saca la cazuela del horno, destápala y, con cuidado, coloca dentro la hogaza con los pliegues mirando hacia arriba. Vuelve a taparla y hornea durante 30 minutos. A continuación, retira la tapa y mantén la cocción 20 o 25 minutos más, hasta que toda la corteza esté entre tostada y muy tostada. A los 15 minutos, echa un vistazo por si acaso tu horno calienta más de lo indicado.

Saca la cazuela del horno e inclínala con cuidado para que salga la hogaza. Colócala sobre una rejilla para que se enfríe o ponla de lado para que el aire pueda circular a su alrededor. Deja que repose durante al menos 20 minutos antes de cortarla.

PAIN AU BACON

Al principio del libro comentaba que la mejor manera que tiene un panadero de demostrar su maestría es usando solo harina, agua, sal y levadura. Pero, madre mía, ¡este pan es un lujo! Lo fermento durante la noche para que tenga más acidez que las otras masas, lo cual se complementa muy bien con la grasa del beicon. Vitaly Paley, chef y propietario del restaurante Paley's Place de Portland, siempre me dice que le encantaría que le hiciera una hogaza todos los días. Un día me estaba comentando que sería buena idea usarlo para hacer tostadas francesas, pero inmediatamente se corrigió: «Es demasiado bueno para cocinarlo. ¡No comería otra cosa!».

Recién salido del horno o tostado a la plancha, es una locura de pan. Si encima lo acompañas con huevos y con una sidra bien fría o una copa de espumoso, está más bueno todavía. Es una maravilla para hacer picatostes y usarlos en una vinagreta. Prepara un sándwich de beicon, lechuga y tomate bien maduro con un poco de mayonesa con limón y con este pan y te transportará al séptimo cielo. ¿Qué tal unas tostaditas con hueva de trucha arcoíris? ¿Y si lo sirves para acompañar un estofado de ostras como los que hacemos en Estados Unidos? Si viviera en Hawái, lo comería todas las mañanas para desayunar con huevos y papaya o maracuyá frescos. Aquí, en Oregón, me encanta acompañarlo de pera asada. A lo mejor el sándwich Elvis definitivo podría hacerse con este pan untado con mantequilla de cacahuete y plátano. Y más beicon.

Esta masa fermenta por la noche, pero no durante tantas horas como las de otros panes de masa madre pura. Las levaduras se dan un buen atracón con la grasa del bacon, así que se desarrolla mucho más rápido.

CON ESTA RECETA SE OBTIENEN 2 HOGAZAS DE UNOS 700 GRAMOS CADA UNA.

FERMENTACIÓN EN BLOQUE: Unas 12 horas

FERMENTACIÓN EN PIEZA: De 3½ a 4 horas

HORARIO DE MUESTRA: Refresca la masa madre a las 9 de la mañana, mezcla la masa final a las 7 de la tarde, da forma a las hogazas entre las 7 y las 8 de la mañana del día siguiente y hornéalas a las 11.

Masa madre

INGREDIENTE	CANTIDAD	
Masa madre activa	100 g	⅓ de taza + 1½ cdas.
Harina panificable	400 g	3 tazas + 2 cdas.
Harina integral	100 g	¾ de taza + ½ cda.
Agua	400 g, entre 29 °C y 32 °C	1¾ tazas

CONTINÚA>>

Masa final			Fórmula del panadero		
INGREDIENTE	CANTIDAD PARA LA MASA FINAL		CANTIDAD EN LA MASA MADRE	CANTIDAD TOTAL DE LA RECETA	PORCENTAJE PANADERO
Harina panificable	864 g	6¾ tazas	96 g	960 g	96 %
Harina integral	16 g	2 cdas.	24 g	40 g	4 %
Agua	684 g, entre 32 °C y 35 °C	3 tazas rasas	96 g	780 g	78 %
Sal marina fina	20 g	1 cda. + ¾ de cdta.	0	20 g	2 %
Bacon	Cocinado hasta que esté crujiente (500 gramos crudo) y 2 cucharadas de grasa de bacon	Lo que den 500 gramos de bacon crudo y 2 cucharadas de grasa de bacon	0	500 g crudo	50 %
Masa madre	216 g**	¾ de taza + 1 cda.			12%*

** El porcentaje panadero para la masa madre se refiere a la cantidad de harina que contiene este prefermento expresada como porcentaje sobre el total de la harina que se utiliza en la receta.*
*** Si tu cocina está a menos de 21 °C, usa más masa madre, unos 250 o 275 gramos.*

1a. Refresca la masa madre. Unas 24 horas después de haber alimentado la masa madre, toma 100 gramos y deja el resto en el recipiente de 5 litros. Añade 400 gramos de harina panificable, 100 de integral y 400 de agua, entre 29 °C y 32 °C, y mezcla a mano. Cúbrela y deja que fermente a temperatura ambiente entre 9 y 10 horas antes de mezclar la masa final.

1b. Dora el bacon. Mínimo unos 20 minutos antes de la autolisis, dora los 500 gramos de bacon hasta que esté crujiente. Sécalo con papel de cocina y reserva dos cucharadas de la grasa que ha soltado. Deja que se enfríe a temperatura ambiente y a continuación desmenúzalo.

1c. Empieza con la autolisis. Entre 9 y 10 horas después de haber alimentado la masa madre, en un recipiente redondo de 10 litros o similar, mezcla con la mano los 864 gramos de harina panificable y los 16 de integral. Agrega los 684 gramos de agua a una temperatura entre 32 °C y 35 °C y remueve con la mano. Tapa el recipiente y deja que repose entre 20 y 30 minutos.

2. Incorpora el resto de los ingredientes. Espolvorea sobre la masa los 20 gramos de sal.

Coloca sobre la báscula un recipiente con un dedo de agua tibia para que te sea más fácil sacar la masa madre una vez la hayas pesado. Con las manos humedecidas, pasa los 216 gramos de masa madre (o más si en tu cocina hace frío; echa un vistazo a lo explicado en «Cambios estacionales», en la página 134) al recipiente.

A continuación, transfiérela al recipiente de 10 litros minimizando todo lo posible la cantidad de agua que pueda arrastrar. Humedece la mano para que no se te pegue la masa y empieza a mezclar. Alterna el corte mediante pinzado (página 68) y el plegado para que todos los ingredientes se integren bien. Al acabar, la masa debería estar entre 25 °C y 26 °C.

Deja que repose durante 10 minutos; a continuación, reparte por toda la superficie las dos cucharadas de grasa y el bacon desmenuzado. Incorpora usando de nuevo las pinzas y los pliegues hasta que se hayan repartido uniformemente por toda la masa.

3. Aplica los pliegues. A esta masa hay que aplicarle tres o cuatro tandas de pliegues (tienes las instrucciones precisas en las páginas 69-71). Si los aplicas durante la primera 1½ o 2 horas después de mezclar la masa final, te resultará más fácil.

12 horas más tarde, cuando la masa casi haya triplicado su volumen, o puede que un poco menos si es invierno, estará lista para dividir las hogazas.

4. Divide la masa. Con las manos enharinadas, vuelca con cuidado la masa sobre la superficie de trabajo previamente espolvoreada con harina. Aún con las manos enharinadas, levántala y vuelve a colocarla sobre la encimera de manera que tenga una forma más o menos uniforme. Espolvorea con un poco de harina la zona por la que vas a hacer la incisión y, a continuación, divide la masa en dos con una rasqueta metálica o de plástico.

5. Da forma a las hogazas. Espolvorea con harina dos cestos. Da forma de bola a cada mitad siguiendo las instrucciones de las páginas 72-73. Colócalas en el cesto con los pliegues mirando hacia abajo.

6. Fermentación en pieza. Coloca un cesto al lado del otro y cúbrelos con un trapo, o mete cada uno dentro de una bolsa de plástico sin agujeros. La fermentación en pieza debería durar entre 3½ y 4 horas, suponiendo que se encuentren a una temperatura ambiente de 21 °C. Usa el dedo (página 74) para comprobar si ya están en su punto y listas para entrar en el horno.

7. Precalienta el horno y la cazuela. Mínimo 45 minutos antes de hornear las hogazas, dispón la rejilla del horno a media altura y coloca sobre esta dos cazuelas de hierro colado con sus respectivas tapas. Precalienta el horno a 245 °C.

Si solo tienes una cazuela, guarda la segunda hogaza en la nevera unos 20 minutos antes de hornear la primera. Cuece una después de la otra, pero antes de introducir la segunda en el horno recalienta la cazuela durante unos 5 minutos.

8. Hornea. Para el siguiente paso te pido que lleves mucho cuidado y que no toques la cazuela, que estará ardiendo, con los dedos, la mano o el antebrazo.

Vuelca la hogaza ya fermentada sobre la superficie de trabajo previamente espolvoreada con harina. Recuerda que ahora la superficie lisa de la masa quedará abajo y los pliegues estarán expuestos durante la cocción.

Saca la cazuela del horno, destápala y, con cuidado, coloca dentro la hogaza con los pliegues mirando hacia arriba. Vuelve a taparla y hornea durante 30 minutos. A continuación, retira la tapa y mantén la cocción 20 minutos más, hasta que toda la corteza adquiera un tono marrón tostado y los trocitos de bacon que sobresalgan por la corteza estén bien crujientes o incluso un poco quemados.

Saca la cazuela del horno e inclínala con cuidado para que salga la hogaza. Colócala sobre una rejilla para que se enfríe o ponla de lado para que el aire pueda circular a su alrededor. Deja que repose durante unos 20 minutos como mínimo antes de cortarla, da las gracias a Elvis por este pan y prepárate para disfrutar.

PANES DE MASA MADRE AVANZADOS

PAN DULZÓN DE MASA MADRE CON DOS REFRESCOS

PAN DE MASA MADRE GUARDADA EN UN SITIO CÁLIDO

Pan de masa madre guardada en un sitio cálido (185).

PAN DULZÓN DE MASA MADRE CON DOS REFRESCOS

Para hacer este pan hay que refrescar la masa madre dos veces en apenas unas pocas horas de diferencia antes de mezclar la masa final. Esta es una técnica que aprendí de Chad Robertson de la panadería Tartine cuando estaba formándome como panadero. La idea es crear una población activa de levaduras dentro de la masa madre a partir de dos refrescos usando agua bastante caliente, lo que evita que el sabor quede excesivamente amargo. Es posible que te llame la atención que en esta receta se use más masa madre que en otras; la razón es que en este caso está menos activa cuando se añade a la masa final. Gracias a la fermentación lenta y prolongada, seguida de una fermentación en pieza dentro de la nevera a lo largo de toda la noche, este pan tiene un sabor dulzón delicioso. La primera vez que lo hice en casa pensé «Sí, señor, está bueno de verdad». La miga desprende un aroma a campo y a masa madre que se entremezcla con la calidez del sabor a fermentación, una combinación que me encanta, sobre todo cuando tuesto una rebanada.

Cuando vayas a mezclar la masa final, te recomiendo que antes metas la nariz dentro del recipiente donde tienes la masa madre y la huelas bien para quedarte con el recuerdo del aroma. Es un olor maravilloso. Casi, aunque no exactamente, como el de la cerveza, con un toque mínimo de acidez procedente del trigo. Ojalá existiera una palabra para describirlo.

CON ESTA RECETA SE OBTIENEN 2 HOGAZAS DE UNOS 700 GRAMOS CADA UNA.

FERMENTACIÓN EN BLOQUE: Unas 5 horas

FERMENTACIÓN EN PIEZA: Entre 12 y 14 horas

HORARIO DE MUESTRA: Refresca la masa madre a las 7 de la mañana, vuelve a refrescarla a las 10, mezcla la masa final entre las 2 y las 3 de la tarde, da forma a las hogazas a las 8, deja que fermenten por segunda vez en la nevera durante toda la noche y hornéalas a la mañana siguiente entre las 8 y las 10.

Primer refresco

INGREDIENTE	CANTIDAD	
Masa madre activa	50 g	¼ escaso de taza
Harina panificable	200 g	1½ tazas + 1 cda.
Harina integral	50 g	⅓ de taza + 1 cda.
Agua	200 g, a 35 °C	⅞ de taza

Segundo refresco

INGREDIENTE	CANTIDAD	
Masa madre del primer refresco	250 g	1 taza rasa
Harina panificable	400 g	3 tazas + 2 cdas.
Harina integral	100 g	¾ de taza + ½ cda.
Agua	400 g, entre 29 °C y 32 °C	1¾ tazas

Masa final

Fórmula del panadero

INGREDIENTE	CANTIDAD PARA LA MASA FINAL		CANTIDAD EN LA MASA MADRE	CANTIDAD TOTAL DE LA RECETA	PORCENTAJE PANADERO
Harina panificable	660 g	5 tazas + 2 cdas.	240 g	900 g	90 %
Harina integral	40 g	⅓ de taza	60 g	100 g	10 %
Agua	540 g, entre 32 °C y 35 °C	2⅓ tazas	240 g	780 g	78 %
Sal marina fina	20 g	1 cda. + ¾ de cdta.	0	20 g	2 %
Levadura seca instantánea	2 g	½ cdta.	0	2 g	0,20 %
Masa madre	540 g	2 tazas + 1 cda.			30 %*

** El porcentaje panadero para la masa madre se refiere a la cantidad de harina que contiene este prefermento expresada como porcentaje sobre el total de la harina que se utiliza en la receta.*

1a. Refresca la masa madre. Unas 24 horas después de haber refrescado la masa madre, toma 50 gramos y deja el resto en el recipiente de 5 litros. (Sé que parece muy poco, pero confía en mí). Añade 200 gramos de harina panificable, 50 de integral y 200 de agua a 35 °C y remueve con la mano. Cubre la masa y deja que fermente a temperatura ambiente durante 3 horas.

1b. Refresca por segunda vez la masa madre. Pasadas las 3 horas, deshecha todo menos 250 gramos del primer refresco. Añade 400 gramos de harina panificable, 100 de integral y 400 de agua a 35 °C y remueve con la mano. Cúbrela y deja que fermente entre 4 y 5 horas antes de mezclar la masa final.

1c. Empieza con la autolisis. Pasadas entre 3½ y 4½ horas, en un recipiente redondo de 10 litros o similar, mezcla con la mano los 660 gramos de harina panificable y los 40 de integral. Agrega los 540 gramos de agua a una temperatura entre 32 °C y 35 °C y remueve con la mano. Tapa el recipiente y deja que repose entre 20 y 30 minutos.

2. Incorpora el resto de los ingredientes. Espolvorea sobre la masa los 20 gramos de sal y los 2 de levadura (½ cucharadita).

Coloca sobre la báscula un recipiente con un dedo de agua tibia para que te sea más fácil sacar la masa madre una vez la hayas pesado. Con las manos humedecidas, pasa 540 gramos de masa madre al recipiente.

A continuación, transfiérela al recipiente de 10 litros minimizando todo lo posible la cantidad de agua que pueda arrastrar. Humedece la mano para que no se te pegue la masa y empieza a mezclar. Alterna el corte mediante pinzado (página 68) y el plegado para que todos los ingredientes se integren bien. Al acabar, la masa debería estar entre 25 °C y 26 °C.

CONTINÚA>>

3. Aplica los pliegues. A esta masa hay que aplicarle cuatro tandas de pliegues (tienes las instrucciones precisas en las páginas 69-71). Si los aplicas durante la primera 1½ o 2 horas después de mezclar la masa final, te resultará más fácil.

Cuando la masa haya aumentado 2½ veces su volumen, unas 5 horas más tarde, estará lista para dividir las hogazas.

4. Divide la masa. Con las manos enharinadas, vuelca con cuidado la masa sobre la superficie de trabajo previamente espolvoreada con harina. Aún con las manos enharinadas, levántala y vuelve a colocarla sobre la encimera de manera que tenga una forma más o menos uniforme. Espolvorea con un poco de harina la zona por la que vas a hacer la incisión y, a continuación, divide la masa en dos con una rasqueta metálica o de plástico.

5. Da forma a las hogazas. Espolvorea con harina dos cestos. Da forma de bola a cada mitad siguiendo las instrucciones de las páginas 72-73. Colócalas en el cesto con los pliegues mirando hacia abajo.

6. Fermentación en pieza: Introduce los cestos en sendas bolsas de plástico sin agujeros y déjalos en la nevera toda la noche.

A la mañana siguiente, entre 12 y 14 horas después, deberían estar listas para entrar en el horno directamente desde la nevera. No es necesario atemperarlas.

7. Precalienta el horno y la cazuela. Mínimo 45 minutos antes de hornear las hogazas, dispón la rejilla del horno a media altura y coloca sobre esta dos cazuelas de hierro colado con sus respectivas tapas. Precalienta el horno a 245 °C.

Si solo tienes una cazuela, deja la segunda hogaza en la nevera mientras horneas la primera. Cuece una después de la otra, pero antes de introducir la segunda en el horno recalienta la cazuela durante unos cinco minutos.

8. Hornea. Para el siguiente paso te pido que lleves mucho cuidado y que no toques la cazuela, que estará ardiendo, con los dedos, la mano o el antebrazo.

Vuelca la hogaza ya fermentada sobre la superficie de trabajo previamente espolvoreada con harina. Recuerda que ahora la superficie lisa de la masa quedará abajo y los pliegues estarán expuestos durante la cocción.

Saca la cazuela del horno, destápala y, con cuidado, coloca dentro la hogaza con los pliegues mirando hacia arriba. Vuelve a taparla y hornea durante 30 minutos. A continuación, retira la tapa y mantén la cocción 20 o 25 minutos más, hasta que toda la corteza se torne de color marrón tostado.

A los 15 minutos, echa un vistazo por si acaso tu horno calienta más de lo indicado.

Saca la cazuela del horno e inclínala con cuidado para que salga la hogaza. Colócala sobre una rejilla para que se enfríe o ponla de lado para que el aire pueda circular a su alrededor. Deja que repose durante al menos 20 minutos antes de cortarla.

PAN DE MASA MADRE GUARDADA EN UN SITIO CÁLIDO

Esta receta está inspirada en una visita que hice hace mucho tiempo a una panadería de California donde usaban una masa madre bastante rígida que conservaban en un rincón cálido. Exactamente la guardaban en un estante que había detrás del horno donde cocían el pan. La masa madre solía estar algo ahuecada por arriba y desprendía un olor medio acre y afrutado muy agradable. La usaban para hacer unas *baguettes* deliciosas y desde entonces quise intentar hacer algo similar.

En esta receta hay que elaborar una masa madre totalmente diferente a la que se usa en el resto del libro. Puedes partir de la misma base, pero en este caso solo vamos a añadir harina panificable y usaremos menos agua, solo un 70 por ciento de hidratación, por lo que tendrá una consistencia más rígida. Hay que conservarla en algún sitio cálido; lo ideal sería que se mantuviera entre 29 °C y 32 °C. El resultado es impresionante y, al mismo tiempo, es una manera muy curiosa de mostrar que hay más de una forma de cultivar la masa madre y fermentarla.

Cuantos más días la refresques y la dejes que viva en ese entorno cálido, más probabilidades hay de que desarrolle una personalidad propia y única. Si quieres dejar que siga desarrollándose durante más tiempo del que se indica en esta receta, te recomiendo que la alimentes dos veces al día usando siempre las instrucciones del día 1. Puedes aprovechar esta masa madre en otras recetas del libro haciendo los ajustes necesarios en las cantidades de harina y agua en la masa final para compensar el hecho de que en este caso estarás usando un cultivo menos hidratado (70 por ciento). Si quieres saber cómo ajustar los ingredientes, lee el texto «Cómo hacer una masa que se adapte a tus gustos» en la página 190.

Creo que este es un pan para el verano, ya que no es fácil encontrar el sitio adecuado donde mantener la masa madre a la temperatura que indico. En casa la guardé en el horno con la luz encendida y la puerta un poco entreabierta; así conseguí mantenerla siempre a 29 °C. Cuando cerraba la puerta, dentro se alcanzaban 38 °C. Eso sí, ¡no te olvides de que la tienes ahí adentro cuando vayas a usar el horno! Otra opción, si quieres evitar llevarte sustos, es buscar algún rincón donde siempre haga calor, como un altillo en verano, una habitación donde le dé mucho el sol o algún sitio similar.

CON ESTA RECETA SE OBTIENEN 2 HOGAZAS DE UNOS 700 GRAMOS CADA UNA.

FERMENTACIÓN EN BLOQUE: Entre 5 y 6 horas

FERMENTACIÓN EN PIEZA: Entre 11 y 12 horas

HORARIO DE MUESTRA: Día 1: refresca la masa madre a las 9 de la mañana y a las 6 de la tarde. Día 2: vuelve a refrescar la masa madre a las 9 de la mañana, mezcla la masa final a las 3 de la tarde, da forma a las hogazas a las 8, deja que fermenten por segunda vez en la nevera durante toda la noche y hornéalas a la mañana siguiente entre las 7 y las 8.

CONTINUA>>

DÍA 1

Primer refresco

INGREDIENTE	CANTIDAD	
Masa madre activa	50 g	¼ escaso de taza
Harina panificable	250 g	1¾ tazas + 3 cdas.
Agua	175 g, a 29 °C	¾ de taza

Segundo refresco

INGREDIENTE	CANTIDAD	
Masa madre del primer refresco	50 g	¼ escaso de taza
Harina panificable	250 g	1¾ tazas + 3 cdas.
Agua	175 g, a 27 °C	¾ de taza

DÍA 2

Tercer refresco

INGREDIENTE	CANTIDAD	
Masa madre del segundo refresco	100 g	⅓ de taza + 1½ cda.
Harina panificable	500 g	3¾ tazas + 2 cdas.
Agua	350 g, a 29 °C	1½ tazas

Masa final / Fórmula del panadero

INGREDIENTE	CANTIDAD PARA LA MASA FINAL		CANTIDAD EN LA MASA MADRE	CANTIDAD TOTAL DE LA RECETA	PORCENTAJE PANADERO
Harina panificable	750 g	5¾ tazas + 1½ cdas.	250 g	1000 g	100 %
Agua	605 g, a 27 °C	2⅔ tazas	175 g	780 g	78 %
Sal marina fina	20 g	1 cda. + ¾ de cdta.	0	20 g	2 %
Levadura seca instantánea	1 g	¼ de cdta.	0	1 g	0,1 %
Masa madre	425 g	1½ tazas + 1 cda.			25 %*

** El porcentaje panadero para la masa madre se refiere a la cantidad de harina que contiene este prefermento expresada como porcentaje sobre el total de la harina que se utiliza en la receta.*

1a. Refresca la masa madre. Unas 24 horas después del refresco anterior, empieza a elaborar una nueva masa madre más rígida. Toma 50 gramos y deja el resto en el recipiente. Añade 250 gramos de harina panificable y 175 de agua a 29 °C y remueve con la mano. Cúbrela y deja que repose durante 8 horas en un sitio muy cálido entre 29 °C y 32 °C.

1b. Refresca por segunda vez la masa madre. Pasadas las 8 horas, la masa madre debería haber triplicado su volumen original y desprender un aroma muy alcohólico al retirar la tapa. ¡Está activa! Deberías ver burbujas y una estructura entramada en muy buen estado.

Deshecha todo menos 50 gramos del primer refresco. Añade 250 gramos de harina panificable

y 175 de agua a 27 °C y remueve con la mano. Tápala y deja que repose en un sitio muy cálido durante toda la noche.

1c. Refresca por tercera vez la masa madre. Entre 14 y 15 horas más tarde, vuelve a refrescar la masa madre. Debería haberse desarrollado como la anterior y casi haber cuadruplicado su volumen original. Volverás a percibir esa fragancia intensa del gas al retirar la tapa.

Deshecha todo menos 100 gramos del segundo refresco. Añade 500 gramos de harina panificable y 350 de agua a 29 °C y remueve con la mano. Cúbrela y deja que fermente 6 horas en el mismo sitio cálido antes de mezclar la masa final. Al acabar, la masa madre debería haber subido hasta casi la mitad del recipiente.

1d. Empieza con la autolisis. Pasadas 5,5 horas, en un recipiente redondo de 10 litros o similar, mezcla con la mano los 750 gramos de harina panificable y los 605 de agua a 27 °C. Mezcla a mano ambos ingredientes. Tapa el recipiente y deja que repose entre 20 y 30 minutos.

2. Incorpora el resto de los ingredientes. Espolvorea sobre la masa los 20 gramos de sal y 1 de levadura (¼ de cucharadita).

Coloca sobre la báscula un recipiente con un dedo de agua tibia para que te sea más fácil sacar la masa madre una vez la hayas pesado. Con las manos humedecidas, pasa 425 gramos de masa madre al recipiente.

A continuación, transfiérela al recipiente de 10 litros minimizando todo lo posible la cantidad de agua que pueda arrastrar. Humedece la mano para que no se te pegue la masa y empieza a mezclar. Alterna el corte mediante pinzado (página 68) y el plegado para que todos los ingredientes se integren bien. Al acabar, la masa debería estar entre 25 °C y 26 °C.

3. Aplica los pliegues. A esta masa hay que aplicarle tres o cuatro tandas de pliegues (tienes las instrucciones precisas en las páginas 69-71). Si los aplicas durante la primera 1½ o 2 horas después de mezclar la masa final, te resultará más fácil.

Cuando la masa haya aumentado 2½ veces su volumen, unas 5 o 6 horas más tarde, estará lista para dividir las hogazas.

CONTINÚA>>

Si quieres conservar el resto del cultivo, pero no tienes intención de seguir refrescándolo, guarda unos 300 gramos en la nevera siguiendo los pasos que se detallan en las páginas 136-137. Cuando vayas a usar esta masa madre en otro momento, podrás hacerlo como con el resto de las recetas.

4. Divide la masa. Con las manos enharinadas, vuelca con cuidado la masa sobre la superficie de trabajo previamente espolvoreada con harina. Aún con las manos enharinadas, levántala y vuelve a colocarla sobre la encimera de manera que tenga una forma más o menos uniforme. Espolvorea con un poco de harina la zona por la que vas a hacer la incisión y, a continuación, divide la masa en dos con una rasqueta metálica o de plástico.

5. Da forma a las hogazas. Espolvorea con harina dos cestos. Da forma de bola a cada mitad siguiendo las instrucciones de las páginas 72-73. Colócalas en el cesto con los pliegues mirando hacia abajo.

6. Fermentación en pieza. Introduce los cestos en sendas bolsas de plástico sin agujeros y déjalos en la nevera toda la noche.

A la mañana siguiente, entre 11 y 12 horas después, deberían estar listas para entrar en el horno directamente desde la nevera. No es necesario atemperarlas.

7. Precalienta el horno y la cazuela. Mínimo 45 minutos antes de hornear las hogazas, dispón la rejilla del horno a media altura y coloca sobre esta dos cazuelas de hierro colado con sus respectivas tapas. Precalienta el horno a 245 °C.

Si solo tienes una cazuela, deja la segunda hogaza en la nevera mientras horneas la primera. Cuece una después de la otra, pero antes de introducir la segunda en el horno recalienta la cazuela durante unos cinco minutos.

8. Hornea. Para el siguiente paso te pido que lleves mucho cuidado y que no toques la cazuela, que estará ardiendo, con los dedos, la mano o el antebrazo.

Vuelca la hogaza ya fermentada sobre la superficie de trabajo previamente espolvoreada con harina. Recuerda que ahora la superficie lisa de la masa quedará abajo y los pliegues estarán expuestos durante la cocción.

Saca la cazuela del horno, destápala y, con cuidado, coloca dentro la hogaza con los pliegues mirando hacia arriba. Vuelve a taparla y hornea durante 30 minutos. A continuación, retira la tapa y mantén la cocción 20 o 25 minutos más, hasta que toda la corteza se torne de color marrón tostado.

A los 15 minutos echa un vistazo por si acaso tu horno calienta más de lo indicado.

Saca la cazuela del horno e inclínala con cuidado para que salga la hogaza. Colócala sobre una rejilla para que se enfríe o ponla de lado para que el aire pueda circular a su alrededor. Deja que repose durante unos 20 minutos antes de cortarla.

Cómo hacer una masa que se adapte a tus gustos

Este recetario se puede entender como una guía que permite ajustar las diferentes combinaciones de harina, los prefermentos, los tiempos o la cantidad de agua en la receta por la razón que sea: sabor, cuerpo (sobre todo en las masas para pizza), horario, conveniencia o, si eres como yo, por pura diversión y curiosidad por ver qué pasa.

Déjate guiar por tus preferencias. Las recetas de este libro se pueden adaptar y te animo a que experimentes con ellas para personalizar los panes o las pizzas.

Dicho esto, te aconsejo que primero practiques tal y como se indica aquí para afianzar tus destrezas de panadero y conocer bien las recetas y las técnicas del libro. Luego, una vez ya te salgan bien y sepas cuál es el resultado que has de esperar, puedes personalizarlas para que se ajusten a tus gustos, a tu despensa o a lo que se te antoje en ese momento.

A lo mejor te apetece hacer un pan 50 % integral basado en la receta de Pan 75 % integral para hacer el sábado (página 85). Puede que prefieras la harina de centeno, o a lo mejor usar solo un 20 por ciento de integral. Quizás tengas ganas de experimentar con una masa madre líquida con la receta de Pain de campagne (página 140) o en cualquiera de los panes de masa madre.

Es posible que, aunque quieras seguir las recetas del libro, tengas imprevistos que te obliguen a ajustar el horario sobre la marcha. Nos pasa a la mayoría. En este apartado tienes trucos y consejos que te permitirán adaptarlas, incluso cuando tengas algún imprevisto. Primero te indico cómo ajustar el nivel de hidratación y luego veremos cómo jugar con la combinación de harinas. A continuación, te explico cómo se puede modificar el horario de una receta. Para los más experimentados, veremos algunas cuestiones relacionadas con la masa madre. También he incluido ejemplos de las notas rápidas que voy tomando sobre las recetas, que van muy bien para documentar sobre la marcha lo que estás haciendo, puesto que al trabajar con horarios tan largos es fácil que te olvides de los detalles («¿A qué hora he mezclado la masa final?»), sobre todo si quieres usarlas como referencia para el futuro.

Como verás, he omitido las conversiones de medidas volumétricas en las tablas. Si de verdad quieres controlar las variables que vamos a ver aquí, tienes que pesar los ingredientes para garantizar la precisión.

CAMBIOS EN LA HIDRATACIÓN

Una buena candidata para hacer cambios en la hidratación es la receta Masa para pizza con poolish fermentada por la noche (página 225). En ella se usa un 75 por ciento de hidratación. No obstante, es posible que prefieras optar por un 70 para que quede un poco más rígida, ya que, para muchos, es más fácil trabajar con una masa no tan líquida a la hora de darle forma de pizza. Es comprensible. Lo bueno es que seguirás beneficiándote de las ventajas del poolish. Ajustar la hidratación es fácil. ¡Basta con echar menos agua! Puesto que el peso total de la harina es de 1000 gramos (en todas las masas de este libro), para cambiar la hidratación a un 70 por ciento simplemente tienes que usar 700 gramos de agua en lugar de 750 (el 70 por ciento del peso total de harina). Para el poolish usa las cantidades que se indican en la receta original y adapta la cantidad de agua que se añade en la masa final a 200 gramos. Así de fácil. Puesto que ahora la masa será más rígida, solo necesita una tanda de pliegues.

MASA PARA PIZZA CON POOLISH Y UN 70 POR CIENTO DE HIDRATACIÓN

Masa final		Fórmula del panadero		
INGREDIENTE	CANTIDAD PARA LA MASA FINAL	CANTIDAD EN EL POOLISH	CANTIDAD TOTAL DE LA RECETA	PORCENTAJE PANADERO
Harina panificable	500 g	500 g	1000 g	100 %
Agua	200 g, a 38 °C	500 g	700 g	70 %
Sal marina fina	20 g	0	20 g	2 %
Levadura seca instantánea	0	0,4 g (⅛ escaso de cdta.)	0,4 g	0,04 %
Poolish	1000 g			50 %

Aquí tienes otro ejemplo de cómo jugar con la hidratación: digamos que te levantas una mañana con ganas de hacer pan para la cena de esa noche. Los panes para los sábados están pensados precisamente para eso. No obstante, es posible que quieras usar más agua, digamos que un 78 por ciento en lugar de un 72. Bien, añade 780 gramos de agua en lugar de los 720 que pide la receta. Puesto que esta masa será más líquida y estará más blanda, necesitará un par de tandas más de pliegues para compensar. De ese modo, le das a la masa la estructura que necesita ayudándola a desarrollar la malla de gluten que, al principio, será muy frágil debido a la cantidad extra de agua.

CAMBIOS EN LA COMBINACIÓN DE HARINAS

Yo hago esto cada dos por tres. Si quieres preparar una receta concreta, pero te apetece cambiar la combinación de harinas, creo que te alegrará saber que la tabla de ingredientes no es más que una plantilla y que puedes hacer los cambios que mejor se ajusten a tus gustos (o a lo que haya por tu despensa). Lo más importante es que respetes la cantidad final de harina de la receta, puesto que las cantidades del resto de los ingredientes dependen de esta.

Cambiemos la combinación de harinas de la receta Pan blanco fermentado por la noche, de la página 89. En ella se pide solo harina panificable, pero podemos cambiar esto y usar un 70 por ciento de harina panificable, un 20 de integral de trigo y un 10 de centeno. (Con esto obtienes un pan con una combinación muy similar a la que se usa en las recetas multivarietales de las páginas 155 y 158). Básicamente tienes que pesar 700 gramos de harina panificable, 200 de integral y 100 de centeno blanca o integral. Si quieres, puedes añadir un poquito más de agua, pongamos que unos 20 gramos. No obstante, como la harina de centeno no absorbe tanta agua como las otras, de momento dejemos la cantidad original. La levadura y la sal se dejan igual.

PAN «BLANCO» FERMENTADO POR LA NOCHE, AHORA CON HARINA PANIFICABLE, INTEGRAL Y DE CENTENO

INGREDIENTE	CANTIDAD	PORCENTAJE PANADERO
Harina panificable	700 g	70 %
Harina integral de trigo	200 g	20 %
Harina de centeno blanca o integral a temperatura ambiente	100 g	10 %
Agua	780 g, entre 32 °C y 35 °C	78 %
Levadura seca instantánea	0,8 g (¼ escaso de cdta.)	0,08 %
Sal marina fina	22 g	2,2 %

CAMBIOS EN EL HORARIO

A veces tienes que ajustar el horario de una receta porque, o bien sabes que vas a necesitar más tiempo antes de trabajar la masa en el siguiente paso, o bien has tenido un imprevisto y te toca posponerlo. Puesto que la fermentación en bloque y en pieza dependen de la cantidad de agente leudante y de la temperatura a la que se encuentra la masa, puedes usar estas variables para ajustar los tiempos. Ten en cuenta que no estoy recomendando acelerar las fases de fermentación, ya que esto afecta a la calidad.

Te pongo un ejemplo: digamos que quieres hacer uno de los panes para el sábado, pero te viene mejor que la fermentación en bloque sea de ocho horas en lugar de las cinco que se indican en la receta. En ese caso, te recomiendo que reduzcas aproximadamente un tercio la cantidad de levadura y mantengas la misma temperatura. Toma nota de los cambios que haces y del resultado, así a la próxima puedes ajustar mejor esta cantidad.

Otro ejemplo con la misma receta: pongamos que vas avanzando y cuando vas a dar forma a las hogazas se te han trastocado los planes y no estarás en casa a la hora de hornearlas. Nada más darles forma, mételas en la nevera (acomodadas en sus respectivos cestos y dentro de bolsas de plástico sin agujeros). Así podrás hornearlas a la mañana siguiente. O quizás necesites una hora más entre el formado y el horneado de las hogazas. No pasa nada: mételas en la nevera entre 50 minutos y una hora después de haberles dado forma; en teoría deberían ser capaces de mantener la estructura durante un par de horas más. Además, puedes hornearlas frías. No necesitas atemperarlas antes de meterlas en el horno.

Veamos otro ejemplo: imagina que has mezclado la masa final a las 3 de la tarde, lo que significa que alrededor de las 8 ya habrá madurado y estará lista para dividirla y darle forma; pero resulta que has quedado de 7 a 9. No pasa nada; como en el ejemplo anterior, cuando tengas que alargar el horario no tienes más que meter la masa en la nevera. Dependiendo de la temperatura que haga en la calle, también puedes dejarla en el exterior, bien dentro del recipiente con la tapa puesta o bien ya con forma de hogaza, dentro del cesto y envuelta con una bolsa de plástico sin agujeros. Los tiempos siempre generan dudas. Recuerda que la masa tarda un poco en enfriarse, por lo que seguirá desarrollándose aunque se encuentre a una temperatura más baja.

Cuando retrases así el proceso, evita la tentación de pasar al siguiente paso sin que se haya desarrollado por completo. Al igual que sucede con los cambios en la hidratación, siempre viene bien haber practicado antes con la receta original para saber cuándo se encuentra la masa en el punto óptimo de fermentación. La experiencia te ayudará a guiarte por su aspecto.

La idea es que es posible alargar el proceso durante una de las fermentaciones, ya sea metiendo la masa en la nevera o bien dejando que repose en un lugar donde la temperatura sea más baja. A base de practicar aprenderás a controlar el proceso y a obtener un resultado igual de excelente o incluso mejor. Solo tienes que asegurarte de que, cuando vayas a pasar al siguiente paso, la masa se haya desarrollado por completo, porque, de lo contrario, estarás sacrificando el sabor y el cuerpo finales.

Del mismo modo, hay veces en las que la masa está muy perezosa; esto es un problema que, sobre todo, se da durante el invierno. Si debería haber triplicado el volumen en cinco horas, pero no lo ha hecho, o si durante la noche solo ha doblado el volumen cuando debería haber subido hasta casi el triple, busca un lugar cálido donde acelerar el proceso. En mi casa me he dado cuenta de que el sitio más adecuado para esto es el horno: si lo dejo con la puerta entreabierta y la luz encendida, tengo la temperatura perfecta. Esto mismo lo puedes hacer si tienes un poolish o una biga que no se han desarrollado del todo. No destapes la masa, porque entonces se secará. Pero mantente al tanto. Atempérala y ayúdate de un termómetro de cocina; lo ideal que es que no se pase de los 26 °C. Es muy curioso ver lo rápido que evoluciona la masa con el calor. Todos los panaderos hemos tenido que enfrentarnos alguna vez a una masa perezosa. No te agobies, no tienes más que ponerla en ese sitio donde hace más calor.

ABSORCIÓN DE LA HARINA

Como ya hemos visto, la harina integral absorbe más agua que la panificable. Por lo tanto, si aumentas la cantidad de esta última en una receta, necesitarás menos agua para obtener la misma consistencia. Por el contrario, si usas más integral, tendrás que añadir más agua. Por supuesto, para saber cuál es la consistencia que hay que alcanzar, lo mejor es hacer primero la receta sin modificar las cantidades de los ingredientes, de manera que tengas una referencia con la que comparar. Cuando se aumenta la cantidad de agua, conviene hacerlo poco a poco y pesándola en lugar de echarla a ojo. A simple vista, 30 o 40 gramos de agua parece muy poca cantidad, pero pueden suponer una diferencia importante.

CAMBIOS EN LA MASA MADRE

Esta sección va dirigida sobre todo a panaderos experimentados, pero tampoco hace falta ser un friki de la panadería para poner en práctica estos consejos. Voy a usar dos ejemplos que podrás extrapolar a otros momentos de «¿y si...?».

Ajustar la harina en la masa madre guardada en un sitio cálido

Primero veamos cómo usar en otros panes la masa madre de la receta Pan de masa madre guardada en un sitio cálido (página 185). Sin duda, tiene un sabor muy especial y agradable, así que es normal que quieras usarla en otras recetas de este libro. Es tan sencillo como ajustar la combinación de harinas, tal y como he explicado un poco más arriba. Para ello puedes usar un poco de harina integral o de centeno, o puede que de espelta o kamut, en la masa final. Lo único que has de tener en cuenta es que debes respetar la cantidad de harina que hay que añadir a la masa final. En lugar de usar 750 gramos de harina panificable, combina las que quieras hasta llegar a esta suma. A continuación tienes un ejemplo en el que se usa un 40 por ciento de integral. El 40 por ciento de 1000 gramos (el peso total de harina en esta receta, incluyendo la masa madre) es 400, así que tendrás que usar 400 gramos de integral y 350 de panificable. Del mismo modo, puedes usar, por ejemplo, 100 gramos de harina de centeno, 200 de integral de trigo y 450 de panificable, con lo que ya tenemos 750 gramos de harina en la masa final.

Como verás en la tabla, en este caso se añade más agua para compensar la mayor capacidad de absorción de la harina integral de trigo: 20 gramos más, lo que significa que la hidratación ha subido del 78 al 80 por ciento.

PAN 40 % INTEGRAL DE MASA MADRE GUARDADA EN UN SITIO CÁLIDO

Masa final		Fórmula del panadero		
INGREDIENTE	CANTIDAD PARA LA MASA FINAL	CANTIDAD EN LA MASA MADRE	CANTIDAD TOTAL DE LA RECETA	PORCENTAJE PANADERO
Harina panificable	350 g	250 g	600 g	60 %
Harina integral	400 g	0	400 g	40 %
Agua	625 g, a 27 °C	175 g	800 g	80 %
Sal marina fina	20 g	0	20 g	2 %
Levadura seca instantánea	1 g (¼ de cdta.)	0	1 g	0,1 %
Masa madre	425 g			25 %*

** El porcentaje panadero para la masa madre se refiere a la cantidad de harina que contiene este prefermento expresada como porcentaje sobre el total de la harina que se utiliza en la receta.*

Es posible que te haya llamado la atención que, en la receta Pan de masa madre guardada en un sitio cálido de la página 185, en la masa madre haya un 25 por ciento de la harina y solo se use un 0,1 por ciento de levadura, mientras que en las recetas de masas híbridas de este libro se usa un 20 por ciento de masa madre y 0,2 de levadura, y en las de panes de masa madre pura un 12 por ciento de madre, sin nada de levadura. En este ejemplo he querido usar más masa madre para resaltar el carácter especial de este cultivo. A más madre, menos levadura seca instantánea necesito. Si quieres, puedes ir más allá y no usar nada de levadura, solo masa madre y un poco más de tiempo para que suba.

Masa madre líquida

Los buenos panaderos profesionales conocen bien este concepto. Normalmente se trata de una masa madre con la misma cantidad de harina que de agua y normalmente se elabora con harina panificable. Este tipo de madre aporta un carácter especial al pan. Yo lo asocio con sabores lácticos, como la leche o la mantequilla. Si está muy activa, es posible que imparta un gusto a fruta muy madura. Esto se debe a los ésteres volátiles que se forman a partir de la combinación del alcohol (fruto de una fermentación prolongada de las levaduras) y los ácidos (de la fermentación bacteriana).

Para elaborar una masa madre líquida, usa las indicaciones que se detallan en el capítulo 8. El día antes de mezclar la masa final, sigue las instrucciones que aparecen a continuación para que pase de un cultivo más bien compacto a líquido. Cuando alteres tu masa madre de base, recuerda que cuanto más tiempo la mantengas en su nuevo estado siguiendo una rutina de refrescos, más y mejor se desarrollará este nuevo perfil de sabores, ya que las levaduras, las bacterias y los ácidos seguirán prosperando en este nuevo entorno.

Como verás, el refresco del día 1 tiene un 100 por cien de hidratación, en lugar del 80 por ciento que se usa en la receta básica. Además, solo usa un poco de la masa madre ya activa en el primer refresco.

HORARIO DE MUESTRA. Día 1: a partir de la masa madre elaborada según las instrucciones del capítulo 8, refréscala a las 9 de la mañana y a las 6 de la tarde. Día 2: vuelve a refrescar la masa madre a las 9 de la mañana, mezcla la masa final a las 3 de la tarde, da forma a las hogazas a las 8, deja que fermenten por segunda vez en la nevera durante toda la noche y hornéalas a la mañana siguiente.

MASA MADRE LÍQUIDA

DÍA 1

Primer refresco

INGREDIENTE	CANTIDAD
Masa madre activa	50 g
Harina panificable	250 g
Agua	250 g, a 35 °C

Segundo refresco

INGREDIENTE	CANTIDAD
Masa madre del primer refresco	250 g
Harina panificable	250 g
Agua	250 g, a 29 °C

DÍA 2

Tercer refresco

INGREDIENTE	CANTIDAD
Masa madre del segundo refresco	100 g
Harina panificable	500 g
Agua	500 g, entre 29 °C y 32 °C

Una buena receta para experimentar con la masa madre líquida es la del Pain de campagne de la página 140. Usa esta masa madre líquida en lugar de la que aparece en la receta original y sigue las cantidades que se indican a continuación para el resto de los ingredientes. Puesto que este cultivo lleva más agua de lo habitual, en la lista de ingredientes para la masa final la cantidad de esta se ha reducido. No obstante, la hidratación total es la misma en ambos casos: 78 por ciento. La única diferencia es que en la masa final hay que echar 40 gramos menos de agua para compensar los 40 que se han añadido a la masa madre con la que vamos a trabajar.

PAIN DE CAMPAGNE CON MASA MADRE LÍQUIDA

Masa final		Fórmula del panadero		
INGREDIENTE	CANTIDAD PARA LA MASA FINAL	CANTIDAD EN LA MASA MADRE	CANTIDAD TOTAL DE LA RECETA	PORCENTAJE PANADERO
Harina panificable	700 g	200 g	900 g	90 %
Harina integral	100 g	0	100 g	10 %
Agua	580 g, entre 32 °C y 35 °C	200 g	780 g	78 %
Sal marina fina	21 g	0	21 g	2,1 %
Levadura seca instantánea	2 g (½ cdta.)	0	2 g	0,2 %
Masa madre	400 g			20 %

ANOTACIONES RÁPIDAS

Siempre que aplico cambios en una receta, tomo nota, aunque sean ajustes temporales, de manera que pueda comprobar qué he hecho y no depender de mi pobre memoria para recordar si, por ejemplo, añadí 560 o 540 gramos de harina en la masa final que he preparado hace ocho horas. En la cocina siempre tengo un bloc de notas pequeñito, de los de bolsillo, para anotar este tipo de cosas. Tenía pensado incluir este consejo en el libro y creo que este es el mejor momento para hacerlo, porque, cada vez que retoques una receta, deberías anotar todo lo que has hecho para saber después qué ha salido bien o qué ha salido mal.

Aquí tienes mis notas para la receta Masa para pizza con poolish fermentada por la noche (página 225):

- Poolish: 500 gramos de harina, 500 gramos de agua a 27 °C, 0,4 gramos de levadura. 12–14 horas a temp. ambiente 21 °C.
- No autolisis.
- Masa final: 500 gramos harina, 250 gramos agua a 41 °C, 20 gramos sal, poolish. 2 tandas de pliegues 5-6 horas para 2½x volumen. 5 bolas de 350 gramos cada una. 30-60 min a temp. ambiente, luego a la nevera.

Luego tomo notas como estas durante el proceso:

- Poolish preparado a las 7 p. m.
- Masa final, agua solo a 35 °C, 9 a. m. Temp. final 23 °C. Agua más caliente a la próxima.
- 2 tandas de pliegues
- Masa final 2½x a las 3 p. m. Bolas de masa a la nevera a las 3:30 p. m.

Aquí las notas para Multivarietal #1 (página 155):

- Masa madre: Primer refresco por la mañana. 100 gramos de masa madre activa, 400 blanca, 100 integral, 400 agua entre 29 °C y 32 °C. 6 horas a temp. ambiente antes de mezclar la masa final.
- Autolisis: 590 g blanca, 60 integral, 150 blanca centeno, 590 agua entre 32 °C y 35 °C. Reposar 20-30 min
- Masa final: Añadir 360 gramos masa madre, 21 de sal y 2 levadura. 3 o 4 tandas de pliegues. 5 horas para 2½x. Dividir, formar, cubrir y a la nevera 12 horas.
- Cocer a 245 °C, 30 min con tapa, 20 min sin.

Las notas durante el proceso serían algo así:

- Refresco masa madre, 8 a. m.
- Autolisis con agua a 32 °C. Temp. final 27 °C. Usar agua más fría a la próxima. Masa final a las 2 p. m.
- 4 tandas de pliegues
- División, formado y a la nevera a las 7 p. m.
- En el horno a las 9 a. m. Buen resultado. ¡Sí!

4.ª PARTE
RECETAS PARA HACER PIZZA

PROCESO BÁSICO PARA HACER PIZZA Y FOCACCIA

Tres años y medio después de abrir Ken's Artisan Bakery, me apetecía embarcarme en un nuevo proyecto con mi equipo y comprobar si éramos capaces de hacer pizzas de buena calidad al calor de aquel gigantesco horno de gas en el que cocíamos el pan. Al fin y al cabo, es otro tipo de pan, así que me parecía una manera lógica de ampliar horizontes en aquello que ya se nos daba bien.

Las primeras pruebas salieron bastante bien, por lo que decidimos comprobar la reacción de los clientes con una especie de noche temática semanal: Lunes de pizza. Por aquel entonces, en 2005, Portland empezaba a abrirse a nuevas alternativas al panorama hostelero habitual, y las apuestas menos tradicionales, como el restaurante subterráneo de Ripe, las Cenas en familia o las cenas de gala durante el verano en las fincas de los agricultores que organizaban Plate & Pitchfork se convirtieron en una opción novedosa y más divertida a la hora de comer fuera de casa. Convertir la panadería en pizzería una noche a la semana era el siguiente paso lógico tras el reciente experimento en el que durante un tiempo también funcionamos como minibistro, y era una manera lógica de aprovechar el talento de la gente que por aquel entonces trabajaba conmigo.

Gracias al éxito de nuestros Lunes de pizza, la panadería entró en la clasificación de los cien mejores restaurantes de Oregón de aquel año. Ya desde el primer lunes, la gente hacía hasta una hora de cola para conseguir una mesa y esperaban apretujados contra la vitrina donde exponíamos la bollería o en la calle con una copa de vino o una cerveza en la mano. ¡Menudo poder de atracción tiene la pizza! Así fue como, en 2006, nació Ken's Artisan Pizza: una pizzería con horno de leña situada en el sureste de Portland, que abrí junto a nuestro chef, Alan Maniscalco. Alan llevaba cuatro años trabajando en la panadería y durante un tiempo se encargó de gestionar los equipos de panadería y pastelería. Antes de abrir el restaurante, estuvo al mando de la cocina los Lunes de pizza.

En Ken's Artisan Pizza hacemos pizzas napolitanas, como las que Alan y yo probamos durante nuestros varios viajes a Italia y que tantísimo nos gustaron. Las hacemos individuales, de unos 30 centímetros de diámetro, con una base muy fina. Nuestros cocineros le dan vueltas a la masa en el aire para que se distribuya bien; no es cuestión de postureo, aunque he de reconocer que es un espectáculo digno de ver.

Usamos pocos ingredientes, ya que queremos equilibrarlos con la base y la salsa. También nos gusta que la pizza se queme un poquito por encima y por los bordes. Muy poquito. No es cosa fácil. Cuando trabajas a 400 °C todo va muy rápido. La mozzarella de leche entera que usamos se derrite y se esparce por la superficie a la vez que se tuesta ligeramente por encima. Las puntitas de la albahaca fresca que echamos a la pizza quedan crujientes.

Al fondo del horno hay una pila de ascuas sobre las que danza una gran llama que se puede ver desde la calle. La mantenemos viva con troncos muy finitos de leña de roble, madroño del Pacífico y, a veces, otras maderas nobles con las que la vamos alimentando ininterrumpidamente durante cada servicio. Por las mañanas, el horno sigue lo suficientemente caliente como para tostar picatostes y otros productos similares antes de encender de nuevo el fuego al mediodía. Lo mantenemos vivo unas diez horas al día los siete días de la semana.

El horno es de ladrillo y modelo le Panyol. Lo montó Timothy Seaton, un albañil de tercera generación especializado en hornos, cocinas y barbacoas de leña, que, además, es presidente del grupo de albañiles de la Heater Caucus for the Hearth, Patio and Barbecue Association (Asociación de Chimeneas, Exteriores y Barbacoas), así como presidente de una organización de normalización internacional de electrodomésticos a leña. Timothy sabe lo que se hace y es todo un artista. Por dentro, el horno tiene unos 185 centímetros de diámetro y las paredes son lo suficientemente anchas para retener el calor e irradiarlo de nuevo hacia el interior, a la zona de cocción. Por las mañanas sigue a unos 260 °C; demasiado calor para el pan. Aun así, la temperatura externa alrededor del horno nunca supera los 43 °C. Cuando lo ves en medio del restaurante parece una bestia: por fuera es una especie de iglú blanco, pero por dentro es un verdadero infierno.

Cuando metemos las pizzas, normalmente las colocamos a una distancia del fuego de entre 45 y 60 centímetros. En esa zona la temperatura es de unos 400 °C. Más atrás, donde se encuentra la llama, se superan los 540 °C. Hay una diferencia de casi 56 °C entre la superficie de la pizza que está más cerca del fondo del horno y la que queda al otro lado. Por eso hay que rotarla a medida que se cuece. Al cabo de dos minutos y medio ya la estamos sacando. La pizza ideal se obtiene cuando la base, los ingredientes y el borde de la masa llegan al punto óptimo de cocción exactamente al mismo tiempo. Este tipo de horno de leña es perfecto para conseguirlo.

¿Cómo se traduce todo esto en algo que puedas hacer en casa? ¿Qué puedo decir para que no te desanimes? Primero, que puedes hacer muy buenas masas y se apreciará en el sabor de la base. Segundo, puedes usar ingredientes de primera calidad sin que por ello tengan que ser excesivamen-

BREVE APUNTE SOBRE LA HIDRATACIÓN DE LA MASA

En las recetas que vas a encontrar a continuación se trabaja con masas con un 70 o 75 por ciento de hidratación, mientras que las más tradicionales solo llegan a un 65. Las que comparto en este libro están pensadas para hornear la masa sobre una piedra de hornear o directamente al fuego en una chimenea de leña.

En el caso de la focaccia (que no se cuece directamente al fuego, sino en una bandeja), la masa puede ser incluso más húmeda, como por ejemplo la que se usa en la receta Pan blanco con 80 % de biga (página 106). Puesto que la focaccia se reparte sobre una sartén o una bandeja embadurnadas de aceite, no pasa nada si la masa es más blanda. Por el contrario, al hornear la pizza sobre una piedra, es preciso que tenga una estructura más resistente, a la que se le puede dar forma de disco, esparcir por encima los ingredientes y deslizarla sobre la superficie caliente. Cuanto más húmeda sea una masa, más blanda y pegajosa, lo que hace que sea más difícil de manipular a lo largo del proceso, excepto cuando se amasa. Se pueden generar agujeros durante el formado o al pasarla al horno, y la base se puede romper sobre la piedra si la sacas antes de que esté cocida del todo.

No obstante, personalmente me gustan más las masas con una mayor hidratación, aunque sean más pegajosas y complicadas de manipular, porque durante la fermentación desarrollan esa personalidad que tanto me gusta. Además, el borde es más esponjoso, siempre y cuando se haya fermentado por completo, y tiene una textura más delicada. Esta textura también se debe a un horneado a temperaturas muy altas y usando una harina floja 00 o panificable. Las tres masas para pizza de este libro que se hacen con un 70 por ciento de hidratación son un buen punto intermedio. La receta en la que se usa poolish, con un 75 por ciento de hidratación, va un poco más allá y requiere de más destreza. Hay tres técnicas clave para que estas masas tan hidratadas y delicadas den un buen resultado. En primer lugar, aplicar los pliegues después de mezclar la masa final le aporta tensión. En segundo lugar, trabajar con una masa fría recién salida de la nevera también le aporta tensión. Por último, puesto que es un poco pegajosa, antes de empezar a darle forma de disco, hay que enharinar la bola por ambos lados, arriba y abajo, para que no se te pegue a las manos. Como muchos saben, cuando se está amasando un pan hay que evitar incorporar harina cruda a la masa, pero en el caso de la pizza no pasa nada: la harina es tu mejor aliada. Si ves que te cuesta trabajarla así, no pasa nada por reducir la cantidad de agua en un 2 o 3 por ciento. Eso sí, ten en cuenta que te costará más mezclarla, así que en este caso es posible que prefieras usar un robot de cocina, para lo que deberías hidratar la levadura antes.

te caros. Es verdad que las latas de tomate san marzano son un poco caras, pero no tanto como lo que pagarías por una pizza del supermercado preparada con tomates cultivados en invernaderos. Además, una lata de 800 gramos da para preparar suficiente salsa para cinco pizzas. Compra mozzarella de leche entera conservada en suero lácteo, un buen salami italiano y albahaca fresca. Estoy seguro de que por casa tendrás un aceite de oliva excelente, además de ajo y copos de chile. Si encuentras orégano seco de buena calidad, sería estupendo, pero si no, tampoco se acaba el mundo.

PINCELADAS GENERALES SOBRE LA MASA PARA PIZZAS

En el capítulo 13 encontrarás cuatro recetas de masa para pizza y en cada una tendrás suficiente para hacer 5 bases de unos 30 centímetros de diámetro. Con todas obtendrás una pizza deliciosa y en cada caso se ofrece un horario diferente para trabajar: desde elaboración de principio a fin en un día con una masa directa hasta fermentaciones durante la noche con poolish o masa madre. El capítulo 14 contiene recetas para dos tipos de salsa de tomate (una lisa y otra con tropezones), un lecho de tomates fileteados y, por último, unas cuantas opciones de ingredientes para añadir por encima a la pizza o a la focaccia. Te recomiendo que empieces con la Pizza margarita (página 233) o con la Pizza al estilo Nueva York (página 235) y que a partir de ahí te diviertas experimentando con ingredientes de todo tipo. Elige una receta para la masa, otra para la salsa, decide el queso y los ingredientes, y ponte manos a la obra. Tanto aquí como en las recetas tienes todo tipo de instrucciones y trucos.

Harina 00 italiana: esta harina viene de una zona cercana a Nápoles, Italia, y es la que se utiliza para las pizzas de este estilo. Es una harina floja y se nota cuando la trabajas. Produce una masa delicada, pero al mismo tiempo tiene suficiente fuerza tensil para darle forma de disco y, al hornearla, la base de la pizza queda tierna y deliciosa.

Las recetas del capítulo 14 están organizadas según la técnica de horneado. Te las resumo para que sepas más o menos las opciones que tienes. Primero, en la página 233, tienes las recetas en las que se hornea la pizza sobre una piedra precalentada; esa es la técnica para obtener los siempre impresionantes estilos napolitano y neoyorquino. A continuación, a partir de la página 247, aprenderás a hacer una base más esponjosa usando la sartén de hierro colado. Esta técnica es perfecta si no tienes una piedra de hornear o si prefieres una pizza más casera y que implique menos esfuerzo (imagínate llegando a casa ya de noche o después de un largo día de trabajo, esos días en los que te apetece algo rico, pero no tienes ganas de complicarte la vida, y te das cuenta de que todavía tienes un par de bolas de masa en la nevera listas para usar). Por último, a partir de la página 252, tienes las recetas para cocinar la focaccia en una sartén o una bandeja para el horno.

Tal y como se indica en algunas recetas de los capítulos 5, 6 y 9, hay masas de pan que se pueden usar también para hacer focaccia o pizza. En ese caso, lo mejor es usar una sartén de hierro colado o una bandeja para el horno. También puedes aprovechar las masas para pizza del capítulo 13 y preparar una focaccia tradicional u otra menos tradicional con la masa para cualquiera de los panes de este libro, incluso el de aquellas en las que no lo indico. Dependiendo de cada caso, la textura podrá ser ligera, como la de las recetas con poolish, biga y panes para los sábados, o más densa, como las de masa madre. Cada una tiene una personalidad diferente. No te ciñas demasiado a las normas. Usa lo que tengas a mano y un poco de sentido común a la hora de elegir los ingredientes que vas a utilizar en cada caso.

TÉCNICAS PARA PREPARAR LA MASA PARA PIZZA

En este libro, a la hora de hacer las masas para pizza, vamos a usar las mismas técnicas que para el pan. Esto quiere decir que puedes seguir los pasos básicos para la autolisis, la mezcla de la masa final y el amasado mediante pliegues tal y como se describen en el capítulo 4. Aquí te explico el resto de los pasos para que tengas a mano una descripción más detallada del proceso de la que doy en las propias recetas.

Dividir la masa

Espolvorea con un poco de harina la superficie de trabajo; necesitas unos 60 centímetros de espacio. Con las manos enharinadas, vuelca la masa con cuidado. Para hacerlo, espolvorea un poco de harina por las paredes del recipiente, inclínalo ligeramente y sepárala con cuidado de la base si ves que se queda pegada. No la estires, ayúdala. Una vez la hayas levantado y vuelto a colocar sobre la superficie de trabajo para que tome una forma más o menos uniforme, echa harina por toda la superficie de la masa. Luego ayúdate de una rasqueta metálica o de plástico para dividirla en cinco porciones iguales. Esto puedes hacerlo a ojo o con la báscula. Cada una debería pesar unos 350 gramos. No es bueno añadir a la masa más de dos trozos, porque, de lo contrario, costará mucho darle forma, a no ser que la dejes reposar un buen rato. Si necesitas añadir un poco más para compensar el peso, intégralo con el resto cuando le des forma de bola mediante pliegues, tal y como indico en el siguiente paso.

Formado

Puedes usar la misma técnica que para dar forma redondeada a las hogazas de pan, tal y como se indica en el «Paso 5: Formado de las hogazas» (páginas 72–73). Procura no desgasificar la masa durante este paso; ¡el gas es sabor! Te refresco la memoria:

1. Estira un cuarto de masa con cuidado hasta que notes algo de resistencia y, a continuación, pliégala sobre sí misma hasta alcanzar el lado opuesto, como si estuvieras doblando un folio por la mitad.
2. Repite este proceso con cada extremo de la masa hasta formar una bola capaz de mantener la forma. A continuación, dale la vuelta para que los pliegues estén en contacto con la superficie de trabajo, pero en una zona en la que no haya harina, ya que en este momento lo que queremos es algo de fricción o adherencia para dar tensión a la masa en el siguiente paso.
3. Rodea con las manos la masa desde atrás, colocándolas con las palmas mirando hacia ti. Empújala hacia ti unos15 o 20 centímetros sobre una superficie seca y sin espolvorear. Los meñiques han de guiar el desplazamiento y debes aplicar suficiente tensión para que se adhiera a la superficie y haya un poco de fricción, en lugar de deslizarse con suavidad. A medida que la empujes, la bola ganará tensión.
4. Gírala 90 grados y repite este paso para darle más tensión. Repite hasta dar la vuelta completa a la bola unas dos o tres veces. No es necesario que esté muy prieta, pero tampoco demasiado suelta. La masa tiene que relajarse un poco antes de darle forma de pizza. Si no tienes mucho tiempo y tu intención es meterla en el horno más pronto que tarde, no des tanta tensión a la bola, déjala un poco más suelta.
5. Repite el mismo proceso con las otras porciones de masa.

Si usas harina floja 00, a medida que le des forma a la masa te llamará la atención lo suave y maleable que se siente al trabajarla. Es una sensación maravillosa.

Fermentación en pieza

Espolvorea con un poco de harina una bandeja profunda para el horno o un par de platos grandes. Coloca las bolas encima dejando un poco de espacio entre ellas para que no se toquen cuando suban. Con la mano, embadurna la superficie de la masa con un poco de aceite o espolvorea un poco de harina por encima. Cúbrelas con film transparente y deja que reposen a temperatura ambiente entre 30 y 60 minutos (o más si estás haciendo una focaccia, como indico más abajo). A mí me gusta que reposen como mínimo 30 minutos en la nevera antes de darles forma de pizza, porque me resulta más fácil trabajar la masa fría sin que se me desgarre.

Si no vas a usar todas las bolas, puedes dejar las que te sobren en la nevera una o dos noches. Seguramente te dará la sensación de que están más buenas, ya que los sabores seguirán evolucionando dentro de la masa.

Cuando hago focaccia, a veces la dejo que fermente más tiempo del que dejaría una masa para pan o pizza. El pan necesita una estructura firme, lo que limita los tiempos. Una vez formadas las hogazas, las cueces justo antes de que se pasen de fermentación (que es cuando las proteínas empiezan a desintegrarse y ya no pueden retener los gases, lo que provoca que la masa se deshinche). En el caso de la focaccia, esto no supone ningún problema, ya que no estamos buscando estructura. De hecho, fermentar de más este tipo de masa ayuda a que después se esparza mejor y que cuando hagas los hoyuelos con los dedos no pierdan la forma y el área que los rodea quede mullida. Ese es el aspecto que me gusta.

BREVE APUNTE SOBRE LA CANTIDAD DE MASA

Es posible que te preguntes para qué quieres una masa con la que hacer cinco pizzas si en realidad solo vais a comer una o dos. Si quieres, puedes hacer la mitad y el resultado será igual de bueno. ¡También puedes hacer el triple! La proporción de los ingredientes será la misma independientemente de la cantidad de pizzas que quieras hacer, pero en el caso de trabajar con grandes cantidades es mejor usar un robot para mezclar y amasar, en lugar de hacerlo a mano.

Personalmente, me gusta tener una o dos bolas de masa extra a mano por si una se me rompe o se desgarra mientras le doy forma de disco o por si no la deslizo bien sobre la piedra. Recuerdo un día que mi perro se comió la pizza ya preparada justo cuando estaba punto de meterla al horno; tuvimos un pequeño tira y afloja la mar de gracioso. (¿A quién se le ocurre dejar una pizza ya preparada sobre una mesita a la altura de su perro?). Si me sobra masa, a veces la uso para hacer focaccia con una salsa marinera por encima o con aceite de oliva, sal y pimienta, que se puede comer en el momento o envolverla y guardarla para el día siguiente.

Además, como ya habrás imaginado, me gusta el sabor que adquieren estas masas, en las que se puede identificar un gusto más fermentado. Por lo tanto, en el caso de la focaccia, embadurna con aceite las bolas de masa, cúbrelas con film transparente y deja que reposen a temperatura ambiente durante 2 horas. Pasado este tiempo puedes, o bien enfriarlas en la nevera para usarlas más tarde, o bien hornearlas directamente.

HABLEMOS DE LA SALSA

Bien, ya tienes las bolas de masa listas. Ha llegado el momento de preparar la salsa. ¿Qué es lo que caracteriza a una buena salsa? Los tomates. La mayoría de los que se venden enlatados en el supermercado son demasiado ácidos para que la salsa quede bien, por eso en muchas recetas se añade un poco de azúcar. Si los cocinas, es posible hacer una estupenda salsa para pasta, pero en la pizza no se cocina previamente. Al contrario, se cuece a la vez que el resto de los ingredientes, lo que le permite retener ese sabor tan natural.

La solución es muy sencilla: compra una lata de tomates san marzano de Italia. Están buenísimos y se nota mucho la diferencia. Pasas de hacer una pizza que está bien a una que está riquísima. Estos tomates se cultivan y se envasan cerca de Nápoles y son los únicos que se pueden usar para hacer una verdadera pizza napolitana. Tienen un sabor dulce muy natural, mucha pulpa —por lo que no son nada acuosos— y muy poca acidez.

Seguro que encuentras latas de tomates san marzano en supermercados bien abastecidos. Si no, siempre puedes usar tomate pera en conserva de la mejor calidad que encuentres. También puedes comprarlos por internet a precio muy razonable y seguramente por mucho menos de lo que cuesta una pizza familiar. Te animo a que compres una caja de 12 latas; así estarás surtido para una buena temporada.

Te recomiendo que los compres enteros. Cuando vayas a hacer la salsa, déjalos en el escurridor unos 10 minutos. Pasado este tiempo no tendrás más que el tomate y restos de pulpa que se puede usar sin problemas. Si quieres, cuando los escurras, deja que el jugo caiga dentro de un recipiente y así puedes aprovecharlo para otras recetas. Por ejemplo, yo a veces lo mezclo con un poco de vinagre y especias, y lo uso para marinar pollo o como base para hacer un arroz.

Llegados a este punto, puedes ir a lo fácil y no añadir más que sal y, si quieres, un poco de aceite de oliva, y lo trituras todo. A mí me gusta añadir también ajo picado muy fino, copos de chile para darle un toque extra de sabor y también orégano seco de buena calidad. Así, la salsa me recuerda a mi infancia en la costa este. (A veces también echo orégano a la pizza blanca). El orégano seco se usa en la región de Campania, cuya capital es Nápoles, y también en el sur de Italia y en Sicilia. Te recomiendo el orégano de Calabria, que se puede comprar por internet. No obstante, puedes usar cualquier otro siempre y cuando sea de buena calidad y aporte una buena nota de pungencia. O, si lo prefieres, puedes obviarlo. Estas recetas son las que más me gustan y, como es lógico, se ajustan a mis preferencias. Sin embargo, es posible preparar una buena pizza usando solo tomates de buena calidad y una pizca de sal.

La pizza de Chicago lleva mucha salsa y tiene tropezones, no se tritura. Perfecta para su base superesponjosa. Puesto que como mucha pizza, me gusta preparar y decidir la salsa según lo que me apetezca en ese momento y no tanto dependiendo del grosor de la base.

CÓMO HORNEAR LA PIZZA EN UNA PIEDRA

Al trabajar en las recetas de pizzas y focaccias para este libro, al principio me encontré ante el mismo problema al que otros ya se tuvieron que enfrentar antes que yo: dar con la manera apropiada para obtener el mejor resultado posible con un horno casero y una piedra de hornear. Al final di con una técnica que consiste en colocar la piedra en el tercio superior del horno y combinar las opciones de ventilador y grill. Me sorprendió lo buenas que salían las pizzas. Espero que a ti te queden igual de ricas.

Control del horno y precalentado

Coloca la piedra de hornear sobre la rejilla y esta en la parte superior del horno para que quede a unos 20 centímetros del grill. Precaliéntala a la temperatura más alta que sea posible; la mayoría de los hornos caseros solo llegan a un máximo que oscila entre los 260 °C y los 275 °C. Si el tuyo puede alcanzar más temperatura, te recomiendo que cocines la pizza a 320 °C. Eso sí, no lo pongas a la máxima temperatura hasta que no hayas practicado un par de veces. Recuerda que cada horno es diferente, por lo que debes prestar mucha atención para obtener el mejor resultado ayudándote de lo que tienes en casa.

Una vez el horno haya alcanzado la temperatura indicada, deja que la piedra se siga calentando unos 20 o 30 minutos más y activa el grill durante los últimos 5 minutos más o menos. Así nos aseguramos de que la piedra está bien saturada de calor antes de hornear la pizza. A continuación, vuelve a desactivar el grill, pasa la pizza al horno y cuécela durante 5 minutos a 275 °C. Vuelve a activar el grill y déjala un par de minutos más; así acabarán de cocinarse los ingredientes de arriba. Siguiendo esta técnica deberías obtener una pizza fina muy crujiente con los bordes un pelín quemados y un agradable toque tostado tanto en la base como por encima. Ten a mano unas pinzas de cocina para deslizarla de la piedra al plato. Si no tuvieras unas pinzas, usa un tenedor para pinchar la base y empujarla al plato. He de decir que la primera vez que hice esto con el horno de mi casa me asusté muchísimo, ya que de repente empezó a pitar y en la pantalla apareció un código de error que no desapareció hasta que no desactivé el interruptor correspondiente del cuadro eléctrico (que, por supuesto, no tenía señalizado). Por suerte no me cargué, ni tampoco dañé, el horno. Al siguiente intento, solo activé el grill durante 3 minutos, lo desactivé, metí la pizza y el horno ya no se quejó más. Te digo esto porque, al final, cada persona tiene que ver cuál es la mejor manera de manipular su horno para obtener la temperatura más alta posible sin estropearlo. Estoy convencido de que en mi caso fue un sistema de protección interno que saltó cuando el horno alcanzó una temperatura superior de aquella para la que está diseñado.

La idea es usar la temperatura más alta que te permita y colocar la piedra a unos 20 centímetros del grill. Alterna el ventilador con el grill varias veces antes de meter la pizza (¡si tu horno te lo permite!); así podrás calentar a tope la piedra para que la base quede bien crujiente y con un poquito de color o incluso con algunos puntitos algo quemados, como sucedería en el horno de leña que usamos en mi pizzería. La razón por la que te indico que vuelvas a activar el grill hacia el

VAMOS A GIRAR LA PIZZA EN EL AIRE

Lo de lanzar la pizza al aire no es obligatorio, pero sí muy divertido. En realidad, tiene una razón de ser y se necesita mucha práctica para dominar la técnica. Si te sobra una bola de masa cuando hagas pizza y no te importa sacrificarla, aprovéchala para practicar. En el caso de que seas diestro, estira la masa tal y como se describe, con los puños, y cuando ya esté algo estirada empieza a girarla en el aire con el puño derecho. Si eres zurdo, empieza a girarla con el puño izquierdo. El movimiento se parece mucho al que hacemos con las manos cuando giramos el volante hacia la izquierda. Deja que la masa caiga sobre los puños, comprueba que esté bien y deslízala sobre la pala o repite el giro si crees que puede aguantar uno más sin romperse. Yo normalmente la giro en el aire dos o tres veces antes de colocarla sobre la pala para que la masa se distribuya bien y quede fina. Si quieres, cada vez que hagas masa para pizza practica con una o dos bolas. Seguro que a la cuarta o a la quinta vez ya empezarás a pillarle el truco. No te agobies, hazlo solo como diversión. El objetivo es que la base tenga un grosor uniforme, o mejor dicho: finura. Y de paso hacer un poco de postureo delante de tus amigos mientras cantas *O sole mio*. Si te gusta la masa muy fina, esta es la mejor manera de conseguirla, pero tendrás que practicar. Por eso siempre viene bien hacer masa de sobra. Si te pasa, prueba a lanzar una de las bolas al aire para girarla. Si no te sale bien, no pasa nada, porque todavía tienes las otras.

final del horneado es acabar de cocinar la parte de arriba con un calor muy intenso simulando, dentro de lo posible, las altas temperaturas que suelen alcanzar los hornos para pizza. En casa, el grill de cada horno se calienta a una velocidad diferente, pero una vez alcanzan la temperatura adecuada aportan muchísimo calor. Por lo tanto, es fácil que en cuestión de segundos pases de tener una pizza perfecta a que se te queme toda, así que no le quites el ojo de encima durante estos últimos minutos de la cocción. Eso sí, no te preocupes si se te chamusca un poquito el borde de la pizza. Eso le da un aspecto muy atractivo y, además, un toque crujiente y un sabor un pelín amargo que me encanta.

Cuando estés horneando la pizza, procura encontrar la combinación de temperatura y posicionamiento de la bandeja que te permita que tanto la base como los ingredientes y el borde se cocinen todos al mismo tiempo. Por supuesto esto lleva varios intentos, pero merece la pena.

Los preparativos para montar la pizza

Mientras el horno se precalienta, tienes que dejarlo todo listo para montar la pizza. Dispón la salsa y un cucharón al lado del área de trabajo donde vas a girar en el aire la masa o a darle forma manualmente. Ten también a mano el aceite de oliva y el resto de los ingredientes, como queso, salami y hojas de albahaca. Esta área debe tener unos 60 centímetros de ancho para que quepa bien la masa; deja también espacio suficiente para colocar la pala justo al lado.

Hay muchas maneras de dar forma a la masa para pizza. La de estilo napolitano es la que tiene la base fina y, aunque requiere algo de práctica, te voy a dar algunos consejos para que te salga bien aunque sea la primera vez que la hagas.

Tal y como he dicho, esta masa es muy blanda, por lo que a la hora de darle forma es mejor que esté fría, recién salida de la nevera. Así hay menos riesgo de que se desgarre o te dé problemas y, además, con el contraste del calor del horno el borde se hinchará más.

Recuerda que la pala ha de estar lista para usar y colocada al lado de donde estés trabajando. Sin duda, las de madera son las mejores. Espolvoréala con un poco de la misma harina con la que has hecho la masa. No uses harina de maíz u otras de molienda más gruesa.

A la hora de manipular la masa para la pizza de este libro, la harina será tu mejor aliada. Espolvorea abundantemente la superficie de trabajo. A continuación, coloca encima la bola de masa y dale unas palmaditas para que se aplaste un poco contra la harina. Dale la vuelta y repite. Deja sin deshinchar un borde de 2,5 centímetros aproximadamente, aplasta el centro con el puño, dale la vuelta y repite.

Con ambas manos, agárrala por el borde y levántala para que se quede colgando. Para que el borde mantenga los 2,5 centímetros de grosor, rodéalo con el pulgar. Deja que la gravedad se encargue de acabar de estirar la masa. Gírala varias veces verticalmente deslizando el borde entre las manos. Si se te pega a las manos, espolvoréala por ambos lados con harina. Lo más fácil es mantener siempre una parte de la superficie de trabajo espolvoreada para dejarla caer encima y luego darle la vuelta.

Seguidamente, cierra las manos por debajo del borde para que la masa cuelgue verticalmente sobre los puños. Con cuidado, estírala y gírala varias veces mientras el otro extremo cuelga, de manera que se vaya estirando cada vez más. Fíjate bien en el grosor. Ha de quedar fina, pero sin que se desgarre o se agujeree. Si se te desgarra un poquito no pasa nada, puedes solaparla para arreglarlo.

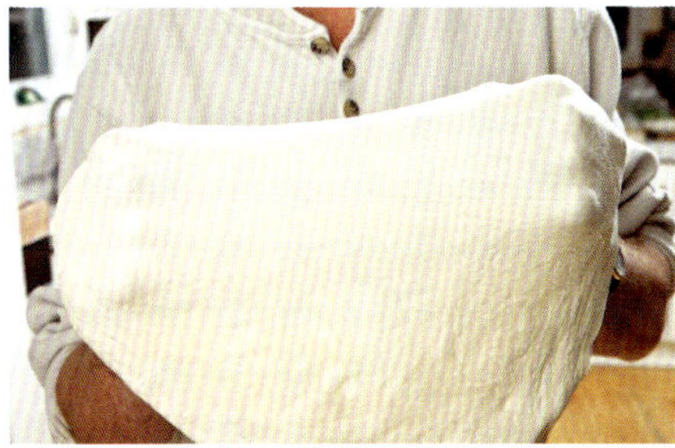

Desliza la masa sobre la pala previamente espolvoreada con harina y pasa las manos alrededor para darle forma redondeada y corregir aquellas partes en las que te haya quedado un poco torcida. Antes de empezar a distribuir los ingredientes por encima, haz una prueba con la pala y muévela un poco hacia adelante y atrás para ver si se desliza bien sin que se pegue.

Una vez formada, reparte una fina capa de salsa por encima con un cucharón pequeño o una cuchara para servir; ayúdate del dorso para que se reparta bien y quede uniforme. Distribuye el resto de los ingredientes por encima. Hazlo con moderación para no cargar la masa con más peso del que puede soportar. Antes de deslizar la pizza al horno, haz otra prueba con la pala para comprobar que no se pega. Basta con hacer un movimiento rápido. Si se pega por algún lado, primero prueba a separarla agitando de nuevo la pala hacia delante y atrás varias veces. Si no funciona, tendrás que levantar la masa con mucho cuidado y echar por debajo un poco de harina. Sí, no es nada fácil, pero es mejor que compruebes esto antes para poder solucionarlo a tiempo. Las primeras veces, ten a mano una bola de masa extra. Añade los ingredientes mínimos e indispensables a tu primera pizza, como si fuera una prueba. Así puedes comprobar qué tal se desliza por la pala hasta la piedra y cómo responde una vez está dentro del horno.

Horneado

Una vez la piedra de hornear está completamente precalentada, con mucho cuidado desliza la pizza sobre esta. Has de colocarla, aún sobre la pala, encima de la piedra y, con cuidado, deslizar la pala hacia atrás con movimientos cortos de muñeca. Cuando hayas hecho esto varias veces, le pillarás el truco y lo harás casi sin pensar en un solo movimiento. Mantén la calma y verás como no tienes ningún problema.

El punto de cocción ideal se consigue cuando la mozzarella se ha derretido por completo y está tostada en algunas partes, el borde se ha hinchado y se ha dorado, y la corteza, que por arriba estará dorada, por abajo mostrará algunas zonas un pelín chamuscadas (puedes levantarla con la pala para comprobarlo). A una temperatura de 275 °C esto debería conseguirse en unos 7 u 8 minutos en total, incluyendo esos 2 o 3 últimos minutos con el grill activado; pero recuerda no quitarle el ojo de

RESUMEN DEL HORNEADO DE LA PIZZA

- Precalienta el horno a 275 °C durante 30 minutos con la piedra de hornear dentro.
- Prepara la superficie de trabajo con todos los utensilios e ingredientes que vayas a necesitar.
- Da forma a la masa y reparte los ingredientes por encima.
- Activa el grill y déjalo durante unos 5 minutos.
- Desactívalo para que el horno vuelva a calentar a 275 °C.
- Mete la pizza en el horno y cuécela durante 5 minutos.
- Activa el grill y mantén la cocción durante 2 o 3 minutos más, sin perderla de vista, hasta que esté lista.
- Ayúdate de unas pinzas para deslizarla al plato.
- ¡A disfrutar!

encima. A 320 °C, en 4 o 5 minutos debería estar lista, e incluso es posible que no necesites activar el grill para acabar de hornear la parte de arriba. Cada horno es diferente, así que recuerda que el grill es una opción que está a tu disposición para rematar la cocción. En mi pizzería, las pizzas están listas en 2½ o 3 minutos, gracias al horno de leña, si las colocas justo en la parte en la que se alcanza una temperatura entre 370 °C y 400 °C. Guíate por el aspecto, los olores y el sentido común.

La temperatura afecta de manera directa a la pizza. Si la cueces a 275 °C más tiempo de lo indicado, la base te quedará más crujiente, pero el conjunto no estará tan jugoso. Cuanto más caliente esté el horno y menos tiempo la tengas dentro, más tierna y jugosa saldrá. A 370 °C el resultado es muy similar al de las pizzas napolitanas, que se cuecen a unos 480 °C durante tan solo 90 segundos y quedan muy jugosas. Al final es una cuestión de gustos y de aprender a sacar todo el partido a los instrumentos que tengas a mano.

Ayúdate de unas pinzas de cocina para deslizar la pizza al plato y, a continuación, a una superficie de madera para cortarla. En este momento me gusta echar por encima un chorrito (a veces un montón, si se ha prensado recientemente) de aceite de oliva de buena calidad. Disfruta del aroma que desprende mientras la vas cortando en porciones y sírvela en seguida con aceite de oliva, copos de chile y sal marina en la mesa para condimentar al gusto. Algunos italianos más tradicionalistas prefieren servir la pizza sin cortar. No pasa nada, solo que, personalmente, no me apetece andar cortando sobre un plato de loza la masa recién salida del horno. Me gusta poder agarrar la porción directamente.

PIZZA EN SARTÉN DE HIERRO COLADO

Si no tienes una piedra de hornear, puedes usar una sartén de hierro colado. Además, es más fácil que tener que preparar la pala, espolvorearla con la harina, repartir la salsa y los ingredientes, y rezar para que se deslice bien sobre la piedra. Todas las masas para pizza de este libro te van a servir como base. Si quieres que te quede más esponjosa, usa bolas de entre 340 y 350 gramos; si la prefieres fina, de 200 gramos. Si te gusta que la pizza lleve un montón de salsa y de ingredientes, opta por la base más esponjosa; si te gusta al estilo de Chicago, haz una salsa con tropezones. También puedes aprovechar la sartén de hierro colado para hacer una focaccia sencilla —ya sea fina o gruesa— usando ingredientes básicos, como, por ejemplo, un poco de aceite de oliva y condimentos. Estará buenísima y la podrás usar para acompañar el almuerzo o la cena.

Una de las claves para que salga bien es que la masa esté totalmente relajada, con poca tensión. Si vas a hacer la receta Masa para pizza hecha en el mismo día (página 218) para tenerla lista para la cena, acuérdate de no aplicar demasiada tensión a la bola cuando le des forma y deja que se relaje como mínimo una hora antes de darle forma de disco. Recuerda, además, que la masa es más fácil de manipular cuando está fría y no a temperatura ambiente.

Unos 20 minutos antes de hornear la pizza, pon la rejilla en la parte baja del horno y precaliéntalo a 275 °C. Si solo llega a los 260 °C no pasa nada; en ese caso tardará más tiempo en cocerse, pero nada más. Cuando vayas a dar forma a la base, saca la masa de la nevera. Sujetándola por el borde, estírala hasta obtener un círculo de unos 23 centímetros de diámetro y, a continuación, colócala sobre una sartén de hierro colado del mismo tamaño.

Ten en cuenta que la sartén estará a temperatura ambiente. Al no precalentarla, la pizza tardará un poco más en cocerse que con la piedra; en este caso lo normal es que esté lista en unos 15 o 20 minutos. La textura tampoco será la misma: la base es más firme y por el centro no queda tan flácida.

¿EN QUÉ SE DIFERENCIA UNA PIZZA DE UNA FOCACCIA?

Seguro que hay tantas opiniones sobre esto como pizzerías en Nueva York. Algunas teorías se centran en el grosor de la masa, otras en si debería hornearse en una bandeja y otras en si lleva o no queso. En una focacceria típica de la región italiana de Liguria, comí una de medio centímetro de grosor con salsa de tomate y queso por encima. A mí parecer tenía aspecto y sabía a pizza. Aunque algunos creen que la focaccia es más esponjosa, hay bases de pizza que pueden ser también muy gruesas; además, también hay pizzas sin queso y, por lo menos en Estados Unidos, hay muchos sitios donde la cuecen en una bandeja.

En este libro, las focaccias se pueden hornear tanto en bandejas como en sartenes de hierro colado, mientras que las pizzas (a ser posible) se cuecen sobre una piedra. No obstante, voy a hacer un poco de trampa y colar algunas recetas de pizza cocidas en sartén de hierro colado; así que, básicamente, si lleva queso la voy a llamar pizza, la cueza donde la cueza. En lo que se refiere a cuestiones prácticas, la bandeja es mucho más fácil de usar que la piedra. Creo que colocar encima la masa, repartir los ingredientes y meterla al horno intimida mucho menos que el horneado de la pizza en la que tienes que estirar la masa en el aire, colocarla sobre la pala y deslizarla sobre la piedra dentro del horno.

En lo que respecta al grosor de la focaccia, eso lo dejo a tu gusto. Si usas una bola de masa de 200 gramos en una sartén de 23 centímetros te saldrá fina; en cambio, si usas una de 350 en la misma sartén te saldrá más esponjosa. Lo bueno de esta masa es que se puede combinar con todo tipo de ingredientes y es muy versátil: el límite lo pones tú. La puedes servir para acompañar una ensalada y tener así una comida completa, o cortarla en trocitos pequeñitos como tentempié. Además, me encanta lo fácil que es hacerla. Una vez tienes la masa preparada, lo único que manchas es la bandeja, un cuchillo y la tabla de cortar. La puedes servir caliente recién salida del horno o prepararla por adelantado, siempre y cuando no le eches queso por encima. Eso de recalentar el queso una vez ya está cocinado puede tener un pase en la época universitaria, pero la grandeza de su textura fundente desaparece con el recalentado.

Para mí, la diferencia fundamental entre la pizza y la focaccia reside en la textura de la masa. En la pizza quiero unas características físicas muy concretas: una estructura que me permita estirarla en un disco que luego pueda lanzar en el aire y con la fuerza suficiente para que no se rompa mientras le doy forma. En cambio, a la focaccia puedo darle forma redonda, como a la pizza, pero acabar de estirarla en la bandeja. Por eso es posible usar cualquier tipo de masa en este caso, incluso las de harina integral o de centeno, que en ambos casos van genial con un poco de hummus o para acompañar una terrina de cerdo, aderezada con albaricoques y pistachos, como la que me dio Greg Higgins (del restaurante y bar Higgings).

CÓMO HACER FOCACCIA CON MASA PARA PAN

Que se pueda hacer focaccia prácticamente con todo tipo de masa es una ventaja enorme en lo que se refiere a las recetas de este libro, en las que todas se elaboran con 1000 gramos de harina y hay que cortarlas por la mitad. Si lo prefieres, puedes hornear una de las mitades en forma de hogaza y el resto dividirla en tres porciones para hacer focaccia. Cuando vayas a dar forma a la masa, aplica un boleado tal y como se indica en el correspondiente apartado para panes. Aquí tienes algunos apuntes sobre la cantidad de masa para la focaccia, dependiendo de cómo la vayas a hornear:

- Si quieres que te quede fina en una sartén de unos 23 centímetros de diámetro, prepara bolas de unos 200 gramos.
- Si quieres que te quede esponjosa en una sartén de unos 23 centímetros de diámetro, prepara bolas de unos 350 gramos (el tamaño estándar para las de pizza).
- Si la vas a hornear en una bandeja, usa hasta unos 875 gramos de masa, que es más o menos la mitad de lo que se obtiene con estas recetas, o la cantidad que se ajuste a tu bandeja. Recuerda que el grosor variará dependiendo de la cantidad que uses y el tamaño del recipiente.

Para montarla no tienes más que seguir las indicaciones o bien de la Focaccia genovesa (página 252) o bien de la Focaccia de calabacín (página 257); pero aquí tienes un resumen.

1. Una vez has dado forma de bola a las porciones de masa, deja que reposen, o bien a temperatura ambiente, o bien en la nevera, como mínimo una hora más del tiempo que se indica en la receta. También puedes dejarlas en la nevera hasta un máximo de 2 días.
2. Espolvorea la bola con harina y desgasifícala por ambos lados.
3. Precalienta el horno a la temperatura más alta que te permita.
4. Estira la masa hasta que tenga la forma y el tamaño que necesites: redonda para la sartén; ovalada o rectangular para la bandeja.
5. Reparte por encima los ingredientes con los que la vayas a acompañar, dependiendo de la masa: los que tengas a mano o los que más te apetezcan.
6. Horneála hasta que se dore tanto por arriba como por abajo y esté bien hecha por dentro.
7. Rocíala por encima con un chorrito de aceite de oliva, si te apetece, y condiméntala, por ejemplo, con escamas de sal desmenuzadas.
8. No es necesario esperar: puedes servirla de inmediato. No obstante, recuerda que la mayoría de las focaccias están igual de buenas a temperatura ambiente, así que, si tienes invitados, puedes hornearla hasta una hora antes de que lleguen.

MASAS PARA PIZZA

MASA PARA PIZZA HECHA EN EL MISMO DÍA

Esta receta es perfecta si quieres preparar la masa por la mañana y hacer la pizza esa misma noche. Si dejas las bolas de masa en la nevera durante la noche y las usas al día siguiente, estarán todavía más buenas. Yo normalmente lo que hago es preparar pizza dos días seguidos o preparar pizza el primer día y el segundo aprovechar la masa para hacer una focaccia, y así la puedo servir para acompañar una comida o como picoteo antes de comer o cenar.

Ten en cuenta que esta receta no incluye aceite de oliva, a diferencia de lo habitual. Por lo tanto, quedará un poco más crujiente y alveolada por los bordes, que es como más me gusta. Lo que sí hago es echar un chorrito por encima una vez sale del horno. En la base, el sabor de la harina es el protagonista, así que usa una de buena calidad, a ser posible una que sea panificable y floja de la tipo 00 (para más información, consulta la página 204) de la marca Caputo, si la encuentras. Si no encuentras de la 00, usa una normal, pero de la calidad más alta que puedas localizar. El sabor resultante es dulzón y delicado, con notas de trigo, y combina de maravilla con tomate de buena calidad y todo tipo de ingredientes.

CON ESTA RECETA SE OBTIENEN CINCO BOLAS DE MASA DE 340 GRAMOS, que nos permitirán hacer una base fina de unos 30 centímetros de diámetro o más esponjosa si la cocinamos en una sartén de hierro colado. Si quieres aprovechar esta masa para hacer una focaccia, consulta la página 215 para más información sobre cantidades dependiendo del uso.

FERMENTACIÓN EN BLOQUE: Unas 6 horas

FERMENTACIÓN EN PIEZA: Mínimo 1½ horas.

HORARIO DE MUESTRA: Prepara la masa a las 10 de la mañana, da forma a las bolas a las 4 de la tarde y haz la pizza a partir de las 6 de la tarde o en otro momento, siempre y cuando no lo demores más de dos días.

INGREDIENTE	CANTIDAD		PORCENTAJE PANADERO
Harina panificable	1000 g	7¾ tazas	100 %
Agua	700 g, entre 32 °C y 35 °C	3 tazas	70 %
Sal marina fina	20 g	1 cda. + ¾ de cdta.	2 %
Levadura seca instantánea	2 g	½ cdta.	0,2 %

1a. Hidrata la levadura. En un recipiente, pesa 700 gramos de agua entre 32 °C y 35 °C. En otro recipiente de menor tamaño, pesa 2 gramos de levadura (½ cucharadita). Añade a la levadura unas 3 cucharadas del agua entre 32 °C y 35 °C y deja que repose.

1b. Empieza con la autolisis. En un recipiente redondo de 10 litros o similar, junta los 1000 gramos de harina con el resto del agua entre 32 °C y 35 °C. Mezcla a mano ambos ingredientes. Tapa el recipiente y deja que repose entre 20 y 30 minutos.

2. Prepara la masa final. Espolvorea sobre la masa los 20 gramos de sal. Remueve la mezcla de agua y levadura con el dedo y, a continuación, viértela sobre la masa. Toma un trocito de la masa que se ha formado con la autolisis para pasarla por el recipiente y limpiar cualquier resto de levadura que se haya podido quedar. Luego devuélvelo junto al resto.

Humedece la mano para que no se te pegue la masa y empieza a mezclar. No pasa nada si la vuelves a humedecer hasta dos o tres veces durante el proceso.

Desliza la mano por debajo de la masa, como si fuera una pala, y agarra un cuarto aproximadamente. Con cuidado, estírala y pliégala sobre sí misma hasta alcanzar el otro extremo, como si estuvieras doblando un folio por la mitad. Repite este proceso otras tres veces con el resto de los extremos, hasta que la sal y la levadura de la superficie estén completamente envueltas por la masa.

Alterna el corte mediante pinzado (página 68) y el plegado para que todos los ingredientes se integren bien. Pinza y pliega, pinza y pliega. Al acabar, la masa debería estar entre los 25 °C y los 26 °C de temperatura.

3. Aplica los pliegues. A esta masa hay que aplicarle una tanda de pliegues (tienes las instrucciones precisas en las páginas 69-71). Lo mejor es aplicarlo entre los 30 y 60 minutos después de mezclar la masa final. Una vez que hayas aplicado los pliegues, embadurna la masa y la base del recipiente con un poco de aceite de oliva para evitar que se pegue.

Cuando la masa esté a punto de doblar el volumen, unas 6 horas más tarde, estará lista para dividirla.

4. Divide la masa. Espolvorea con un poco de harina una superficie de trabajo de unos 60 centímetros de ancho. Con las manos enharinadas, retira la masa del recipiente con cuidado. Aún con las manos enharinadas, levántala y vuelve a colocarla sobre la encimera de manera que tenga una forma más o menos uniforme. Espolvorea toda la superficie de la masa con harina y divídela en 5 porciones iguales con una rasqueta metálica o de plástico. Cada pieza debería pesar unos 340 gramos; puedes hacerlo a ojo o con la báscula. En el caso de que vayas a hornearla en una sartén de hierro colado (o usarla para hacer focaccia) y quieras que te quede fina, córtala en porciones de 200 gramos.

5. Da forma a las hogazas. Da forma de bola con un poco de tensión a cada porción de masa siguiendo las instrucciones de las páginas 72-73. Trabaja con cuidado para no desgasificarlas.

6. Guarda en la nevera. Coloca las bolas sobre una bandeja para el horno previamente espolvoreada con harina dejando un poco de espacio entre ellas para que no se toquen cuando suban. Embadurna con un poco de aceite la superficie o espolvoréalas con algo de harina, cúbrelas con film transparente y deja que reposen a temperatura ambiente entre 30 y 60 minutos. Mételas en la nevera como mínimo 30 minutos para que luego sea más fácil darles forma de disco.

En el capítulo 14 encontrarás las instrucciones para el formado, cómo montar la pizza y hornearla. Si las conservas en la nevera bien tapadas, las bolas de masa aguantan perfectamente hasta dos días. Es posible que esta masa te guste más al día siguiente, ya que habrá tenido más tiempo para que los sabores se desarrollen.

MASA PARA PIZZA FERMENTADA POR LA NOCHE

Esta masa tiene dos ventajas: la primera es que la fermentación prolongada ayuda a que los sabores se desarrollen; la segunda, que se ajusta bien a aquellos que tengan un horario laboral diurno. La planificación es la siguiente: prepara la masa a las 7 de la tarde; luego, al día siguiente, reserva unos 15 minutos para dividirla, dar forma a las bolas, taparlas y guardarlas en la nevera. Puedes usarla esa misma noche o en cualquier momento en un plazo de dos días, tanto para hacer pizza como focaccia, con una de las recetas del capítulo 14. Cuando llegues a casa, no tienes más que preparar la salsa y el resto de los ingredientes mientras precalientas el horno y la piedra de hornear. Como con el resto de las masas para pizza de este libro, usa harina panificable de buena calidad, a ser posible de tipo 00 (para más información, consulta la página 204) e idealmente de la marca Caputo.

CON ESTA RECETA SE OBTIENEN CINCO BOLAS DE MASA DE 340 GRAMOS, que nos permitirán hacer una base fina de unos 30 centímetros de diámetro o más esponjosa si la cocinamos en una sartén de hierro colado. Si quieres aprovechar esta masa para hacer una focaccia, consulta la página 215 para más información sobre cantidades dependiendo del uso.

FERMENTACIÓN EN BLOQUE: Unas 12 horas

FERMENTACIÓN EN PIEZA: Mínimo 6 horas.

HORARIO DE MUESTRA: Prepara la masa a las 7 de la tarde, da forma a las bolas a la mañana siguiente a las 7 y haz la pizza esa noche o en cualquier momento, siempre y cuando no lo demores más de dos días.

INGREDIENTE	CANTIDAD		PORCENTAJE PANADERO
Harina panificable	1000 g	7¾ tazas	100 %
Agua	700 g, entre 32 °C y 35 °C	3 tazas	70 %
Sal marina fina	20 g	1 cda. + ¾ de cdta.	2 %
Levadura seca instantánea	0,8 g	¼ escaso de cdta.	0,08 %

1a. Hidrata la levadura. En un recipiente, pesa 700 gramos de agua entre 32 °C y 35 °C. En otro recipiente de menor tamaño, pesa 0,8 gramos de levadura (¼ escaso de cucharadita). Añade a la levadura unas 3 cucharadas del agua entre 32 °C y 35 °C y deja que repose.

1b. Empieza con la autolisis. En un recipiente redondo de 10 litros o similar, junta los 1000 gramos de harina con el resto del agua entre 32 °C y 35 °C. Mezcla a mano ambos ingredientes. Tapa el recipiente y deja que repose entre 20 y 30 minutos.

2. Prepara la masa final. Espolvorea sobre la masa los 20 gramos de sal. Remueve la mezcla de agua y levadura con el dedo y, a continuación, viértela sobre la masa. Toma un trocito de la masa que se ha formado con la autolisis para pasarla por el recipiente y limpiar cualquier resto de levadura que se haya podido quedar. Luego devuélvelo junto al resto.

Humedece la mano para que no se te pegue la masa y empieza a mezclar. No pasa nada si la vuelves a humedecer hasta dos o tres veces durante el proceso.

Desliza la mano por debajo de la masa, como si fuera una pala, y agarra un cuarto aproximadamente. Con cuidado, estírala y pliégala sobre sí misma hasta alcanzar el otro extremo, como si estuvieras doblando un folio por la mitad. Repite este proceso otras tres veces con el resto de los extremos, hasta que la sal y la levadura de la superficie estén completamente envueltas por la masa.

Alterna el corte mediante pinzado (página 68) y el plegado para que todos los ingredientes se integren bien. Pinza y pliega, pinza y pliega. Al acabar, la masa debería estar entre los 25 °C y los 26 °C de temperatura.

3. Aplica los pliegues. A esta masa hay que aplicarle una o dos tandas de pliegues (tienes las instrucciones precisas en las páginas 69-71). Lo mejor es aplicarlas entre los 30 y 60 minutos después de mezclar la masa final. Una vez que hayas aplicado los pliegues, embadurna la masa y la base del recipiente con un poco de aceite de oliva para evitar que se pegue.

Cuando la masa haya aumentado entre 2 y 3 veces su volumen, unas 12 horas después de mezclar la masa final, estará lista para dividirla.

4. Divide la masa. Espolvorea con un poco de harina una superficie de trabajo de unos 60 centímetros de ancho. Con las manos enharinadas, retira la masa del recipiente con cuidado. Aún con las manos enharinadas, levántala y vuelve a colocarla sobre la encimera de manera que tenga una forma más o menos uniforme. Espolvorea toda la superficie de la masa con harina y divídela en 5 porciones iguales con una rasqueta metálica o de plástico. Cada pieza debería pesar unos 340 gramos; puedes hacerlo a ojo o con la báscula. En el caso de que vayas a hornearla en una sartén de hierro colado (o usarla para hacer focaccia) y quieras que te quede fina, córtala en porciones de 200 gramos.

5. Da forma a las hogazas. Da forma de bola con un poco de tensión a cada porción de masa siguiendo las instrucciones de las páginas 72-73. Trabaja con cuidado para no desgasificarlas.

6. Guarda en la nevera. Coloca las bolas sobre una bandeja para el horno previamente espolvoreada con harina dejando un poco de espacio entre ellas para que no se toquen cuando suban. Embadurna con un poco de aceite la superficie o espolvoréalas con algo de harina, cúbrelas con film transparente y deja que reposen en la nevera durante 6 horas.

En el capítulo 14 encontrarás las instrucciones para el formado, cómo montar la pizza y hornearla. Si las conservas en la nevera bien tapadas, las bolas de masa aguantan perfectamente hasta dos días. Es posible que esta masa te guste más al día siguiente, ya que habrá tenido más tiempo para que los sabores se desarrollen.

MASA PARA PIZZA CON MASA MADRE FERMENTADA POR LA NOCHE

Si has elaborado una masa madre para hacer pan, seguro que te habrá sobrado un poco para esta pizza. En este caso solo vamos a usar masa madre, nada de levadura adicional, y se ajusta muy bien a todo tipo de horarios. Además, el borde de la pizza quedará esponjoso y tendrá un sabor más ácido y con más matices gracias a la fermentación. No la subestimes, es una masa estupenda. Como con el resto de las masas para pizza de este libro, usa harina panificable de buena calidad, a ser posible de tipo 00 (para más información consulta la página 204) e idealmente de la marca Caputo.

CON ESTA RECETA SE OBTIENEN CINCO BOLAS DE MASA DE 340 GRAMOS, que nos permitirán hacer una base fina de unos 30 centímetros de diámetro o más esponjosa si la cocinamos en una sartén de hierro colado. Si quieres aprovechar esta masa para hacer una focaccia, consulta la página 215 para más información sobre cantidades dependiendo del uso.

FERMENTACIÓN EN BLOQUE: Entre 12 y 14 horas

FERMENTACIÓN EN PIEZA: Mínimo 6 horas.

HORARIO DE MUESTRA: Refresca la masa madre por la mañana, prepara la masa a las 7 de la tarde, da forma a las bolas a la mañana siguiente a las 7 y haz la pizza a la 1 de la tarde o en cualquier momento, siempre y cuando no lo demores más de dos días.

Masa madre

INGREDIENTE	CANTIDAD	
Masa madre activa	50 g	¼ escaso de taza
Harina panificable	200 g	1½ tazas + 1 cda.
Harina integral	50 g	⅓ de taza + 1 cda.
Agua	200 g, entre 29 °C y 32 °C	⅞ de taza

Masa final / Fórmula del panadero

INGREDIENTE	CANTIDAD PARA LA MASA FINAL		CANTIDAD EN LA MASA MADRE	CANTIDAD TOTAL DE LA RECETA	PORCENTAJE PANADERO
Harina panificable	900 g	6¾ tazas	80 g	980 g	98 %
Harina integral	0	0	20 g	20 g	2 %
Agua	620 g, entre 32 °C y 35 °C	2¾ tazas	80 g	700 g	70 %
Sal marina fina	20 g	1 cda. + ¾ de cdta.	0	20 g	2 %
Masa madre	180 g**	½ taza + 2 cdas.			10 %*

** El porcentaje panadero para la masa madre se refiere a la cantidad de harina que contiene este prefermento expresada como porcentaje sobre el total de la harina que se utiliza en la receta.*

*** En invierno es posible que tengas que usar un poco más de masa madre, hasta unos 220 gramos.*

1a. Refresca la masa madre. Unas 24 horas después de haber refrescado la masa madre, toma 50 gramos y deja el resto en el recipiente de 5 litros. Añade los 200 gramos de harina panificable, 50 de integral y 200 de agua, entre 29 °C y 32 °C, y mezcla a mano. Cúbrela y deja que fermente entre 8 y 10 horas antes de mezclar la masa final.

1b. Empieza con la autolisis. Pasadas entre 8 y 10 horas, en un recipiente redondo de 10 litros o similar, mezcla a mano los 900 gramos de harina panificable y los 620 de agua entre 32 °C y 35 °C. Mezcla a mano ambos ingredientes. Tapa el recipiente y deja que repose entre 20 y 30 minutos.

2. Incorpora el resto de los ingredientes. Espolvorea sobre la masa los 20 gramos de sal.

Coloca sobre la báscula un recipiente con un dedo de agua tibia para que te sea más fácil sacar la masa madre una vez la hayas pesado. Con las manos humedecidas, pasa al recipiente los 180 gramos de masa madre (o más si en tu cocina hace frío; echa un vistazo a lo explicado en «Cambios estacionales» en la página 134).

A continuación, transfiérela al recipiente de 10 litros minimizando todo lo posible la cantidad de agua que pueda arrastrar. Humedece la mano para que no se te pegue la masa y empieza a mezclar. Atrapa la sal y la levadura estirando la masa con cuidado desde abajo y plegándola sobre sí misma tres o cuatro veces. Alterna el corte mediante pinzado (página 68) y el plegado para que todos los ingredientes se integren bien. Pinza y pliega, pinza y pliega. Al acabar, la masa debería estar entre 25 °C y 26 °C.

3. Aplica los pliegues. A esta masa hay que aplicarle una o dos tandas de pliegues (tienes las instrucciones precisas en las páginas 69-71). Lo mejor es aplicarlas entre los 30 y 60 minutos después de mezclar la masa final. Una vez que hayas aplicado los pliegues, embadurna la masa y la base del recipiente con un poco de aceite de oliva para evitar que se pegue.

Cuando la masa haya aumentado entre 2 y 2½ veces su volumen, unas 12 o 14 horas más tarde, estará lista para cortarla.

CONTINÚA>>

Si vas a preparar la masa madre para hacer pan y pizza en el mismo día, ten en cuenta que vas a necesitar el doble para tener suficiente para ambas masas: 100 gramos de masa madre, 400 de harina panificable, 100 de integral y 400 de agua.

4. Divide la masa. Espolvorea con un poco de harina una superficie de trabajo de unos 60 centímetros de ancho. Con las manos enharinadas, retira la masa del recipiente con cuidado. Aún con las manos enharinadas, levántala y vuelve a colocarla sobre la encimera de manera que tenga una forma más o menos uniforme. Espolvorea toda la superficie de la masa con harina y divídela en 5 porciones iguales con una rasqueta metálica o de plástico. Cada pieza debería pesar unos 340 gramos; puedes hacerlo a ojo o con la báscula. En el caso de que vayas a hornearla en una sartén de hierro colado (o usarla para hacer focaccia) y quieras que te quede fina, córtala en porciones de 200 gramos.

5. Da forma a la masa. Da forma de bola con un poco de tensión a cada porción de masa siguiendo las instrucciones de las páginas 72-73. Trabaja con cuidado para no desgasificarlas.

6. Guarda en la nevera. Coloca las bolas sobre una bandeja para el horno previamente espolvoreada con harina dejando un poco de espacio entre ellas para que no se toquen cuando suban. Embadurna con un poco de aceite la superficie o espolvoréalas con algo de harina, cúbrelas con film transparente y deja que reposen en la nevera durante 6 horas (si quieres hacer antes la pizza, deja que las bolas que vayas a usar reposen a temperatura ambiente durante 1 hora y luego métélas en la nevera durante 30 minutos como mínimo antes de darles forma).

En el capítulo 14 encontrarás las instrucciones para el formado, cómo montar la pizza y hornearla. Si las conservas en la nevera bien tapadas, las bolas de masa aguantan perfectamente hasta dos o tres días. Es posible que esta masa te guste más al día siguiente, ya que habrá tenido más tiempo para que los sabores se desarrollen.

MASA PARA PIZZA CON POOLISH FERMENTADA POR LA NOCHE

Esta masa tiene dos puntos a su favor: el sabor tan especial que le aporta la fermentación del poolish y que se obtiene una base para pizza crujiente de bordes esponjosos y con una textura muy ligera y alveolada. La masa se fermenta con el poolish, que incluye el 50 por ciento de la harina total que vamos a usar.

Además, tiene una hidratación más alta que otras masas para pizza de este libro, con un 75 por ciento de agua con respecto al peso de la harina. Gracias a esto, obtenemos una masa más blanda que necesita dos tandas de pliegues, a ser posible durante la primera hora de la fermentación en pieza, para darle más fuerza y tenacidad. Al dar forma a la base de la pizza hay que llevar mucho cuidado. Aunque he aprendido a lanzarla al aire y girarla, esta se rompe y se desgarra más fácilmente, así que en este caso te recomiendo que uses los puños (sin lanzarla) tal y como se describe en la página 211. Puesto que esta masa no es tan fuerte, tampoco es recomendable que la cargues con mucho peso entre salsa e ingredientes. Te aseguro que, si se te rompe al pasarla a la piedra, no te hará ninguna gracia. Otra opción es usar una hidratación más cercana al 70 por ciento. En ese caso no tienes más que añadir unos 40 o 50 gramos menos de agua en la masa final.

Plantéate esta receta como si fuera de nivel avanzado y prueba a hacerla una vez hayas practicado con las otras y sientas que ya dominas la técnica. Si te sale bien, verás que merece la pena hacer la pizza con esta masa por su sabor y su textura. También es un buen ejemplo de cómo fermentar con poolish sin añadir después nada de levadura. Por otro lado, me encanta el hecho de que con solo 0,4 gramos de levadura en el prefermento —un ⅛ escaso de cucharadita— acabas con suficiente masa para hacer cinco pizzas.

CON ESTA RECETA SE OBTIENEN CINCO BOLAS DE MASA DE 350 GRAMOS, que nos permitirán hacer una base fina de unos 30 centímetros de diámetro o más esponjosa si la cocinamos en una sartén de hierro colado. Si quieres aprovechar esta masa para hacer una focaccia, consulta la página 215 para más información sobre cantidades dependiendo del uso.

FERMENTACIÓN DEL POOLISH: Entre 12 y 14 horas

FERMENTACIÓN EN BLOQUE: Unas 6 horas

FERMENTACIÓN EN PIEZA: Mínimo 1½ horas.

HORARIO DE MUESTRA: Prepara el poolish a las 8 de la tarde, mezcla la masa final a las 10 de la mañana siguiente, da forma a las bolas a las 4 de la tarde y haz la pizza esa misma noche.

CONTINÚA>>

Poolish

INGREDIENTE	CANTIDAD	
Harina panificable	500 g	3¾ tazas + 2 cdas.
Agua	500 g, a 27 °C	2¼ tazas
Levadura seca instantánea	0.4 g	⅛ escaso de cdta.

Masa final / Fórmula del panadero

INGREDIENTE	CANTIDAD PARA LA MASA FINAL		CANTIDAD EN EL POOLISH	CANTIDAD TOTAL DE LA RECETA	PORCENTAJE PANADERO
Harina panificable	500 g	3¾ tazas + 2 cdas.	500 g	1000 g	100 %
Agua	250 g, a 41 °C	1⅛ tazas	500 g	750 g	75 %
Sal marina fina	20 g	1 cda. + ¾ de cdta.	0	20 g	2 %
Levadura seca instantánea	0	0	0,4 g	0.4 g	0,04 %
Poolish	1000 g	Las indicadas en la tabla anterior			50% *

** El porcentaje panadero para el poolish se refiere a la cantidad de harina que contiene este prefermento expresada como porcentaje sobre el total de la harina que se utiliza en la receta.*

1. Prepara el poolish: Cuando quieras hacer esta pizza, la noche anterior mezcla 500 gramos de harina y 0,4 gramos (⅛ escaso de una cucharadita) de levadura a mano en un recipiente redondo de 5 litros. Agrega 500 gramos de agua a 27 °C y remueve con la mano. Tapa el recipiente y déjalo toda la noche a temperatura ambiente. El horario de esta receta se ha calculado en función de una temperatura ambiente entre 18 °C y 21 °C por la noche.

Cuando haya madurado por completo, entre 12 y 14 horas más tarde, el poolish debería haber triplicado el volumen (hasta casi la mitad del recipiente) y deberían poder verse burbujas que suben a la superficie y explotan cada pocos segundos. Esta actividad se mantendrá así durante unas 2 horas, a no ser que haga calor y en casa estés a unos 24 °C, por ejemplo, en cuyo caso se reducirá a una hora más o menos. Llegados a este punto, ya puedes preparar la masa final.

2. Incorpora el resto de los ingredientes. Pesa 500 gramos de harina dentro de un recipiente redondo de 10 litros, añade 20 gramos de sal y remueve todo con la mano para que se mezcle.

Vierte los 250 gramos de agua a 41 °C alrededor del poolish para que se separe del recipiente en el que está reposando. Ahora pasa el agua y el poolish al que contiene la harina.

Humedece la mano para que no se te pegue la masa y empieza a mezclar. No pasa nada si la vuelves a humedecer hasta dos o tres veces durante el proceso. Alterna el corte mediante pinzado (página 68) y el plegado para que todos los ingredientes se integren bien. Al acabar, la masa debería tener 24 °C de temperatura.

3. Aplica los pliegues. A esta masa hay que aplicarle dos tandas de pliegues (tienes las instrucciones precisas en las páginas 69-71). Si los aplicas durante la primera hora después de mezclar la masa final, te resultará más fácil. Una vez que hayas aplicado los pliegues, embadurna la masa y la base del recipiente con un poco de aceite de oliva para evitar que se pegue.

Cuando la masa haya aumentado 2½ veces su volumen, unas 6 horas más tarde, estará lista para dividir las hogazas.

4. Divide la masa. Espolvorea con un poco de harina una superficie de trabajo de unos 60 centímetros de ancho. Con las manos enharinadas, retira la masa del recipiente con cuidado. Aún con las manos enharinadas, levántala y vuelve a colocarla sobre la encimera de manera que tenga una forma más o menos uniforme. Espolvorea toda la superficie de la masa con harina y divídela en 5 porciones iguales con una rasqueta metálica o de plástico. Cada pieza debería pesar unos 350 gramos; puedes hacerlo a ojo o con la báscula. En el caso de que vayas a hornearla en una sartén de hierro colado (o usarla para hacer focaccia) y quieras que te quede fina, córtala en porciones de 200 gramos.

5. Da forma a las hogazas. Da forma de bola con un poco de tensión a cada porción de masa siguiendo las instrucciones de las páginas 72-73. Trabaja con cuidado para no desgasificarlas.

6. Guarda en la nevera. Coloca las bolas sobre una bandeja para el horno previamente espolvoreada con harina dejando un poco de espacio entre ellas para que no se toquen cuando suban. Embadurna con un poco de aceite la superficie o espolvoréalas con algo de harina, cúbrelas con film transparente y deja que reposen a temperatura ambiente entre 30 y 60 minutos. Mételas en la nevera como mínimo 30 minutos para que luego sea más fácil darles forma de disco.

En el capítulo 14 encontrarás las instrucciones para el formado, cómo montar la pizza y hornearla. Si las conservas en la nevera bien tapadas, las bolas de masa aguantan perfectamente hasta dos días. Es posible que esta masa te guste más al día siguiente, ya que habrá tenido más tiempo para que los sabores se desarrollen.

PIZZA Y FOCACCIA

SALSAS Y COBERTURAS

SALSA ROJA LISA

SALSA ROJA CON TROPEZONES

TOMATES FILETEADOS

PIZZAS A LA PIEDRA

PIZZA MARGARITA

PIZZA AL ESTILO NUEVA YORK

PIZZA DE SALAMI

PIZZA DE REMOLACHA DORADA Y «PROSCIUTTO» DE PECHUGA DE PATO

PIZZA DE BATATA Y PERA

PIZZAS EN SARTÉN DE HIERRO COLADO

PIZZA DE CARNE

PIZZA CON TOMATE FILETEADO, AJO Y CHILE

FOCACCIAS

FOCACCIA GENOVESA

FOCACCIA PISSALIDIÈRE

FOCACCIA DE CALABACÍN

SALSA ROJA LISA

Esta es una salsa de tomate triturada a la que se le añade orégano y, si se quiere, ajo y copos de chile para darle más sabor. Usa el orégano de mejor calidad que encuentres; si dieras con el de Calabria, mejor que mejor. Aunque la salsa para la pizza napolitana tradicional no lleva copos de chile, a mí me gusta el puntito que le da. Si no encuentras tomates de san marzano, usa tomates pera en conserva de la mejor calidad que encuentres.

CON ESTA RECETA SE PREPARA SUFICIENTE SALSA PARA CINCO PIZZAS DE 30 CENTÍMETROS DE DIÁMETRO CADA UNA

1 lata entera de tomates san marzano (o pera de la mejor calidad que encuentres)
1½ cucharadas de aceite de oliva virgen extra
1 diente de ajo (opcional)
½ cucharadita de sal marina fina
¼ de cucharadita de orégano seco
¼ de cucharadita de copos de chile (opcional)

1. Dispón un colador sobre un bol grande. Deja que los tomates se escurran entre 10 y 15 minutos. (Guarda el jugo para aprovecharlo en otra receta).

2. En un robot de cocina o una batidora de mano, junta el aceite de oliva, el ajo, la sal, el orégano y los copos de chile. Añade los tomates y tritura hasta obtener una salsa lisa y uniforme.

SALSA ROJA CON TROPEZONES

Algunas veces me apetece una salsa con más tropezones y en otras ocasiones busco un sabor a tomate más puro. Esta es perfecta para ambos casos. De nuevo, lo mejor es usar tomates san marzano, pero si no los encuentras, puedes sustituirlos con una lata de tomate pera de la mejor calidad que haya en tu supermercado.

CON ESTA RECETA SE PREPARA SUFICIENTE SALSA PARA DOS O TRES PIZZAS DE 30 CENTÍMETROS DE DIÁMETRO CADA UNA

1 lata entera de tomates san marzano (o pera de la mejor calidad que encuentres)
1½ cucharadas de aceite de oliva virgen extra
Sal marina

1. Dispón un colador sobre un bol grande. Deja que los tomates se escurran entre 10 y 15 minutos.

2. Inclina el colador y, con una cuchara de madera, aplástalos para que la pulpa se deshaga en trozos y suelten casi todo el jugo que les quede. Haz esto durante unos 30 segundos y, a continuación, vierte la pulpa en un bol. (Guarda el jugo para aprovecharlo en otra receta). Añade el aceite de oliva y sala al gusto.

TOMATES FILETEADOS

A veces, lo que te apetece es saborear bien el tomate. Si quieres, puedes asarlos antes. Crudos aportarán un sabor muy natural. Si prefieres algo más concentrado e intenso, ásalos a una temperatura suave sin pasarte con los condimentos, tal y como se indica en esta receta.

CON ESTA RECETA SE PREPARA SUFICIENTE SALSA PARA TRES PIZZAS DE 30 CENTÍMETROS DE DIÁMETRO CADA UNA, O TRES O CUATRO SI LAS HORNEAS EN UNA SARTÉN DE HIERRO COLADO

1 lata entera de tomates san marzano (o pera de la mejor calidad que encuentres)
Aceite de oliva virgen extra (opcional)
Sal marina (opcional)
Ramitas de tomillo (opcional)

1. Si vas a asar los tomates, precalienta el horno a 165 °C.

2. Dispón un colador sobre un bol grande. Deja que los tomates se escurran entre 10 y 15 minutos. (Guarda el jugo para aprovecharlo en otra receta).

3. Retira los tomates enteros de uno en uno y córtalos en tres o cuatro rodajas cada uno. Pásalos a un plato para que sigan escurriendo el jugo. Guarda la pulpa restante para otra receta.

4. Para asarlos, distribúyelos en una sola capa sobre de una bandeja para el horno poco profunda. Echa un chorrito de aceite de oliva por encima, sala y añade una docena de ramitas de tomillo. Ásalos entre 20 y 30 minutos.

PIZZA MARGARITA

Esta es la pizza napolitana clásica y básica. Normalmente se hace con base fina y los bordes algo hinchados, salsa con tomates san marzano, mozzarella y albahaca frescas. Los colores rojo, blanco y verde de los ingredientes simulan la bandera italiana.

A mí me gusta la mozzarella *fior di latte* (literalmente, flor de leche, en referencia a la leche de vaca con la que se elabora, en lugar de búfala). La marca Grande es de muy buena calidad y su variedad Ovoline ofrece bolas de unos 115 gramos, que es la cantidad perfecta para esta pizza. Elijas la marca que elijas, busca mozzarella fresca conservada en suero lácteo.

A pesar de la sencillez de la pizza margarita, nos podríamos pasar horas y horas debatiendo con una copa de chianti en la mano y no pocos aspavientos sobre cómo está más buena. ¿El queso solo tiene que derretirse o debería dorarse también por encima? ¿Las hojas de albahaca: enteras o picadas? ¿Borde plano o hinchado? ¿La base debería tener por debajo puntitos quemados? ¿El borde debería estar ligeramente tostado o más bien quemado en algunas zonas? ¿Debería rematarse con un chorrito de aceite de oliva al sacarla del horno? Ya te haces una idea. Aquí tienes la receta básica. A partir de ahí, hazla como más te guste.

PARA UNA PIZZA DE 30 CENTÍMETROS DE DIÁMETRO

1 bola de masa de 350 gramos de cualquiera de las recetas del capítulo 13
Harina panificable para espolvorear
85 gramos de salsa roja lisa (página 230)
115 gramos de mozzarella fresca de leche entera, cortada en rodajas de un centímetro de grosor más o menos.
6 a 8 hojas de albahaca enteras
Aceite de oliva virgen extra para echar por encima (opcional)
Sal marina en escamas, como la *fiore di sale* (opcional)
Copos de chile (opcional)

1. Precalienta la piedra de hornear. Coloca la piedra de hornear sobre la bandeja y esta en la parte superior del horno para que quede a unos 20 centímetros del grill. Precalienta el horno a 320 °C, si tienes la suerte de que el tuyo alcance temperaturas tan altas; de no ser posible, precaliéntalo a la temperatura más alta que te permita. Una vez te avise de que ya ha alcanzado la temperatura indicada, deja pasar 30 minutos para que la piedra se precaliente durante un total de 45 minutos.

2. Prepara el área de trabajo. En la encimera, reserva una zona para trabajar de unos 60 centímetros de ancho. Espolvoréala bien con harina. Coloca la pala al lado y espolvoréala también. Prepara y deja a mano la salsa, el queso y la albahaca, además de un cucharón o una cuchara grande para la salsa.

3. Formado de la pizza. Saca la bola de la nevera, colócala sobre la superficie espolvoreada y dale unos toquecitos suaves con la palma de la mano para que la harina se pegue a la base. Deja sin deshinchar un borde de 2,5 centímetros aproximadamente, aplasta el centro con el puño, dale la vuelta y repite.

CONTINÚA>>

Con ambas manos, agárrala por el borde y levántala para que cuelgue verticalmente. Deja que la gravedad se encargue de estirarla. Gírala varias veces en vertical deslizando el borde entre las manos.

Luego, cierra las manos colocadas por debajo del borde para que la masa cuelgue verticalmente sobre los puños. Con cuidado, estírala y gírala varias veces mientras el otro extremo cuelga, de manera que se vaya estirando cada vez más. Fíjate bien en el grosor. Ha de quedar fina, pero sin que se desgarre o se agujeree. Si se te desgarra un poquito no pasa nada, puedes solaparla para arreglarlo.

Desliza la masa sobre la pala previamente espolvoreada con harina y pasa las manos alrededor para darle forma redondeada y corregir aquellas partes en las que te haya quedado un poco torcida.

4. Calienta al máximo la piedra de hornear. Unos 30 minutos después de que el horno haya alcanzado la temperatura indicada, activa el grill durante unos 5 minutos para que la piedra se sature de calor.

5. Monta la pizza. Extiende la salsa por toda la superficie de la masa dejando un centímetro para el borde; ayúdate del dorso de la cuchara para repartirla homogéneamente. Distribuye por encima la mozzarella y las hojas de albahaca.

6. Hornea. Desactiva el grill. Con cuidado, desliza la pizza sobre la piedra.

Horneála durante 5 minutos, luego activa de nuevo el grill y mantén así la cocción durante 2 minutos. No la pierdas de vista. Mantén el horneado hasta que el queso se haya derretido por completo y la corteza esté dorada y con algunas partes algo chamuscadas. Si la grasa del queso se corta, es que nos hemos pasado de cocción. Con la ayuda de unas pinzas o de un tenedor, desliza la pizza sobre un plato grande.

7. Corta y sirve. Pasa la pizza a una tabla de cortar de madera. Echa por encima un chorrito de aceite de oliva virgen extra si te apetece, córtala y sirve inmediatamente. Dispón sobre la mesa más sal y copos de chile. Ten en cuenta que una pizza margarita bien hecha solo se mantiene en el punto ideal para comerla durante unos minutos. Hay que esperar lo suficiente para no quemarse con la mozzarella fundida, pero tomarla antes de que se solidifique por el cambio de temperatura.

Variación. Echa por encima de cada porción un buen puñado de rúcula.

PIZZA AL ESTILO NUEVA YORK

Esta receta representa lo que para mí es la pizza neoyorkina clásica: con queso rallado de diferentes tipos sobre una deliciosa salsa de tomate gracias al toque del orégano y, opcionalmente, con pepperoni por encima. No siempre las mejores pizzas de Nueva York se preparan con queso rallado, pero es el que yo prefiero cuando hago esta receta, en la que se le echa mucho más que a la margarita.

Si fuera a cocinarla en un horno de carbón como el que tienen en los restaurantes Lombardi o Totonno de Nueva York, la haría más grande de los 30-35 centímetros que normalmente prepararemos en casa con la piedra de hornear. Para compensar esto, no cortes la pizza en más de cuatro porciones.

PARA UNA PIZZA DE 30 CENTÍMETROS DE DIÁMETRO

1 bola de masa de 350 gramos de cualquiera de las recetas del capítulo 13
Harina panificable para espolvorear
85 gramos de salsa roja lisa (página 230)
85 gramos de mozzarella fresca de leche entera rallada
60 gramos de queso provolone rallado
4 a 6 hojas de albahaca enteras (opcional)
12 a 15 rodajas de pepperoni (opcional)
Copos de chile (opcional)

1. Precalienta la piedra de hornear. Coloca la piedra de hornear sobre la bandeja y esta en la parte superior del horno para que quede a unos 20 centímetros del grill. Precalienta el horno a 320 °C, si tienes la suerte de que el tuyo alcance temperaturas tan altas; de no ser posible, precaliéntalo a la temperatura más alta que te permita. Una vez te avise de que ya ha alcanzado la temperatura indicada, deja pasar 30 minutos para que la piedra se precaliente durante un total de 45 minutos.

2. Prepara el área de trabajo. En la encimera, reserva una zona para trabajar de unos 60 centímetros de ancho. Espolvoréala bien con harina. Coloca la pala al lado y espolvoréala también. Prepara y deja a mano la salsa, el queso, la albahaca y el pepperoni, además de un cucharón o una cuchara grande para la salsa.

3. Formado de la pizza. Saca la bola de la nevera, colócala sobre la superficie espolvoreada y dale unos toquecitos suaves con la palma de la mano para que la harina se pegue a la base. Dale la vuelta y repite. Deja sin deshinchar un borde de 2,5 centímetros aproximadamente, aplasta el centro con el puño, dale la vuelta y repite.
Con ambas manos, agárrala por el borde y levántala para que cuelgue verticalmente. Deja que la gravedad se encargue de estirarla. Gírala varias veces en vertical deslizando el borde entre las manos.

CONTINÚA>>

Luego, cierra las manos colocadas por debajo del borde para que la masa cuelgue verticalmente sobre los puños. Con cuidado, estírala y gírala varias veces mientras el otro extremo cuelga, de manera que se vaya estirando cada vez más. Fíjate bien en el grosor. Ha de quedar fina, pero sin que se desgarre o se agujeree. Si se te desgarra un poquito no pasa nada, puedes solaparla para arreglarlo.

Desliza la masa sobre la pala previamente espolvoreada con harina y pasa las manos alrededor para darle forma redondeada y corregir aquellas partes en las que te haya quedado un poco torcida.

4. Calienta al máximo la piedra de hornear. Unos 30 minutos después de que el horno haya alcanzado la temperatura indicada, activa el grill durante unos 5 minutos para que la piedra se sature de calor.

5. Monta la pizza. Extiende la salsa por toda la superficie de la masa dejando un centímetro para el borde; ayúdate del dorso de la cuchara para repartirla homogéneamente. Echa por encima los quesos de manera uniforme y distribuye las hojas de albahaca y las rodajas de pepperoni.

6. Hornea. Desactiva el grill. Con cuidado, desliza la pizza sobre la piedra.

Hornéala durante 5 minutos, luego activa de nuevo el grill y mantén así la cocción durante 2 minutos. No la pierdas de vista. Mantén el horneado hasta que el queso, totalmente derretido y con motitas tostadas, empiece a burbujear y la corteza esté dorada y con algunas partes algo chamuscadas. Con la ayuda de unas pinzas o de un tenedor, desliza la pizza sobre un plato grande.

7. Corta y sirve. Pasa la pizza a una tabla de cortar de madera. Echa por encima un chorrito de aceite de oliva virgen extra si te apetece. Córtala y sírvela inmediatamente. Pon en la mesa copos de chile.

PIZZA DE SALAMI

Esta es la pizza para los amantes del salami, que básicamente consiste en una margarita con rodajas de este embutido por encima. En Ken's Artisan Pizza ofrecemos dos pizzas de este tipo: una con soppressata picante (un salami típico del sur de Italia) y otra con finocchiona (típico de la Toscana), ambos de Olympia Provisions, una charcutería de Estados Unidos que elabora unos embutidos de muy buena calidad. En ambos casos pelamos el salami y lo cortamos en rodajas muy finitas; de unos 1,5 milímetros para la soppressata y de unos 3 para la finocchiona. Me encanta el toque crujiente que le dan a la pizza. Cuantas más rodajas pongas, más finitas deberías cortarlas. Personalmente, no me gusta que su sabor enmascare el del resto de los ingredientes; más bien lo uso para acentuarlos.

Muchos de los que hayan visitado Estados Unidos se estarán preguntando: ¿qué diferencia hay entre el *salumi* y el salami? Usamos el término *salumi* para referirnos a toda carne curada, normalmente de cerdo (en algunos casos también de ternera), desde el jamón y otros cortes grandes enteros curados en sal hasta embutidos, entre los que se incluyen carnes emulsionadas dentro de una tripa o funda, como la mortadela. Salami se refiere a un tipo de embutido concreto: carne seca curada, normalmente de cerdo, que puede ser fresca o haber pasado un proceso de maduración. Usa el salami que más te guste: pepperoni (un invento estadounidense que normalmente se elabora con ternera o una mezcla de ternera y cerdo), chorizo, salchichón o salami genovés. En mi caso, elija el que elija, me gusta cocinarlo directamente sobre la pizza. A veces hago una versión similar con carne curada como prosciutto o coppa (salami hecho con cabeza de paletilla o cuello de cerdo curado), en cuyo caso me gusta cortar lonchas finísimas como el papel y distribuirlas por encima de la pizza nada más sacarla del horno.

PARA UNA PIZZA DE 30 CENTÍMETROS DE DIÁMETRO

1 bola de masa de 350 gramos de cualquiera de las recetas del capítulo 13
Harina panificable para espolvorear
85 gramos de salsa roja lisa (página 230)
115 gramos de mozzarella fresca de leche entera, cortada en rodajas de un centímetro de grosor más o menos.
12 a 18 rodajas de salami, dependiendo del tamaño del embutido
4 a 6 hojas de albahaca enteras
Sal marina en escamas, como la *fiore di sale* (opcional)
Copos de chile (opcional)

1. Precalienta la piedra de hornear. Coloca la piedra de hornear sobre la bandeja y esta en la parte superior del horno para que quede a unos 20 centímetros del grill. Precalienta el horno a 320 °C, si tienes la suerte de que el tuyo alcance temperaturas tan altas; de no ser posible, precaliéntalo a la temperatura más alta que te permita. Una vez te avise de que ya ha alcanzado la temperatura indicada, deja pasar 30 minutos para que la piedra se precaliente durante un total de 45 minutos.

2. Prepara el área de trabajo: En la encimera, reserva una zona para trabajar de unos 60 centímetros de ancho. Espolvoréala bien con harina. Colo-

CONTINÚA>>

ca la pala al lado y espolvoréala también. Prepara y deja a mano la salsa, el queso ya cortado, el salami y la albahaca, además de un cucharón o una cuchara grande para la salsa.

3. Formado de la pizza. Saca la bola de la nevera, colócala sobre la superficie espolvoreada y dale unos toquecitos suaves con la palma de la mano para que la harina se pegue a la base. Dale la vuelta y repite. Deja sin deshinchar un borde de 2,5 centímetros aproximadamente, aplasta el centro con el puño, dale la vuelta y repite.

Con ambas manos, agárrala por el borde y levántala para que cuelgue verticalmente. Deja que la gravedad se encargue de estirarla. Gírala varias veces en vertical deslizando el borde entre las manos.

Luego, cierra las manos colocadas por debajo del borde para que la masa cuelgue verticalmente sobre los puños. Con cuidado, estírala y gírala varias veces mientras el otro extremo cuelga, de manera que se vaya estirando cada vez más. Fíjate bien en el grosor. Ha de quedar fina, pero sin que se desgarre o se agujeree. Si se te desgarra un poquito no pasa nada, puedes solaparla para arreglarlo.

Desliza la masa sobre la pala previamente espolvoreada con harina y pasa las manos alrededor para darle forma redondeada y corregir aquellas partes en las que te haya quedado un poco torcida.

4. Calienta al máximo la piedra de hornear. Unos 30 minutos después de que el horno haya alcanzado la temperatura indicada, activa el grill durante unos 5 minutos para que la piedra se sature de calor.

5. Monta la pizza. Extiende la salsa por toda la superficie de la masa dejando un centímetro para el borde; ayúdate del dorso de la cuchara para repartirla homogéneamente. Distribuye por encima la mozzarella, el salami y las hojas de albahaca.

6. Hornea. Desactiva el grill. Con cuidado, desliza la pizza sobre la piedra.

Horneála durante 5 minutos, luego activa de nuevo el grill y mantén así la cocción durante 2 minutos. No la pierdas de vista. Mantén el horneado hasta que el queso se haya derretido por completo, los bordes del salami estén tostados y la corteza esté dorada y con algunas partes algo chamuscadas. Con la ayuda de unas pinzas o de un tenedor, desliza la pizza sobre un plato grande.

7. Corta y sirve. Pasa la pizza a una tabla de cortar de madera. Córtala y sírvela inmediatamente. Dispón sobre la mesa sal y copos de chile.

PIZZA DE REMOLACHA DORADA Y «PROSCIUTTO» DE PECHUGA DE PATO

Mis amigos de Chop, una carnicería y charcutería de Portland, curan el magret de pato como si fuera prosciutto. Por supuesto, si no lo encuentras en tu ciudad lo puedes sustituir con lonchas finísimas de prosciutto di Parma, jamón serrano o un buen jamón curado como el típico de Virginia o de Tenessee. En esta pizza se combina la fundente y lechosa mozzarella con el dulzor de la remolacha dorada, el toque salado y umami de una buena carne curada y un poco de provolone. No te cortes con la pimienta negra y échale un buen puñado de romero picado.

PARA UNA PIZZA DE 30 CENTÍMETROS DE DIÁMETRO

1 bola de masa de 350 gramos de cualquiera de las recetas del capítulo 13
Harina panificable para espolvorear
Una remolacha dorada del tamaño de una naranja o pelota de beisbol
De 85 a 115 gramos de mozzarella fresca de leche entera, cortada en rodajas de un centímetro de grosor más o menos
30 gramos de queso provolone rallado
1 cucharadita de romero fresco picado muy fino
Pimienta negra molida al gusto
30 a 60 gramos de pechuga de pato curada con sal cortada en lonchas finísimas o jamón curado de tipo serrano o prosciutto

1. Precalienta la piedra de hornear. Coloca la piedra de hornear sobre la bandeja y esta en la parte superior del horno para que quede a unos 20 centímetros del grill. Precalienta el horno a 320 °C, si tienes la suerte de que el tuyo alcance temperaturas tan altas; de no ser posible, precaliéntalo a la temperatura más alta que te permita. Una vez te avise de que ya ha alcanzado la temperatura indicada, deja pasar unos 30 minutos para que la piedra se precaliente durante un total de 45 minutos.

2. Prepara la remolacha. En un cazo mediano, cubre la remolacha con agua hasta unos 4 centímetros por encima y lleva a ebullición a fuego vivo. Cocínala durante 30 minutos o hasta que ceda un poco al pincharla con la punta de un cuchillo (debería de ofrecer un poco de resistencia).

Escúrrela y deja que repose entre 5 y 10 minutos, lo suficiente para que la puedas manipular sin quemarte las manos. Corta el tallo y la raíz y, a continuación, retira la piel frotándola con un trapo sin pelusas. Córtala en 3 rodajas del mismo tamaño y estas en cuartos para tener 12 trozos iguales.

3. Prepara el área de trabajo. En la encimera, reserva una zona para trabajar de unos 60 centímetros de ancho. Espolvoréala bien con harina. Coloca la pala al lado y espolvoréala también. Ten a mano la remolacha, el queso y el romero ya preparados, y el molinillo de pimienta.

CONTINUED>>

4. Formado de la pizza. Saca la bola de la nevera, colócala sobre la superficie espolvoreada y dale unos toquecitos suaves con la palma de la mano para que la harina se pegue a la base. Dale la vuelta y repite. Deja sin deshinchar un borde de 2,5 centímetros aproximadamente, aplasta el centro con el puño, dale la vuelta y repite.

Con ambas manos, agárrala por el borde y levántala para que cuelgue verticalmente. Deja que la gravedad se encargue de estirarla. Gírala varias veces en vertical deslizando el borde entre las manos.

Luego, cierra las manos colocadas por debajo del borde para que la masa cuelgue verticalmente sobre los puños. Con cuidado, estírala y gírala varias veces mientras el otro extremo cuelga, de manera que se vaya estirando cada vez más. Fíjate bien en el grosor. Ha de quedar fina, pero sin que se desgarre o se agujeree. Si se te desgarra un poquito no pasa nada, puedes solaparla para arreglarlo.

Desliza la masa sobre la pala previamente espolvoreada con harina y pasa las manos alrededor para darle forma redondeada y corregir aquellas partes en las que te haya quedado un poco torcida.

5. Calienta al máximo la piedra de hornear. Unos 30 minutos después de que el horno haya alcanzado la temperatura indicada, activa el grill durante unos 5 minutos para que la piedra se sature de calor.

6. Monta la pizza. Reparte por encima de manera uniforme los quesos y, a continuación, la remolacha y el romero. Muele pimienta negra al gusto.

7. Hornea. Desactiva el grill. Con cuidado, desliza la pizza sobre la piedra.

Hornéala durante 5 minutos, luego activa de nuevo el grill y mantén así la cocción durante 2 minutos. No la pierdas de vista. Mantén el horneado hasta que el queso se haya derretido por completo y la corteza esté dorada y con algunas partes algo chamuscadas. Con la ayuda de unas pinzas o de un tenedor, desliza la pizza sobre un plato grande.

8. Corta y sirve: Pasa la pizza a una tabla de cortar de madera. Córtala. Disfrútala.

PIZZA DE BATATA Y PERA

A pesar de que lleva fruta, esta es una pizza salada a la que una botella de rosado o espumoso le sienta de maravilla. Tampoco es una mala opción como merienda o como cena acompañando algún ave asada.

PARA UNA PIZZA DE 30 CENTÍMETROS DE DIÁMETRO

1 bola de masa de 350 gramos de cualquiera de las recetas del capítulo 13
Harina panificable para espolvorear
1 batata mediana cortada en rodajas de medio centímetro de grosor
2 cucharadas de aceite de oliva virgen extra
Sal marina en escamas, como la *fiore di sale*
1 pera mediana dulce, como la comice o la bosc, sin corazón y cortada en láminas de poco más de medio centímetro
30 gramos de queso pecorino romano en lascas
2 cucharadas de cilantro picado
30 gramos de jengibre fresco rallado
30 gramos de guindillas en aceite picadas (opcional)
Pimienta negra molida al gusto

1. Precalienta la piedra de hornear. Coloca la piedra de hornear sobre la bandeja y esta en la parte superior del horno para que quede a unos 20 centímetros del grill. Precalienta el horno a 200 °C.

2. Prepara la batata. En un bol mediano, embadurna la batata con una cucharada de aceite de oliva y espolvoréala con una pizca de sal marina. Colócala en una sartén apta para el horno y ásala entre 12 y 15 minutos o hasta que las rodajas estén hechas por dentro, pero sigan firmes.

3. Sigue precalentando la piedra de hornear. Precalienta el horno a 320 °C, si tienes la suerte de que el tuyo alcance temperaturas tan altas; de no ser posible, precaliéntalo a la temperatura más alta que te permita. Una vez te avise de que ya ha alcanzado la temperatura indicada, deja pasar 30 minutos para que la piedra se precaliente durante un total de 45 minutos.

4. Prepara el área de trabajo. En la encimera, reserva una zona para trabajar de unos 60 centímetros de ancho. Espolvoréala bien con harina. Coloca la pala al lado y espolvoréala también. Prepara y deja a mano la batata, la pera, el queso, el cilantro, el jengibre y las guindillas, además del resto del aceite de oliva y el molinillo de pimienta.

5. Da forma a las hogazas. Saca la bola de la nevera, colócala sobre la superficie espolvoreada y dale unos toquecitos suaves con la palma de la mano para que la harina se pegue a la base. Dale la vuelta y repite. Deja sin deshinchar un borde de 2,5 centímetros aproximadamente, aplasta el centro con el puño, dale la vuelta y repite.

Con ambas manos, agárrala por el borde y levántala para que cuelgue verticalmente. Deja que la gravedad se encargue de estirarla. Gírala varias veces en vertical deslizando el borde entre las manos.

CONTINÚA>>

Luego, cierra las manos colocadas por debajo del borde para que la masa cuelgue verticalmente sobre los puños. Con cuidado, estírala y gírala varias veces mientras el otro extremo cuelga, de manera que se vaya estirando cada vez más. Fíjate bien en el grosor. Ha de quedar fina, pero sin que se desgarre o se agujeree. Si se te desgarra un poquito no pasa nada, puedes solaparla para arreglarlo.

Desliza la masa sobre la pala previamente espolvoreada con harina y pasa las manos alrededor para darle forma redondeada y corregir aquellas partes en las que te haya quedado un poco torcida.

6. Calienta al máximo la piedra de hornear. Unos 30 minutos después de que el horno haya alcanzado la temperatura indicada, activa el grill durante unos 5 minutos para que la piedra se sature de calor.

7. Monta la pizza. Rocía la masa con la cucharada de aceite de oliva virgen extra y reparte uniformemente la batata y la pera. Echa por encima el queso, el cilantro y el jengibre. A continuación, muele pimienta negra al gusto.

8. Hornea. Desactiva el grill. Con cuidado, desliza la pizza sobre la piedra.

Hornéala durante 5 minutos, luego activa de nuevo el grill y mantén así la cocción durante 2 minutos. No la pierdas de vista. Mantén el horneado hasta que el queso se haya derretido por completo y la corteza esté dorada y con algunas partes algo chamuscadas. Con la ayuda de unas pinzas o de un tenedor, desliza la pizza sobre un plato grande.

9. Corta y sirve. Pasa la pizza a una tabla de cortar de madera y córtala. Sirve inmediatamente.

PIZZA DE CARNE

Esta es una manera estupenda de hacer pizza en un horno casero usando una sartén de hierro colado, sin piedra de hornear y sin todo el follón que supone tener que dar forma a la masa, ponerla en la pala y pasarla con sumo cuidado a la piedra ya caliente. En cuanto a la carne, me considero muy tradicional, ya que para ser feliz me basta con un buen salami u otro embutido que aguante bien los quince o veinte minutos de cocción que se requieren en este caso.

Lo bueno de la sartén es que te permite cargar la masa con tantos ingredientes como quieras. Si te apetece hacerla al estilo Chicago con salsa, queso y varios ingredientes más, recuerda que cuanto más le eches, más tiempo necesitará dentro del horno.

CON ESTA RECETA SE OBTIENE UNA PIZZA DE 23 CENTÍMETROS DE DIÁMETRO

1 bola de masa de cualquiera de las recetas del capítulo 13, de 350 gramos si quieres una base esponjosa o 200 si la prefieres fina
85 a 115 gramos de salsa roja lisa (página 230) o salsa roja con tropezones (página 230)
85 a 115 gramos de mozzarella fresca de leche entera, cortada en lonchas finitas, o una mezcla de mozzarella y provolone
De 8 a 10 rodajas de pepperoni, de salami o del embutido fresco que prefieras

1. Precalienta el horno. Precalienta el horno a 275 °C, o a la temperatura máxima que te permita si no alcanza la aquí indicada.

2. Formado de la pizza. Reserva una zona para trabajar de entre 45 y 60 centímetros de ancho. Espolvoréala bien con harina.

Saca la bola de la nevera, colócala sobre la superficie espolvoreada y dale unos toquecitos suaves con la palma de la mano para que la harina se pegue a la base. Dale la vuelta y repite. En este caso también puedes desgasificar el borde de la masa. Sujetándola por el borde, estírala hasta obtener un círculo de unos 23 centímetros de diámetro, o el tamaño que necesites para que encaje bien. A continuación, colócala dentro de la sartén de hierro colado seca.

3. Monta la pizza. Extiende la cantidad de salsa que desees por toda la superficie de la masa. Reparte el queso de manera uniforme y distribuye encima de este las rodajas de pepperoni de manera que quede bien repartido por toda la superficie.

4. Hornea. Hornea la pizza entre 15 y 20 minutos, hasta que la masa esté bien hecha. Comprueba la cocción pasados los 10 primeros minutos y ya no la pierdas de vista. Si quieres que la base se queme un poquito y los ingredientes queden tostados, activa el grill en los últimos minutos, pero sin dejar de controlarla para que no se queme del todo.

5. Corta y sirve. Saca la sartén del horno y colócala sobre una superficie resistente al calor. Con cuidado, ayúdate de unas pinzas o un tenedor para pasar la pizza a la tabla de cortar. Córtala y sírvela inmediatamente.

PIZZA CON TOMATE FILETEADO, AJO Y CHILE

Esta es una de mis pizzas favoritas para servir como picoteo antes de la cena, para comer junto con una ensalada o para acompañar otro plato. Si quieres darle más vidilla, puedes echarle aceitunas negras y añadir unos cuantos filetes de anchoa por encima nada más sacarla del horno. Así puedes decir que has hecho pizza siciliana. Puesto que en este caso no vamos a usar queso, tienes que llevar cuidado para que el ajo no se te queme y, por lo tanto, hay que acortar el tiempo de cocción en comparación con la receta de Pizza de carne (página 247): no más de 12 o 15 minutos. Al contrario de lo que viene siendo habitual en mí, esta pizza me gusta dorarla solo hasta que empiece a tostarse un poco.

CON ESTA RECETA SE OBTIENE UNA PIZZA DE 23 CENTÍMETROS DE DIÁMETRO

1 bola de masa de cualquiera de las recetas del capítulo 13, de 350 gramos si quieres una base esponjosa o 200 si la prefieres fina
8 a 10 filetes de tomate (página 231)
1 diente de ajo picado
½ cucharadita de orégano seco
¼ de cucharadita de copos de chile
1 cucharada de aceite de oliva virgen extra
Sal marina en escamas, como la *fiore di sale* (opcional)

1. Precalienta el horno. Precalienta el horno a 275 °C, o a la temperatura máxima que te permita si no alcanza la aquí indicada.

2. Formado de la pizza. Reserva una zona para trabajar de entre 45 y 60 centímetros. Espolvoréala bien con harina.

Saca la bola de la nevera, colócala sobre la superficie espolvoreada y dale unos toquecitos suaves con la palma de la mano para que la harina se pegue a la base. Dale la vuelta y repite. En este caso también puedes desgasificar el borde de la masa. Sujetándola por el borde, estírala hasta obtener un círculo de unos 23 centímetros de diámetro, o el tamaño que necesites para que encaje bien. A continuación, colócala dentro de la sartén de hierro colado seca.

3. Monta la pizza. Distribuye los filetes de tomate por toda la masa. Espolvorea por encima y de manera uniforme el ajo, el orégano y los copos de chile. Rocía la cucharada de aceite de oliva sobre los ingredientes y sala ligeramente toda la superficie, incluido el borde.

4. Hornea. Hornea la pizza entre 12 y 15 minutos, hasta que la base empiece a dorarse y la masa esté bien hecha. Comprueba la cocción pasados los 10 primeros minutos y no la pierdas de vista durante los últimos 5.

5. Corta y sirve. Saca la sartén del horno y colócala sobre una superficie resistente al calor. Con cuidado, ayúdate de unas pinzas o un tenedor para pasar la pizza a la tabla de cortar. Córtala y sírvela inmediatamente.

MÁS IDEAS PARA HACER PIZZA EN SARTÉN DE HIERRO COLADO

Puesto que con la sartén la pizza no se rompe tan fácilmente, puedes usar los ingredientes que quieras. Aquí tienes algunas sugerencias, pero en realidad el límite lo pones tú. ¿Que te gusta la hawaiana? Estupendo. Hornéala a 275 °C o a la temperatura más alta que te permita tu horno si no alcanza la aquí indicada.

Pizza de uva negra, mozzarella y salami

Esta combinación nació gracias a la sugerencia de Chris Cullina, de la bodega Argyle Winery, de echar por encima de una focaccia uvas negras cortadas por la mitad y piñones. Al cocinarlas, las uvas quedan deliciosas y su dulzor contrasta con el queso y el salami, que se torna crujiente durante la cocción. Reparte el queso, el salami, el orégano, la pimienta y las uvas sobre la masa y hornea entre 15 y 20 minutos.

85 gramos de mozzarella fresca, cortada en rodajas de un centímetro de grosor más o menos
De 10 a 12 rodajas de salami
½ cucharadita de orégano seco
Pimienta negra molida gruesa
De 20 a 24 uvas negras sin semillas cortadas por la mitad

Pizza con tomatitos cherry y bacon

El truco de esta pizza está en cocinar previamente un poco el bacon para que suelte parte de la grasa, pero sin hacerlo del todo para que al meterlo en el horno se quede crujiente sin que llegue a quemarse. Dóralo hasta que empiece a estar un poco crujiente. Retíralo y antes de añadirlo a la pizza deja que escurra la grasa sobre papel de cocina.

Reparte todos los ingredientes de manera uniforme sobre la masa y hornea entre 15 y 20 minutos, hasta que veas que el bacon ya está crujiente y que los tomates empiezan a agrietarse y a abrirse por el calor, desparramando el jugo sobre el resto de la pizza.

12 a 15 tomates cherry
4 a 6 hojas de albahaca
4 lonchas de bacon, cortadas por la mitad o en tres trozos cada una, a medio cocinar
Pimienta negra molida gruesa

Pizza con tomatitos cherry, ajo y calabacín amarillo

Me encanta añadir un poco de queso Parmigiano-Reggiano rallado por encima de esta pizza nada más sacarla del horno. Sabe a verano. En un bol, embadurna el calabacín con el aceite de oliva y un poco de sal, y luego repártelo junto con los tomates, la albahaca y el ajo sobre la masa. Salpimienta al gusto, condimenta con copos de chile y al horno entre 15 y 20 minutos, hasta que masa esté hecha del todo.

1 calabacín amarillo pequeño cortado en cubos de un centímetro aproximadamente
1 cucharada de aceite de oliva virgen extra
Sal marina
12 a 15 tomates cherry
4 a 6 hojas de albahaca
1 diente de ajo picado
Pimienta negra molida gruesa
Copos de chile (opcional)
30 gramos de Parmigiano-Reggiano rallado

Pizza quattro formaggi

Marco Frattaroli, chef y propietario de Bastas Trattoria en Portland, me sugirió esta combinación para la clásica pizza cuatro quesos. Añade el queso por capas siguiendo el orden que te indico aquí y hornéala de 15 a 20 minutos, hasta que el queso empiece a burbujear y la base se torne de color dorado tostado.

60 gramos de queso mozzarella rallado
30 gramos de queso provolone rallado
30 gramos de queso gruyere rallado
20 gramos de Parmigiano-Reggiano rallado

FOCACCIA GENOVESA

La focaccia nació en la costa italiana de Liguria. Génova es la capital de esta región y la focaccia genovesa es uno de los platos más típicos de la cocina local. La manera tradicional de prepararla parte de una masa muy blanda que se hornea en una bandeja rectangular o redonda y a la que el panadero hace unos hoyos con los dedos para que el aceite de oliva penetre bien adentro. Una vez dorada, se retira del horno y se le suele añadir más aceite y un poco de sal.

Para hacer la focaccia genovesa básica, usa la receta de Masa para pizza con poolish fermentada por la noche (página 225), bien con harina 00 o bien panificable. Al ser tan blanda, la masa se adapta fácilmente a la forma de la bandeja; luego hay que untar el aceite con la mano, se sala un poco y se hornea hasta que tome un tono dorado. En esta receta te pido 800 gramos de masa para una bandeja de 30 por 45 centímetros. No obstante, también puedes trabajar con dos trozos de masa, cada uno de entre 250 y 350 gramos, y hornearlos en una sartén de hierro colado de 23 centímetros de diámetro.

PARA UNA FOCCACIA DE 30 POR 12 CENTÍMETROS APROXIMADAMENTE

800 gramos de masa de cualquier receta del capítulo 13, aunque se recomienda la Masa para pizza con poolish fermentada por la noche (página 225)
Harina panificable para espolvorear
½ taza de aceite de oliva virgen extra
Sal marina al gusto, fina o en escamas pequeñas, como la *fiore di sale*

1. Atempera la masa. Unas dos horas antes de hornearla, saca la masa de la nevera y deja que se atempere. Este paso es opcional, pero lo recomiendo, porque así la masa será más fácil de estirar y se quedarán marcados los hoyos hechos con los dedos. Básicamente estás dejando que la masa se fermente un poco más de lo normal. Cuando vayas a estirarla estará llena de gas, lo cual es normal.

2. Precalienta el horno. Precalienta el horno a 260 °C. Embadurna con una fina película de aceite una bandeja profunda para el horno de unos 30 por 45 centímetros.

3. Da forma a la masa y aplica los hoyos en la superficie con los dedos. Pasa la masa a la superficie de trabajo previamente espolvoreada con harina y dale la vuelta para que se le pegue por ambos lados. Aplástala con las manos y estírala hasta aproximadamente la mitad del tamaño de la bandeja.

Con ambas manos, tómala por el borde y levántala. Deja que la gravedad se encargue de acabar de estirarla. Gira una o dos veces la masa verticalmente a medida que vas deslizando el borde entre las manos. Pásala a la bandeja. Vierte el aceite de oliva sobre la masa y espárcelo por toda la superficie con ambas manos a la vez que la estiras para que se amolde bien a la forma de la bandeja. Disfruta de la sensación táctil al sentir que la masa absorbe el aceite y aplica los hoyos con los dedos. Aprovecha la viscosidad del aceite para estirarla un poco más y que cubra bien todo el espacio. Si notas un poco de resistencia, deja que repose 10 minutos y vuelve a empezar. La masa tiene que quedar lisa, sin gas y con hoyos por toda la superficie. Es una sensación fantástica.

4. Hornea. Hornéala de 12 a 15 minutos, hasta que la superficie se dore, la base esté firme y la masa esté bien hecha por dentro. Conforme vayas ganando práctica, te bastará con echar un vistazo para saber si ya está lista, pero, si dudas, sácala un momento del horno y corta un poco el borde con unas tijeras para comprobar si la masa sigue cruda por dentro.

5. Corta y sirve. Sálala, córtala en tiras (no pasa nada si sigue caliente) y sírvela.

SUGERENCIAS DE INGREDIENTES PARA LA FOCACCIA

Como ya he dicho en repetidas ocasiones, en mi opinión la focaccia no tiene límites. Se puede hacer con todo tipo de masa para pan y con todos los ingredientes que puedas imaginar. Aquí tienes algunas sugerencias para empezar. Luego, disfruta adaptándolas a tu gusto dependiendo de la temporada.

- Tomates frescos, aceitunas y romero
- Salsa para pizza y ajo picado
- Uno o varios tipos de quesos
- Fruta de hueso, mantequilla y azúcar
- Hierbas aromáticas picadas

FOCACCIA PISSALIDIÈRE

La pissalidière es un pastel salado del sur de Francia que normalmente se elabora con cebolla caramelizada, aceitunas negras y anchoas sobre una masa de hojaldre. Me encanta usar esos mismos ingredientes en la focaccia y, además, le añado guindillas para aportarle un poco de color y un puntito picante. En Ken's Artisan Pizza tenemos guindillas de Calabria en aceite para nuestra pizza arrabiata y también las uso cuando preparo esta receta. Su pungencia se complementa de maravilla con las aceitunas y las anchoas. Esta focaccia me sabe al verano en la costa mediterránea. Acompáñala de un rosado bien frío y una ensalada verde sencilla. Si quieres, puedes caramelizar la cebolla uno o dos días antes.

PARA UNA FOCCACIA DE 30 POR 12 CENTÍMETROS APROXIMADAMENTE

800 gramos de masa de cualquiera de las recetas del capítulo 13
Harina panificable para espolvorear
1 cebolla amarilla mediana en finas láminas
½ cucharada de mantequilla
12 a 14 aceitunas negras curadas en sal
6 filetes de anchoa en aceite previamente escurridas
30 gramos de guindillas en aceite escurridas y picadas
2 cucharaditas de aceite de oliva
Sal marina al gusto, fina o en escamas pequeñas, como la *fiore di sale*

1. Atempera la masa. Unas dos horas antes de hornearla, saca la masa de la nevera y deja que se atempere. Este paso es opcional, pero lo recomiendo, porque así la masa será más fácil de estirar y se quedarán marcados los hoyos hechos con los dedos. Básicamente estás dejando que la masa se fermente un poco más de lo normal. Cuando vayas a estirarla estará llena de gas, lo cual es normal.

2. Carameliza la cebolla. Junta la cebolla, la sal y la mantequilla en una sartén y rehoga a fuego medio, removiendo de vez en cuando para que no se pegue a la base. Pasados cinco minutos, baja el fuego al mínimo. Mantén el horneado durante 20 minutos más removiendo de vez en cuando y rascando bien la base en cuanto veas que se pega y aparecen marcas negras. Una vez la cebolla esté tierna y totalmente dorada, apaga el fuego y reserva.

3. Precalienta el horno. Precalienta el horno a 260 °C. Embadurna con una fina película de aceite una bandeja profunda para el horno de unos 30 por 45 centímetros.

4. Da forma a la masa y aplica los hoyos en la superficie con los dedos. Pasa la masa a la superficie de trabajo previamente espolvoreada con harina y dale la vuelta para que se le pegue por ambos lados. Usa el puño y luego los dedos para aplastar la masa y estirarla con cuidado hasta que tenga el

grosor deseado (en este caso prefiero algo intermedio).

Una vez estirada, embadurna una de las caras con una fina película de aceite y pásala a la bandeja de manera que el aceite esté en contacto con la base. Haz los hoyos con los dedos.

5. Añade los ingredientes. Reparte la cebolla por toda la superficie, sin sobrecargar la focaccia, y a continuación haz lo mismo con las aceitunas y los filetes de anchoa.

6. Hornea. Hornéala de 12 a 15 minutos, hasta que la superficie se dore, la base esté firme y la masa esté bien hecha por dentro. Conforme vayas ganando práctica, te bastará con echar un vistazo para saber si ya está lista, pero si dudas, sácala un momento del horno y corta un poco el borde con unas tijeras para comprobar si la masa sigue cruda por dentro.

7. Corta y sirve. Córtala en tiras (no pasa nada si sigue caliente) y sírvela.

FOCACCIA DE CALABACÍN

Esta es una de mis recetas favoritas para el verano y principios de otoño, cuando las huertas se llenan de calabacines. Las finísimas rodajas se reparten por la masa y, si te separas un poco y entrecierras los ojos, recuerdan a las escamas del pescado. No uses de los enormes que planta tu tía en su huerto; busca uno que tenga unos cinco centímetros de diámetro. Esta focaccia tiene un aspecto muy chulo si, al colocarla sobre la bandeja, le das a la masa forma ovalada, sin que tenga que quedar perfecta.

PARA UNA FOCCACIA DE 30 POR 12 CENTÍMETROS APROXIMADAMENTE

800 gramos de masa de cualquiera de las recetas del capítulo 13
2 calabacines de unos 5 centímetros de diámetro cortados en rodajas muy finitas
2 cucharadas de aceite de oliva virgen extra
Sal marina al gusto, fina o en escamas pequeñas, como la *fiore di sale*
Pimienta negra molida
Copos de chile (opcional)

1. Atempera la masa. Unas dos horas antes de hornearla, saca la masa de la nevera y deja que se atempere. Este paso es opcional, pero lo recomiendo, porque así la masa será más fácil de estirar y se quedarán marcados los hoyos hechos con los dedos. Básicamente estás dejando que la masa se fermente un poco más de lo normal. Cuando vayas a estirarla estará llena de gas, lo cual es normal.

2. Precalienta el horno. Precalienta el horno a 260 °C. No te recomiendo que embadurnes con aceite la bandeja, pero si decides hacerlo, embadurna solo la parte sobre la que reposará la masa, de lo contrario soltará mucho humo. Mezcla el calabacín con una cucharada de aceite de oliva y sálalo de manera uniforme.

3. Da forma a la masa. Espolvorea con harina, sin pasarte, la superficie de trabajo. Coloca la masa sobre la superficie y dale la vuelta para que la harina se le pegue por ambos lados. Aplástala con las manos y estírala para darle la forma y el tamaño que desees. Pásala a una bandeja rectangular para el horno y, con las manos, estírala más si fuera necesario para que cubra toda la superficie. También puedes usar una bandeja profunda, embadurnar la superficie de la masa con un poco de aceite y estirarla hasta que la cubra toda, empujándola en ambas direcciones.

4. Añade los ingredientes. Rocía la masa con la cucharada de aceite de oliva restante y espárcelo por toda la superficie con la mano. Reparte el calabacín solapando las rodajas. Condimenta con pimienta negra recién molida.

5. Hornea. Hornéala de 12 a 15 minutos, hasta que se dore, la base esté firme y la masa esté bien hecha por dentro. Conforme vayas ganando práctica, te bastará con echar un vistazo para saber si ya está lista, pero si dudas, sácala un momento del horno y corta un poco el borde con unas tijeras para comprobar si la masa sigue cruda por dentro.

6. Corta y sirve. Córtala en tiras (no pasa nada si sigue caliente) y sírvela. Dispón sobre la mesa los copos de chile.

LAGNIAPPE: GALLETAS DE MANTEQUILLA DE AVELLANAS

Un día estaba haciendo pruebas para la masa de una tarta a la que añadí avellana molida. Para mi sorpresa, descubrí que con esta mezcla se podían hacer unas galletas deliciosas y, por alguna razón, se me quedaron grabadas en la memoria. Años más tarde, cuando estábamos empezando con los Lunes de pizza en la panadería, quería acompañar la cuenta con galletas recién hechas a modo de extra, un detallito para los clientes. Esta es la receta que usé. Este tipo de detalle en Italia se conoce como *lagniappe*. El concepto viene de los panaderos italianos que, antiguamente, tenían la costumbre de acompañar la compra de sus clientes con algún extra (algo elaborado con la masa que les había sobrado). Esta receta me parece la manera perfecta de concluir este libro.

Todavía preparamos estas galletas con avellana molida que nos traen directamente a la panadería desde los campos de avellanos de Freddy Guy's, que se cultivan en el valle Willamette de Oregón. La avellana molida también se puede comprar en muchos supermercados y por internet. Si no encontraras, puedes usar almendra molida o moler en casa cualquiera de las dos, sin la cáscara.

PARA UNAS 75 GALLETAS

500 gramos de harina panificable
250 gramos de avellana molida
125 gramos de azúcar blanco
300 gramos de mantequilla fría cortada en cubos de un centímetro aproximadamente
2 huevos
20 gramos de agua fría
½ taza de nata con alto contenido en grasa
Azúcar blanco, turbinado o moreno para espolvorear

Con una batidora de mano o robot de cocina dispuestos con el gancho de amasar, mezcla la harina, la avellana molida, el azúcar y la mantequilla hasta obtener una masa de textura arenosa. Agrega los huevos y el agua hasta que todo se integre bien y se pegue al gancho.

Pasa la masa a una superficie de trabajo previamente espolvoreada. Divídela en 4 porciones iguales y dales forma de cilindro de unos 5 centímetros de diámetro. Envuélvelos con papel vegetal o film transparente y enfríalos en la nevera durante al menos 3 horas, hasta que la masa quede firme. (Aquellos cilindros que no vayas a usar en los próximos dos días, mételos en una bolsa hermética y guárdalos en el congelador hasta un máximo de 3 meses. Para descongelarlos, déjalos toda la noche en la nevera y al día siguiente córtalos y cocínalos en el horno.)

Precalienta el horno a 190 °C para hornear las galletas. Coloca una lámina de papel vegetal sobre una bandeja apta para el horno.

Corta el cilindro frío en rodajas de aproximadamente un centímetro de grosor y distribúyelas sobre la bandeja dejando un centímetro de distancia.

Píntalas con la nata y espolvoréalas con un poco de azúcar.

Hornéalas entre 10 y 15 minutos, hasta que se doren.

TABLAS DE CONVERSIONES MÉTRICAS

VOLUMEN

Fórmulas

1 cucharadita = 4,9 mililitros

1 cucharada = 3 cucharaditas = 14,8 mililitros

1 taza = 16 cucharadas = 237 mililitros

1 litro = 4,25 tazas

ESTADOS UNIDOS	SISTEMA MÉTRICO	SISTEMA IMPERIAL
1 cucharada	15 ml	½ fl oz
2 cucharadas	30 ml	1 fl oz
¼ de taza	60 ml	2 fl oz
⅓ de taza	90 ml	2,7 fl oz
½ de taza	120 ml	4 fl oz
⅔ de taza	150 ml	5,3 fl oz.
¾ de taza	180 ml	6 fl oz
1 taza	240 ml	8 fl oz
1¼ tazas	300 ml	10 fl oz
2 tazas (1 pinta)	480 ml	10 fl oz
2½ tazas	600 ml	20 fl oz
4 tazas (1 cuarto de galón)	950 ml	32 fl oz

LONGITUD

Fórmulas

1 pulgada = 2,5 cm

1 pie = 12 pulgadas = 30 cm

1 cm = 0,4 pulgada

PESO

Fórmulas

1 onza = 28,3 gramos

1 libra = 16 onzas = 453,6 gramos

1 kilogramo = 2,2 libras

SISTEMA EUA/ IMPERIAL	SISTEMA MÉTRICO
½ oz	15 g
1 oz	30 g
2 oz	60 g
¼ lb	115 g
⅓ lb	150 g
½ lb	225 g
¾ lb	350 g
1 lb	450 g

TEMPERATURA

Fórmulas

$\frac{9}{5}$ C + 32 = F

(F – 32) x $\frac{5}{9}$ = C

FAHRENHEIT	CELSIUS	MARCA DEL GAS
250 °F	120 °C	½
275 °F	135 °C	1
300 °F	150 °C	2
325 °F	165 °C	3
350 °F	175 °C	4
375 °F	190 °C	5
400 °F	200 °C	6
425 °F	220 °C	7
450 °F	230 °C	8
475 °F	245 °C	9
500 °F	260 °C	

AGRADECIMIENTOS

Quiero dar las gracias especialmente a esos amigos que han tenido que probar las recetas de este libro, las farragosas versiones originales y, después, las finales, espero que con no demasiada información: Molly Wizenberg, Jenna Murray, John McCreary, Suzy Narducci y Greg Higgins. También a esos grandes amigos que han estado a mi lado para orientarme, darme apoyo editorial y para resolver dudas técnicas: Shawna McKeown, Kat Merck, Eve Connell, Teri Wadsworth y John Paul.

A Alan Weiner, un fotoperiodista con un talento enorme y capaz de hacer que una hogaza de pan parezca una obra de arte, y un trigal al atardecer, el paraíso.

El personal editorial y creativo de Ten Speed Press se merece una mención especial. Mi editora, Emily Timberlake, me ha ayudado a organizar esa maraña de ideas que tenía en la cabeza y ha sabido guiarme de manera que he podido darles sentido. La diseñadora Katy Brown ha sido capaz de convertir un montón de palabras y fotografías en un libro con una estética tan limpia que sigue emocionándome cada vez que lo miro. Siempre os estaré agradecido por haber hecho un trabajo tan sobresaliente.

A esos panaderos y profesores de gran talento que me han ayudado a aprender el oficio: Jean-Marc Berthomier, Didier Rosada, Philippe Le Corre e Ian Duffy.

Un especial agradecimiento a mis mentores por ayudarme a abrir la mente y trabajar al más alto nivel: Michel Suas, del San Francisco Baking Institute y TMB Baking, y a Chad Robertson y Elisabeth Prueitt, de la panadería de San Francisco Tartine. Siempre he admirado a Michel y me ha ayudado muchísimo; siempre de buen humor y con un buen consejo a mano. Imposible citarlos todos aquí. Con un poco de suerte, la vida nos cruza con el profesor perfecto en el momento perfecto. Eso es lo que me pasó con Chad y Liz en 1999. Compartieron conmigo su forma de entender la panadería y siempre les estaré agradecido por su generosidad. Aprendí muchísimo sobre la masa madre y los panes rústicos franceses que elabora Chad. Gracias a ellos descubrí una forma de entender la comida con la que me siento identificado. Al compartir conmigo tantas lecciones aprendidas me han abierto muchísimas puertas. Mil gracias por todo.

Jack London escribió: «¡Preferiría ser cenizas que polvo! Prefiero que mi chispa se consuma en un fuego brillante en lugar de sofocarse en una seca podredumbre. (…) La verdadera función del hombre es la de vivir y no la de meramente existir. No desperdiciaré mis días intentando prolongarlos. Yo usaré mi tiempo».

Acababa de entablar una bonita amistad con Jimi Brooks, un enólogo del valle Willamette, cuando, de repente, murió en octubre de 2004. Jimi vivió una vida larga y plena. No daba nada por hecho y jamás permitía que sus amigos le hablaran sobre sus sueños sin animarlos a que intentaran hacerlos realidad. A su funeral acudieron amigos y familiares que lo querían y sentían su pérdida. Algunos hablaron y compartieron con los demás anécdotas divertidísimas que, a la vez, nos formaban un nudo en la garganta. Uno de ellos acabó leyendo la cita de Jack London. Refleja la pasión que ardía dentro de Jimi; y esas palabras se me quedaron grabadas. «Yo usaré mi tiempo».

ÍNDICE ALFABÉTICO

G

H

I

J

K

L

M

N

O

P

A mis padres, John y Frances Forkish

Título: *Flour, Water, Salt, Yeast*

Traducción: Rosa Llopis Lanuza

El diagrama del trigo de la página 50 se ha utilizado con permiso de la North American Millers Association

Publicado por acuerdo con Ten Speed Press, un sello de Random House, división de Penguin Random House LLC

De la presente edición en castellano:
© Distribuciones Alfaomega, Neo Person, 2020
Alquimia, 6 - 28933 Móstoles (Madrid) - España
Tels.: 91 614 53 46 - 91 614 58 49
www.alfaomega.es - E-mail: alfaomega@alfaomega.es

Primera edición: noviembre de 2021

Depósito legal: M. 16.851-2021
I.S.B.N.: 978-84-15887-63-8

Impreso en Turquía